인조이 **괌**

인조이 괌

지은이 민보영, 이나미
펴낸이 임상진
펴낸곳 (주)넥서스

초판 1쇄 발행 2016년 2월 15일
초판 26쇄 발행 2017년 8월 20일

2판 1쇄 발행 2018년 1월 15일
2판 4쇄 발행 2018년 4월 25일

출판신고 1992년 4월 3일 제311-2002-2호
10880 경기도 파주시 지목로 5
Tel (02)330-5500 Fax (02)330-5555

ISBN 979-11-6165-222-1 13980

저자와 출판사의 허락 없이 내용의 일부를
인용하거나 발췌하는 것을 금합니다.
저자와의 협의에 따라서 인지는 붙이지 않습니다.

가격은 뒤표지에 있습니다.
잘못 만들어진 책은 구입처에서 바꾸어 드립니다.

www.nexusbook.com

넥서스BOOKS는 넥서스의 실용 전문 브랜드입니다.

여행을 즐기는 가장 빠른 방법

인조이
괌
GUAM

민보영·이나미 지음

넥서스BOOKS

여는글

조카가 태어났단 소식을 듣고 한달음에 도착한 괌은 나의 첫 해외 여행지였다. 아무것도 하지 않은 채 바닷가에 앉아만 있어도 마음이 평화로웠고, 흔한 말로 득템한 쇼핑 아이템까지 더해져 즐거웠던 기억이 난다. 우락부락(?)해 보였던 차모로족은 또 어찌나 친절하고, 유머러스하던지… 여느 직장인처럼 새벽 출근, 저녁 퇴근으로 햇빛도 못 보는 생활이 몇 년간 이어지고, 스트레스로 인한 피부 트러블 때문에 한참 병원에 다니던 시기였는데 괌에 도착한 날 쏘옥 들어가고, 한국에 내리자마자 다시 올라와 신기했었던 일도 떠오른다. 이런 곳에서 살고 싶다는 생각도 했을 만큼 나에게 있어 괌은 자연도 사람도 깨끗하고 아름다워 힐링이란 단어와 참 잘 어울리는 여행지였다. 이렇게 좋아하는 곳을 많은 분들에게 소개하게 되어 너무나 행복하다. 기쁜 동시에 이제는 매번 갈 때마다 '여행'이 아닌 '일'만 할 것 같아 살짝 슬프기도 하지만… 하고 싶은 일을 할 수 있게 해 주시는 하늘에 감사드린다. 몇 번의 계절이 바뀌는 것도 모른 채 숱한 밤을 지새우며 오랜 시간 정성을 쏟은 책이니 여행을 준비하시는 분들에게 큰 도움이 되길 바란다.

수년간 잡지사 취재와 출장을 통해 맺어온 인연들로부터 이 책을 완성하는 데 많은 도움을 받았다. 위기의 순간마다 구세주가 되어 주신 하나투어 · 제우스 코퍼레이션 김도형 이사님, T 갤러리아 정성훈 부장님, 트래블스타 박인수 소장님, 이윤진 과장님, 강경민 님, 하나투어 마케팅 담당 손홍철 부장님, 정재우 이사님, 쉐라톤 라구나 괌 리조트 이인범 차장님, 괌 정부 관광청 동애영 과장님, JAJA 삼촌 김진규 사장님, PHR 코리아 박정민 대리님, 아웃리거 리조트 한국 사무소 손지형 대리님, 괌데이투어닷컴 공영진 이사님 그리고 정태관 작가님, 블로거 조다연 님, 전상현 님, 이정원 님, 고명수 님, 수고 많으셨던 넥서스 출판사 김지운 과장님, 전우 같은 양인모 님, 고병찬 님께 깊은 감사를 전합니다. 마지막으로 응원과 지원을 아끼지 않는 나의 가족들, 삼백이, 흐뭇하게 보고 계실 이모, 김인규 선생님, 조카 세미, 세인, 좋은 친구 임현욱, 웃게 해 주는 힘을 가진 소중한 인생 동반자들 권오현, 이세진, 이동현, 박미영, 임지연, 노은진, 김혜령, 오채은, 권한나 사랑하고 또 사랑합니다.

민보영

여행을 좋아하기에 일이 아니더라도 언제나 여유만 되면 '떠남'을 그리고, 기다리는 사람이지만 그 여행은 그간 도시로의 여행에만 한정돼 있었다. 휴식이 목표임에도 불구하고 늘 반짝반짝 바쁜 현지인들의 걸음걸이에 맞춰 일상생활처럼 여행을 하던 중 따뜻한 휴양지인 괌과 만나게 되었다.

뜨거운 태양, 드넓고 푸른 바다 그리고 미세 먼지 하나 없는 맑은 공기를 마주하니 여행을 하면서도 '무언가, 더!'를 외치고 갈망했던 내 마음에도 변화가 오기 시작했다. 사실 이 3개의 키워드 말고도 굉장히 매혹적인 섬이지만 '굳이 왜?'라는 생각을 할 필요가 없이 그냥 좋았고 이유 없이, 생각 없이, 어떻게 여행을 하든, 누구와 하든, 언제 와도 반겨 줄 수 있는 여유 그 자체의 섬이라는 것을 알게 되었다. 그래서 내가 느끼고 경험한 괌에 대해서 공유를 하고 싶어졌고, 이렇게 즐길 수 있다는 작은 도움을 드릴 수 있음에 감사하며 〈인조이 괌〉 작업을 시작했다.

〈인조이 괌〉을 준비하면서 끊임없이 격려를 해 준 나의 사랑하는 가족들과 동반자, 매일 채팅 방에 서로의 일상을 중계하며 힘들 때에도 웃게 해 주는 나의 소중한 벗들, 괌 취재 할 때 물심양면으로 큰 도움을 주신 김도형 이사님, 그간 마음 고생 많으셨을 넥서스 출판사의 김지운 과장님과 저자만큼 책에 열정을 쏟아 주신 넥서스 출판사의 양인모 님 그리고 이번에 두 번째 책 작업을 함께하며 날 이끌어 준 고마운 공동 저자인 민보영 님께 감사의 마음을 전합니다.

이나미

이 책의 구성

✈ 미리 만나는 괌

괌은 어떤 매력을 지닌 섬인지 대표 관광지와 음식과 디저트, 즐길 거리를 사진으로 보면서 여행의 큰 그림을 그려 보자.

✈ 추천 코스

어디부터 여행을 시작할지 고민이 된다면 추천 코스를 살펴보자. 저자가 추천하는 코스를 참고하여 자신에게 맞는 최적의 일정을 세워 본다.

지역 여행

괌의 주요 명소와 스파, 레스토랑, 호텔 등을 소개한다. 꼭 가 봐야 할 대표적인 관광지를 소개하고, 상세한 관련 정보를 담았다.

- 지역별 특징과 이동방법을 소개한다.
- 상세한 지도와 지역별 베스트 코스를 실었다. 
- 주요 명소 소개는 물론 문화적 배경 지식과 팁이 곳곳에 숨어 있다. 
- 지역별 주요 테마를 자세히 다룬다.
- 입소문 자자한 맛집과 편안한 숙소를 소개하였다.

테마 여행

괌의 액티비티, 투어, 크루즈, 드라이브 코스, 쇼핑, 축제, 골프 여행, 아이와의 여행과 채플 웨딩까지 괌에서만 경험할 수 있는 특별한 테마를 소개한다.

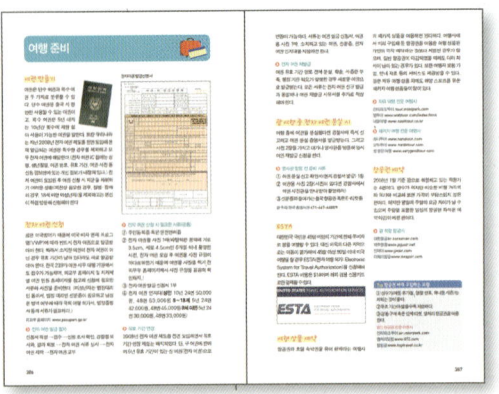

여행 정보

여행 전 준비 사항부터 출국과 입국 수속, 현지에서 필요한 정보까지 유용한 정보들을 담았다.

찾아보기
이 책에 소개된 관광 명소, 레스토랑, 쇼핑 스폿, 숙소 등을 이름만 알아도 쉽게 찾아볼 수 있도록 정리해 놓았다.

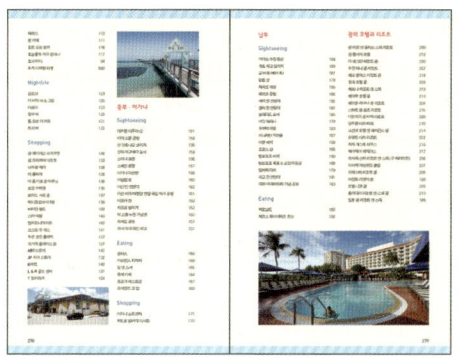

 〈특별 부록〉 휴대용 여행 가이드북
각 지역의 지도가 담겨 있으며, 간편하게 손에 들고 다니며 볼 수 있다. 여행에 꼭 필요한 상황별 영어 회화도 담았다.

Notice! 현지의 최신 정보를 정확하게 담고자 하였으나 현지 사정에 따라 정보가 예고 없이 변동될 수 있습니다. 특히 요금이나 시간 등의 정보는 시기별로 다른 경우가 많으므로, 안내된 자료를 참고 기준으로 삼아 여행 전 미리 확인하시기 바랍니다.

미리 만나는 괌

괌의 아름다운 명소 • 014
괌에서 할 일 • 017
괌의 요리 • 020
괌의 디저트 & 음료 • 022
괌의 쇼핑 아이템 • 024

추천 일정

바쁜 일상의 피로를 해소하는 **힐링 여행** • 028
태어날 아이와의 첫 여행 **베이비문 & 태교 여행** • 031
온몸의 감각이 깨어나는 **액티비티 여행** • 033
괌 구석구석을 둘러보는 **렌터카 여행** • 035
소중한 추억을 쌓는 **허니문 & 커플 여행** • 037
아이와 함께하는 **가족 여행** • 038

지역 여행

투몬 · 타무닝 · 북부
볼거리 • 072
마사지 숍 • 084
먹을거리 • 092
나이트라이프 • 120
쇼핑 • 124

하갓냐 · 중부
볼거리 • 150
먹을거리 • 164
쇼핑 • 170

남부
볼거리 • 178
먹을거리 • 192

괌의 호텔과 리조트

가족 모두가 즐겁게 지내다 갈 수 있는 특급 호텔 • 198
물놀이에 최적화된 리조트 호텔 • 201
태교 여행으로 적합한 호텔 • 204
투몬 중심에 위치한 호텔 • 207
4인 이상의 가족이 묵기 좋은 호텔 • 210
가격이 합리적인 호텔 • 212
골프 애호가에게 맞춤 호텔 • 215
게스트 하우스 • 216

 테마 여행

바다와 하늘을 아우르는 **괌의 액티비티 즐기기** • 220
괌의 자연을 만끽하는 **투어 & 크루즈** • 228
해변을 따라 즐기는 **괌의 드라이빙 코스** • 234
득템에 목마른 쇼퍼들의 천국 **괌의 면세 쇼핑** • 238
매일 축제하기 좋은 날씨 **페스티벌 괌** • 243
괌으로 떠나는 **골프 여행** • 246
우리 가족 추억 만들기 **태교 여행 · 가족 여행** • 249
단 한 번의 특별한 순간 **웨딩 인 괌** • 257

여행 정보

여행 준비 • 264
한국 출국 • 271
괌 입국 • 273
한국으로 돌아오는 길 • 276

찾아보기 • 277

가족의 안전을 지키는 **괌의 베스트 드라이버** • 061
일상에서 쌓인 피로를 푸는 시간 **다양한 스파 & 마사지** • 086
괌 본연의 모습을 느낄 수 있는 **차모로 문화** • 153
괌 남부 투어 • 180

미리 만나는
괌

- 괌의 **아름다운 명소**
- **괌에서 할 일**
- 괌의 **요리**
- 괌의 **디저트 & 음료**
- 괌의 **쇼핑 아이템**

PREVIEW
괌의 아름다운 명소

'괌' 하면 제일 먼저 바다가 떠오르기 마련이다.
파란 하늘과 맞닿을 듯이 드넓게 펼쳐진 바다와 아름다운 공원,
잊지 못할 풍경이 우리를 기다리고 있다.

 투몬 비치 Tumon Beach
에메랄드빛 바다가 아름다운 괌의 대표적인 비치 p.73

 코코 팜 가든 비치 Coco Palm Garden Beach
해안의 순수한 아름다움을 간직한 프라이빗 비치 p.83

 건 비치 Gun Beach
해양 레포츠를 즐기고 저녁에는 아름다운 일몰을 감상할 수 있는 낭만적인 비치 p.80

사랑의 절벽 Two Lovers Point
영원한 사랑을 꿈꾼다면 꼭 방문해야 할
괌 여행의 필수 코스 p.81

차모로 빌리지 Chamorro Village
괌 원주민 차모로족의 이색적인 문화 체험 p.152

피시 아이 마린 파크 Fish Eye Marine Park
해중 전망대에서 감상하는 신비한 해양 세계 p.161

코코스 섬 Cocos Island
스노클링을 즐기며 바닷속 가득한 산호와 열대어를 만날 수 있는 무인도 p.186

이나라한 자연풀 Inarajan Natural Pool
화산 활동과 해수의 침식 작용에 의해 자연적으로 형성된 천연 수영장 p.187

플레저 아일랜드 괌 Pleasure Island Gau
호텔, 쇼핑몰, 레스토랑 등이 모여 있는 괌의 최대 복합 문화 단지 p.74

스페인 광장 Plaza De Espana
스페인 양식의 오래된 건물을 볼 수 있는 이국적인 광장이자, 괌의 슬픈 식민지 역사의 현장 p.157

PREVIEW

괌에서 할일

괌 여행을 좀 더 알차고 풍성하게 즐기는 방법!
잘 먹고, 잘 자고, 잘 쉬는 것도 좋고
다양한 액티비티와 투어 프로그램을 알차게 즐겨도 좋다.

비치에서 휴양즐기기
아름다운 괌 해변에서 가족이나 연인과의 여유로운 시간

호텔 수영장에서 놀기
쾌적한 시설은 물론, 환상적인 전망은 덤!

맛집 탐방
괌의 이색적인 로컬 푸드부터
다양한 세계 요리까지 맛집 탐방하기

쇼핑하기
육아용품부터 명품까지, 섬 전체가 면세점인 괌에서 쇼핑 즐기기

스카이 액티비티 체험
스카이다이빙, 경비행기 등 하늘에서 맛보는 짜릿한 경험

해양 스포츠 체험
스쿠버 다이빙, 시 워커 등의 체험을 통해 생생하게 만나는 바닷속 세상

 투어 프로그램 참여하기
돌핀 와칭, 라이드 덕, 정글 투어 등 다양한 투어 프로그램 즐기기

 차모로 문화 체험
차모로족의 원주민 문화 체험을 통해
오리지널 괌 만나보기

 **스파 즐기기**
일상의 피로에 지친 몸과 마음을
치유하는 시간

 **선셋 즐기기**
가족 또는 연인과 함께하는 휴양지의 낭만적인 순간

PREVIEW
괌의 요리

괌에서 무엇을 먹을까 결정하는 것은 즐거운 일인 동시에 고민되는 일이다. 본토 분위기의 레스토랑부터 다양한 세계 각국의 레스토랑까지, 예산과 목적, 분위기에 어울리는 음식을 선택해 보자.

바비큐 BBQ
육류에 소시지, 해산물, 채소를 곁들여 그릴에 굽는 괌의 오리지널 바비큐
추천 세일즈바비큐 p.104, 니코 선셋 바비큐 p.103

스테이크 Steak
육즙이 풍부한 소고기를 두툼한 두께로 썰어 시즈닝(Seasoning)을 첨가해 구운 정통 아메리칸 스타일의 스테이크
추천 프로아 레스토랑 p.167

해산물 파스타 Sea Food Pasta
풍부한 해산물이 입맛을 돋우는 파스타
추천 카프리초사 투몬 p.106

코코넛 쉬림프 Coconut Shrimp
오동통하게 살이 오른 새우를 튀긴 코코넛 쉬림프는 시원한 맥주 한잔의 안주로 제격!
추천 비치 인 쉬림프 p.105

엠파나다 Empanada
만두와 비슷한 아르헨티나의 전통 가정식 요리로 밀가루 반죽 속에 고기와 채소, 향신료를 넣어 굽는다.
추천 데데도 벼룩시장 p.82

데판야키 Teppanyaki / Grilled Food
일본 스타일의 철판 구이 요리로 불꽃 쇼 같은 조리 과정이 화려하다.
추천 조이너스 케야키 p.98, 쇼군 스테이크 & 랍스터 p.97, 사무라이 p.99

꼬치 Kebab / Skewered Food
전통 시장에서 저렴한 가격으로 간편히 맛볼 수 있는 간식
추천 차모로 빌리지 야시장 p.170

참치 회 Slices of Raw Tuna
하갓냐 인근 바다에서 당일 잡아 손질한 신선한 참치 회
추천 피셔맨즈 코 업 p.169,
스타 샌드 돌핀 크루즈 p.233

파히타 Fajitas
치킨이나 스테이크와 양파, 피망 구이, 멕시칸 라이스에 살사 소스를 곁들여 수제 토티야에 싸 먹는 멕시코 음식
추천 카르멘스 차차차 p.169, 칠리스 p.108, 마가리타 브리토 & 바비큐 p.94

수제 버거 Homemade Burgers
전용 빵에 잘 구운 소고기 패티와 신선한 채소, 특제 소스를 더한 꿀 궁극의 수제버거
추천 루비 튜스데이 p.109, 메스클라 도스 p.92, 제프스 파이어리츠 코브 p.192

PREVIEW

괌의 디저트 & 음료

여행 중 피로를 잊게 하는 향긋한 커피와 달콤한 디저트,
한낮의 열기를 단번에 날리는 시원한 음료,
석양이 질 무렵 분위기 있게 즐길 수 있는 칵테일에 이르기까지
달콤 쌉싸름한 디저트와 음료의 종류가 다양하다.

 시나몬 롤 Cinnamon Roll
시나몬과 설탕을 겹겹이 바른 반죽 위로
달콤한 시럽을 듬뿍 발라 향긋한 롤
추천 시나본 p.119, 컵 앤 소서 p.165

 컵 케이크 Cup Cake
설탕으로 만든 달콤한 프로스팅을 얹은 케이크
추천 투레 카페 p.164, 프로아 레스토랑 p.167,
포트 오브 모카 p.116

 레드 벨벳 케이크 Red Velvet Cake
레드 벨벳같은 색을 띠는 초콜릿 시트의 케이크로 대부분
버터 크림을 올리지만, 진한 풍미의 크림 치즈를 사용하는
곳도 많다.
추천 컵 앤 소서 p.165, 캘리포니아 피자 키친 p.106

 이탈리안 젤라또 Italian Gelato
분유 없이 과즙이나 설탕, 향신료 등을
조합한 수제 아이스 밀크로 진한 맛을 낸다.
추천 돌체 프루티 젤라테리아 p.115

 티라미수 Tiramisu
이탈리아어 'Tirare mi su(나를 끌어올리다)'에서 유래된 이탈리아를
대표하는 디저트. 에스프레소로 촉촉하게 적신 시트 위에 마스카르
포네 치즈를 얹고 코코아 파우더를 촘촘히 뿌려낸다.
추천 카프리초사 투몬 p.106

팬 케이크 Pan Cake
달콤한 시럽을 곁들인 두툼한 팬케이크에 딸기, 파인애플 등의 새콤달콤한 과일과 휘핑 크림까지 얹으면 최상의 맛을 낸다.
추천 에그 앤 띵스 괌 p.114, 호놀룰루 커피 컴퍼니 p.117

프로즌 요거트 Frozen yogurt
무지방(저지방), 무첨가의 웰빙 요거트이다. 취향에 따라 신선한 과일과 견과류 토핑을 곁들여 먹는다.
추천 요거트 랜드 p.115

코코넛 망고 주스 Coconut Mango Juice
코코넛과 망고 과즙으로 만든 새콤달콤한 주스로 야시장의 노점 음식과 잘 어울린다.
추천 차모로 빌리지 야시장 p.170

블루 하와이 Blue Hawaii
약간의 달콤함과 강렬한 새콤함. 색에서 시원함이 전해져 더운 날씨에 제격이다.
추천 더비치 바 & 그릴 p.120, 하드 록 카페 p.77

미나고프 Minagof
일본인이 괌의 풍미를 구현해 만든 괌 한정 프리미엄 맥주
추천 비치 인 쉬림프 p.105, 프로아 레스토랑 p.167

모히토 Mojito
레몬이나 라임, 민트 잎과 설탕을 함께 빻은 후 소다수와 럼을 섞은 상큼한 맛의 칵테일
추천 트리 바 p.122

마가리타 Margarita
새콤달콤한 과일 주스와 독한 데킬라를 조합해 만든 칵테일
추천 카르멘스 차차차 p.169, 칠리스 p.108, 마가리타 브리토 & 바비큐 p.94

피나콜라다 Pinacolada
트로피컬 칵테일의 하나로, 진한 코코넛 향과 달콤한 맛의 파인애플, 딸기 주스가 어우러져 여성들이 선호한다.
추천 하드 록 카페 p.77

PREVIEW
괌의 쇼핑 아이템

미국령의 괌은 섬 전체가 커다란 면세점으로 미국 브랜드를 저렴한 가격에 만날 수 있다.
현지에서 당장 사용할 여행 필수품, 한국의 지인들에게 안겨 줄 선물, 이국적인 식료품,
자녀와 조카를 위한 유아용품 등 놓치기 아까운 베스트 아이템들을 소개한다.

휴양지 괌의 여행 필수품
피부를 지키는 기본 아이템, 자외선 차단지수가 높은 **선 크림**
이국적인 패턴의 **수영복**
산호초로부터 발을 보호하기 위한 **아쿠아 슈즈**
위생적으로 사용할 수 있는 개인 **스노클링 대롱**

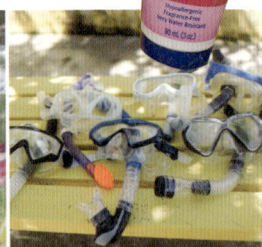

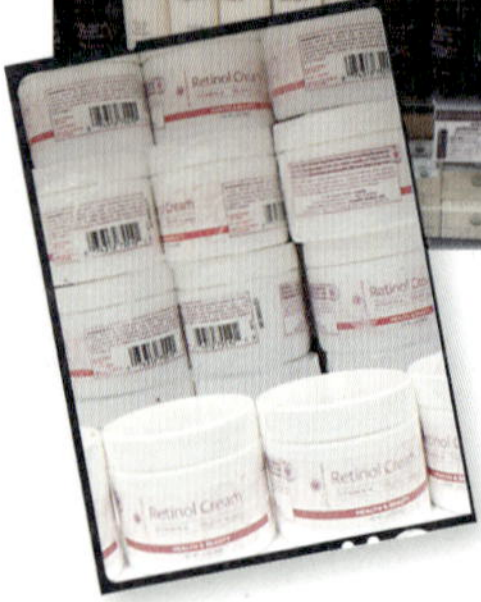

선물하기 좋은 아이템
순한 화장품과 샴푸 브랜드 **존 마스터스 오가닉**
인기 많은 미백기능성 **레티놀 크림**
액상 타입의 멀티 제품 **닥터 브로너스 매직 솝**
진통제, 소화제, 비타민, 영양제 등의 **의약품과 건강보조식품**

맛있는 식료품

괌에서만 만날 수 있는 **망고 맥주**
하와이의 명물 **코나 커피**
안주와 간식으로 좋은 **건조 과일**
다양한 맛의 달콤한 **괌 쿠키**

영유아용품

저렴하면서 질 좋은 **카터스 유아복**
부담 없는 가격의 출산, 수유, 이유 관련 **육아용품**
꾸준히 인기있는 아동 브랜드 **랄프로렌 칠드런과 갭 키즈**
다양한 가격대와 종류를 갖춘 **장난감**

추천 코스

3박 4일 코스
- 바쁜 일상의 피로를 해소하는 힐링 여행
- 태어날 아이와의 첫 여행 베이비문 & 태교 여행
- 온몸의 감각이 깨어나는 액티비티 여행

Plus 1Day
- 괌 구석구석을 둘러보는 렌터카 여행
- 소중한 추억을 쌓는 허니문 & 커플 여행
- 아이와 함께하는 가족 여행

바쁜 일상의 피로를 해소하는
힐링 여행 3박 4일

'힐링 여행' 하면 흔히 맛있는 음식을 먹고 선 베드에 누워 낮잠을 청하기도 하고, 해 질 무렵 해변가를 산책하고 자기 전 마사지를 받는 등의 모습을 떠올릴 것이다. 이 정도만으로도 바빴던 일상에서 벗어나 재충전할 수 있지만 거기에 괌의 1년 내내 따뜻한 날씨, 티끌 하나 없이 깨끗한 공기가 더해지면 꿀맛 같은 휴식을 취할 수 있다.

항공사별 운행 시간 참고

대한 항공 09:15~14:35, 19:35~00:50(+1)(괌 도착) / 02:30~06:15, 16:00~19:50(인천 도착)
제주 항공 10:05~15:25, 20:10~01:40(+1), 21:50~03:20(+1)(괌 도착)
　　　　　16:30~20:35, 02:40~06:40, 04:55~08:55(인천 도착)
진 에어 09:35~14:50(괌 도착) / 16:00~19:55(인천 도착)
티웨이 항공 18:00~23:30(괌 도착) / 01:00~05:05(인천 도착)
에어서울 20:45~02:10(+1)(괌 도착) / 03:10~06:55(인천 도착)

* 항공사 운영에 따라 변동이 있을 수 있으니 각 항공사 홈페이지 참고
** 에어 서울은 아시아나 항공과 공동 운항

Day 1
반가워 괌!

17:00	호텔 체크인
18:00	투몬 비치 호텔을 따라 펼쳐진 투몬 비치를 산책하며 괌의 쾌적한 바람 느끼기
19:00	저녁 식사 호텔 석식 또는 세일즈 바비큐에서 저녁을 먹으며 선셋 감상
21:00	K마트 쇼핑 괌에서 지내는 동안 마실 물과 음료수, 간식 등 쇼핑하기
22:30	반신욕 여행 첫날의 피로를 풀어 줄 반신욕을 즐긴 후 취침

Day 2

괌의 해양 스포츠와 흥미로운 마술 쇼 즐기기

08:30 해양 스포츠
조식 후 알루팡 비치 클럽에서 패러세일링, 바나나보트, 모터보트, 스노클링 등 체험. 점심 식사까지 패키지로 신청해 알차게 보내기

18:00 호텔 수영장
숙소로 돌아와 호텔 수영장에서 잠시 여유로운 시간 갖기

19:30 샌드캐슬 괌
유명 마술사와 늘씬한 미녀들의 댄스, 끈을 이용해서 묘기를 선보이는 중국 스타일의 아크로바트와 라스베이거스 스타일의 마술 쇼 감상 (저녁 식사가 포함된 플랜도 가능)

21:00 쇼핑
투몬 중심에 위치한 T 갤러리아, 더 플라자 쇼핑센터나 JP 슈퍼스토어에서 쇼핑하기

Day 3

호텔 액티비티와 렌터카 투어

09:00 호텔 수영장
선 베드를 대여하거나 간단한 해양 스포츠 프로그램에 참여하기

12:30 일본식 철판 구이로 점심 식사
합리적인 가격에 불쇼까지 선보이는 조이너스 케야키 레스토랑에서 점심 먹기

14:00 아델럽 곶
렌터카로 이동해 대충 찍어도 엽서 사진이 되는 전망대에서 기념 촬영하기

14:30 피시 아이 마린 파크
마이크로네시아 유일의 해중 전망대에서 바닷속 간접 체험하기

15:00 티 타임
에메랄드빛 아름다운 바다 전망의 카페에서 커피 마시기

16:00 주부 투어
스페인 광장, 아가냐 대성당, 스키너 광장에서 스페인의 정취를 느끼며 주변 산책하기

시간	일정	
17:00	**차모로 빌리지**	
	괌의 정서가 가득 느껴지는 차모로 야시장 방문하기	
19:00	**사랑의 절벽**	
	사랑하는 사람과 사랑의 종 울리기	
20:00	**선셋과 달콤한 칵테일**	
	건 비치로 떨어지는 강렬한 오렌지빛 석양을 감상하며 더 비치 바에서 칵테일 한잔하기	
21:00	**쇼핑**	
	ABC 스토어나 K 마트에서 다양한 선물 고르기	
23:00	**스파**	
	호텔 내 스파에서 마사지를 받은 뒤 취침	

Day 4

떠나기 아쉬운 반나절, 투몬 비치에서의 시간

08:30	**투몬 비치**
	투몬 비치를 눈에 담으며 마지막 아침 산책 즐기기
10:00	**호텔 체크 아웃, 짐 맡기기**
10:30	**쇼핑**
	괌 프리미어 아웃렛 또는 마이크로네시아몰에서 쇼핑하기
12:30	**푸드 코트에서 점심 식사**
	다양한 음식이 있어 골라먹는 재미가 있는 푸드 코트에서 간단히 점심 식사
14:00	**귀국 준비**
	호텔에서 짐을 찾아 공항으로 출발

태어날 아이와의 첫 여행
베이비문 & 태교 여행 3박 4일

괌은 4시간 만에 닿을 수 있는 미국령이자 임산부를 위한 장점이 많은 곳이어서 태교 여행으로 각광을 받는 휴양지이다. 일년 내내 쾌적한 날씨에 아침 저녁으로 선선한 바람이 불기 때문에 간단한 운동을 겸해 해변 산책을 즐기기에 좋다. 또한 엄마들이 선호하는 미국 브랜드의 베이비 & 키즈 아이템들도 합리적인 가격에 만날 수 있다.

Day 1
가벼운 마음으로 시작하는 괌의 첫날

- **17:00** 호텔 체크인
- **18:00** 호텔 디너 쇼
  디너 뷔페와 함께 전통적인 폴리네시안 댄스 쇼 감상
- **20:00** 쇼핑
  투몬 호텔에서 JP 슈퍼스토어까지 도보로 이동하여 육아용품 쇼핑

Day 2
호텔 주변 산책과 돌핀 크루즈 투어

- **09:00** 호텔 수영장
  무리하지 않는 선에서 가볍게 물놀이 즐기기
- **12:00** 점심 식사
  일본풍 철판 구이 전문점 사무라이 레스토랑에서 점심 식사
- **13:00** 돌핀 크루즈
  눈앞에서 돌고래도 보고, 신선한 회도 즐길 수 있는 투어 참여
- **18:30** 건 비치
  저녁 무렵이면 투몬 비치보다 활기찬 건 비치 산책
- **19:30** 바비큐로 저녁 식사
  야외 레스토랑 니코 선셋 바비큐에서 저녁 먹기
- **21:00** 플레저 아일랜드 괌
  T 갤러리아, 더 플라자에서 쇼핑하기

Day 3

언더워터 월드 관람과
출산용품 쇼핑도
알차게!

10:00		언더워터 월드
		100m 길이의 웅장한 해저 터널 탐험하기
11:00		호텔 스파
		임산부를 위한 부드러운 마사지 받기
12:30		점심 식사
		육류와 해산물을 모두 즐길 수 있는 나나스 카페에서 점심 먹기
14:30		피시 아이 마린 파크
		바닷속을 간접 체험할 수 있는 피시 아이 마린 파크에서 열대어와 교감하기
15:00		중부 투어
		아가냐 대성당과 스페인 광장 둘러보기
16:30		임부복, 유아복 쇼핑
		넉넉한 사이즈의 옷을 저렴하게 구입할 수 있는 로스와 갭 키즈가 있는 괌 프리미어 아웃렛, 카터스와 랄프로렌이 있는 마이크로네시아 몰에서 유아복 쇼핑하기
18:30		저녁 식사
		괌 프리미어 아웃렛 근처에서 취향에 맞는 패밀리 레스토랑을 골라 저녁 식사하기
22:00		야식
		야심한 밤 출출하다면 엉클 심스 라면에서 라면 한 그릇
23:30		취침

09:30	사진 촬영
	투몬 비치에서 태교 여행을 기념할 사진 남기기
11:00	사랑의 절벽
	함께 사랑의 종을 울리며 영원한 사랑 맹세하기
14:00	귀국 준비
	호텔에서 짐을 찾아 공항으로 출발

Day 4

해변가에서
아름다운 D라인 사진을
남기며 여행 마무리

온몸의 감각이 깨어나는
액티비티 여행 3박 4일

신나고 짜릿한 레저 스포츠를 경험하는 것은 괌의 또 다른 모습을 만날 수 있는 기회이다. 바닷속에서 아름다운 물고기를 만나고, 울퉁불퉁한 지면을 속도감 있게 달리는 ATV, 타잔이 된 듯한 기분을 느낄 수 있는 짚라인, 스카이다이빙이나 비행기 조종으로 하늘에서 즐기는 이색 체험까지. 체력이 허락한다면 4일간 신나게 즐겨 보자.

Day 1
괌의 중심 투몬과 친해지기

시간	일정
17:00	**호텔 체크인**
18:00	**세일즈 바비큐** 투몬 비치에 위치한 레스토랑에서 바비큐를 즐기며 선셋 감상하기
19:30	**투몬 비치** 백사장을 거닐며 시원한 바닷바람 즐기기
20:00	**쇼핑** T 갤러리아, 더 플라자 등이 있는 플레저 아일랜드 괌 둘러보기

Day 2
스릴 넘치는 스카이다이빙 체험으로 괌의 하늘 만끽하기

10:00	**스카이다이빙** 세상에서 가장 짜릿한 경험, 하늘을 나는 스카이다이빙 체험 ★ 스카이다이빙을 하기 24시간 이전에 스쿠버다이빙을 해선 안 되며 12시간 이내 시워커, 아쿠아워크 및 수중 바이크를 할 수 없음을 유의하자.
13:00	**호텔 휴식** 긴장을 풀기 위해 1시간 정도 낮잠 자기
14:30	**점심 식사** 속을 편안하게 해 줄 따뜻한 죽이나 차를 곁들여 식사하기
15:30	**쇼핑** 느긋하게 쇼핑 즐기기(마이크로네시아몰, 괌 프리미어 아웃렛)
19:30	**저녁 식사** 괌 프리미어 아웃렛 근처에 있는 패밀리 레스토랑에서 저녁 식사
21:30	**스파 & 마사지** 평소 쓰지 않던 근육을 많이 쓴 날. 반신욕을 하거나 호텔 스파 프로그램 이용

Day 3
지상과 바다를 넘나드는 다양한 액티비티 즐기기

09:00 정글 투어
UTV, 스타 샌드 비치, 짚라인 등의 인기 프로그램으로 다채롭게 구성된 괌의 정글 투어 체험하기

12:00 점심 식사
파스타 전문 패밀리 레스토랑 카프리초사에서 파스타와 피자로 점심 식사하기

13:00 알루팡 비치 클럽
패러세일링, 바나나보트, 모터보트, 스노클링 등 다양한 해양 스포츠 즐기기

19:00 피시 아이 마린 파크
호텔에서 휴식 후 피시 아이 마린 파크에서 아름다운 선셋 감상하기

19:30 피시 아이 레스토랑
뷔페식 식사와 흥겨운 댄스, 강렬한 불쇼를 선보이는 폴리네시안 디너 쇼 관람

21:00 나이트라이프
로맨틱한 분위기의 전망 좋은 스카이라운지 바, 톱 오브 더 리프에서 칵테일 한잔하기

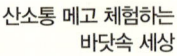

Day 4
산소통 메고 체험하는 바닷속 세상

09:00 피시 아이 마린 파크
스쿠버다이빙이나 시워커 체험 프로그램을 통해 바닷속 여행 즐기기
★ 스카이다이빙 체험 이후라면 건강 상태를 고려해 예약하는 것이 좋다.

12:30 점심 식사
24시간 오픈하는 카페 겸 레스토랑 킹스에서 간단히 점심 식사하기

14:00 귀국 준비
호텔에서 짐을 찾아 공항으로 출발

추천코스 Plus 1Day

함께 여행하는 사람들과 추억을 쌓는 소중한 시간, 호텔을 벗어나 렌터카를 타고 섬 일주를 하거나 명소에서 셀프 웨딩 사진을 찍고 아이와 함께 시간을 보내면서 조금 더 특별한 여행을 만들어 보자.

괌 구석구석을 둘러보는 **렌터카 여행**

호텔 내 프로그램이나 다양한 레저 스포츠를 즐기는 것도 매력적이지만, 괌 자연 본연의 모습을 들여다보고 싶다면 하루쯤 렌터카를 타고 투몬 중심부에서 벗어나 느긋하게 섬 일주를 해 보자.

★ 괌의 핵심 스폿 돌아보기

09:00 아델럽 곶
괌 정부종합청사를 관람하고 라테 스톤 전망대에서 탁 트인 오션 뷰 즐기기

10:10 세티 만 전망대
괌에서 가장 높은 람람산과 시원한 바닷바람이 선물하는 신선한 공기 마시기

11:10 우마탁 마을
포르투갈의 탐험가 마젤란이 처음 당도했던 괌의 조용하고 작은 마을

11:30 솔레다드 요새
우마탁 마을과 해안의 전경이 한눈에 들어오는 곳

12:00 메리조 마을
낚시하기 좋은 조용하고 소박한 마을

12:30   코코스 섬
음식을 테이크아웃한 다음 메리조 마을의 부두 공원 내 선착장에서 유람선을 타고 코코스 섬으로 이동(코코스 섬 투어는 선착장 앞에서 신청하거나 호텔 컨시어지에 문의해 1일 투어를 신청하는 두 가지 방법이 있다.)

Plan B

12:30   이나라한 자연풀
자연이 만들어 놓은 신비로운 수영장에서 다이빙하기

13:00   점심 식사
수제 버거로 유명한 제프스 파이어리츠 코브에서 점심 식사하기

14:30   비치 즐기기
이판 비치에서 가볍게 스노클링을 하거나 해변에 돗자리를 펴고 한가로이 즐기는 달콤한 휴식
★ 아쉬움이 남는다면 괌에서 가장 아름다운 해변으로 유명한 리티디안 비치까지 약 30분간 북부 드라이브를 즐기자.

18:00   저녁 식사
수준 높은 차모로 전통 댄스 공연과 바비큐 파티를 함께 즐길 수 있는 트리 바에서 저녁 식사하기

20:00   쇼핑
마이크로네시아몰, 괌 프리미어 아웃렛에서 쇼핑하기

소중한 추억을 쌓는 **허니문 & 커플 여행**

사랑하는 사람과 함께하는 여행이라면 더욱 특별한 추억을 남기고 싶을 것이다. 둘만의 추억을 쌓고, 오롯이 서로에게만 집중할 수 있는 여행지로 괌은 충분하다.

★ 커플을 위한 모든 것

09:00 셀프 웨딩 촬영
묵고 있는 호텔의 채플에서 웨딩 촬영하기 (사전에 양해를 구하거나 비용을 지불해야 하는 경우도 있으니 미리 체크하자.)

10:30 스파 & 마사지
호텔 스위트룸에서 즐기는 럭셔리한 스파! 특별한 여행인 만큼 한번쯤 호사를 누려도 좋다.

13:00 코코팜 가든 비치
순수하고 맑은 모습을 간직한 비치에서 잔잔한 파도 소리를 들으며 휴식 취하기

19:30 저녁 식사
투몬 시내에서 벗어나 한적하고 분위기 좋은 파파스 레스토랑에서 오붓하게 저녁 식사하기

아이와 함께하는 **가족 여행**

아이와 동반하는 여행지를 선정할 때에는 일반적으로 휴양과 관광에 중점을 둔다. 괌은 여기에 쇼핑하기도 좋아 아이와 부모 모두에게 즐거운 여행지이다. 호텔과 리조트에 어린이를 위한 다양한 프로그램이 준비되어 있고, 워터 파크와 이색 체험 장소도 많다. 파도가 잔잔한 해변에서는 각종 액티비티를 즐기기에도 좋다.

★신나는 물놀이 세상

09:00 물놀이
호텔 수영장에서 물놀이를 하거나 돌핀 와칭 투어에 참여해 스노클링 즐기기

12:00 점심 식사
아이들의 다양한 입맛을 충족시키는 뷔페 레스토랑에서 맛있는 점심 식사하기

13:30 언더워터 월드
햇볕이 내리쬐는 시간, 시원한 해저 터널 수족관에서 바닷속 탐험하기

15:30 라이드 덕
신나게 호루라기를 불며 땅과 바다를 동시에 오가는 수륙 양용차 라이드 덕을 타고 괌 둘러보기
★ 또는 차모로 문화를 체험할 수 있는 차모로 빌리지를 방문해도 좋다.

18:00 쇼핑
마이크로네시아몰, 괌 프리미어 아웃렛에서 아이 옷과 장난감을 사고 근처에서 저녁 식사하기

지역 여행

- 투몬·타무닝·북부
- 하갓냐·중부
- 남부

INFORMATION

괌은 서태평양에 있는 미국령으로 공식 명칭은 미국령 괌 준주(United States Island Territory of Guam)이다. 차모로어로는 구아한(Guåhån)이라 일컫는다. 미국령 중 가장 서쪽에 위치해 미국에서 해가 가장 먼저 뜨는 곳이다. 수도는 아가냐(Agana)이며 차모로어로 하갓냐(Hagåtña)라고 부르기도 한다.

위치
북위 13.48°, 동경 144.45° 마리아나 제도에서 가장 큰 섬이며 최남단에 위치하고 있다. 한반도에서 약 3,000km 떨어져 있으며 인천 국제공항에서 직항으로 약 4시간이면 도착한다. 그리니치 천문대 표준 시 기준 +10이며 한국보다 1시간 빠르다.

면적
괌은 5개의 섬으로 구성돼 있으며 길이 48km, 폭 6~14km로 남북으로 길쭉한 형태의 섬이다. 면적은 546km²로 우리나라 거제도와 비슷한 크기이다. 남부엔 높이 400m의 산이 이어져 있고 북부는 150m 내외의 고원으로 돼 있다. 섬의 해안선을 감싸고 있는 산호초는 지진과 해일에 의한 피해를 방지하는 역할을 한다.

기후
해양성 아열대 기후인 괌은 기온 변화가 거의 없다. 비가 내리지 않는 낮엔 영상 30도를 넘나들고 최저 기온이 영상 20도 이하로 내려가지 않는다. 단, 2월은 낮 기온이 높지만 최저 기온이 1년 중 가장 낮아 조금 서늘하다. 괌의 뜨거운 낮은 물놀이하기 좋지만 걷기 힘들기 때문에 물을 자주 섭취하고 서늘한 그늘을 찾아 들어가는 것이 좋다. 1~6월은 건기, 7~11월은 우기이다. 건기라고 해서 비가 아예 안 오는 것은 아니고, 우기에는 하루에 10번 정도 잦은 스콜(국지성 호우)이 발생한다. 대신 태풍이 아니라면 우기에도 비가 짧게 오는 편이라 여행에 큰 무리는 없다. 연평균 강수량은 약 2,509mm이다. 섬인 만큼 태풍의 직접 영향권에 드는 시기에는 가급적 여행을 자제한다.

공식 언어
영어와 차모로어가 공식 언어로 통용된다. 차모로어는 여행 중 사용할 기회가 적지만, 원주민이 많이 모이는 곳과 그들의 전통 공연에서 접할 수 있다. 일본 여행객이 많이 오기 때문에 일본어를 하는 현지인들이 많으며 최근에는 한국인들의 유입이 많아 한국어가 통하는 곳도 늘고 있다.

인구
17만 명의 인구는 차모로인이 45%, 필리핀인이 25%, 백인이 15%, 기타 민족이 15%의 비중을 차지하는데, 한인은 5천 명 정도이다.

역사
남동부 인도네시아에 살던 사람들이 건너와 기원전 21세기부터 사람이 거주하기 시작했다. 그 후 1710년 포르투갈 항해사 마젤란이 이 섬을 발견해 스페인 왕에게 보고했고 곧 스페인령이 되었다. 1898년에는 미국-스페인 전쟁이 일어나 통치권이 미국으로 넘어갔다.
제2차 세계 대전 중인 1941년 12월 8일부터는 3년간 일본이 점령했지만, 1944년 7월 21일 미국이 괌 전투를 통해 일본군을 몰아내고 섬을 탈환해 현재는 미국령이 되었다.

종교
가톨릭 국가인 스페인의 영향으로 주민 85% 이상의 종교는 가톨릭이다.

화폐
달러($)를 사용한다. 투어 프로그램은 대부분 현장에서 현금으로 결제하는 편이지만, 그 외 레스토랑이나 쇼핑센터 등에선 신용카드 결제가 가능하다.

비자
대한민국 국민은 유효 기간이 6개월 이상 남은 전자 여권을 소지하고 있으면 무비자로 45일 동안 괌에 머물 수 있다. 그 이상은 ESTA 비자를 받으면 90일까지 체류 가능하다. 단, ESTA 비자를 받지 않고는 괌에서 미국 내 다른 곳으로 이동이 불가능하다는 점을 유의한다.

팁
미국은 다른 나라에 비해 팁 문화가 정착돼 있기 때문에 마사지를 받은 후나 호텔에서 나오기 전 객실 청소원에게 줄 약간의 팁을 얹어 주는 정도는 기본이다. 대신 괌은 미국 본토나 하와이 등과 달리 레스토랑의 메뉴 가격에 팁이 대부분 포함돼 있어 따로 챙길 필요가 없다.

전압
110V·60hz으로 우리나라 콘센트와 달리 변압기가 필요하다. 일부 호텔은 변압기를 대여해 주지만, 성수기에는 수량이 부족할 수 있으니 여행 전에 꼭 준비한다. 프리 볼트 제품들은 변압기만 있으면 되지만 220V 전용 제품은 승압기도 필요하다. 220V 전용 제품을 110V에 꽂으면 간혹 기계가 망가질 수 있고, 제 성능을 발휘하지 못한다. 전용 볼트 제품이 많은 고데기와 드라이기 등은 제품 정보 확인이 필요하다. 또한 숙소에 콘센트가 많은 경우가 드물어 노트북과 스마트폰, 카메라 배터리를 한번에 충전하기 위한 멀티 탭을 가져가는 것도 좋다.

데이터 로밍
초고속 광역 인터넷에 익숙한 우리로서는 호텔과 대형 쇼핑몰 외에는 와이파이 사용이 어려운 괌에서 답답함을 느낄 수 있다. 여행 시 발생하는 문제를 해결하고 일정을 변경하기 위해 바로바로 정보를 검색해야 하기에 아무래도 인터넷이 필요하다. 괌에서 데이터 로밍으로 가장 많이 사용하는 것은 유심칩과 에그 포켓 와이파이이다. 현지 유심칩을 구매해 사용하는 것이 가장 저렴할 수 있으나 한국에서 발신하는 문자 메시지나 전화를 받기 어렵다는 단점이 있다. 때문에 괌에서 가장 효율적인 데이터 로밍은 5~10명이 사용 가능한 에그 포켓 와이파이를 대여하는 것이다. 가족이나 커플, 친구가 함께 쓸 수 있어서 가격도 크게 부담되지 않는다. 또한 한국에서 발신하는 문자 메시지와 전화도 받을 수 있다. 포털에 '괌 포켓 와이파이'를 검색 후 최저가를 제시한 사이트에 신청하고 괌 입국 후 공항에서 수령하면 된다.

치안
미국령인 괌은 총기 허가국이지만 사건 사고가 거의 없을 정도로 안전한 편이다. 그렇더라도 밤에 인적이 드문 곳을 돌아다니는 것은 삼가는 것이 좋다. 또한 렌터카를 인적이 드문 외진 곳에 주차할 때는 외부에서 창문을 통해 귀중품이 보이지 않도록 정리하고 내려야 한다. 물건이 조금이라도 보이면 창문을 파손하고 훔쳐 가는 일이 꽤 발생하기 때문이다. 소매치기를 당하는 일은 거의 없으나 귀중품은 호텔에 보관하고 다니는 것이 좋다.

괌으로 이동하기

우리나라에서 괌으로 이동하기

우리나라와 괌을 연결하는 직항은 대한항공, 제주항공, 진에어, 티웨이항공에서 운행하고 있다. 다른 항공사도 가끔 프로모션으로 직항 노선을 운행하는 편이며 소요 시간은 약 4시간 20분이다. 경유 노선도 있지만 직항보다 가격이 높을 수 있고 번거로우니 직항을 타는 것을 추천한다. 김해 국제공항에서는 대한항공, 제주항공이 운행되고 있으며 인천 국제공항에서 출발하는 것보다 20~30분 정도 먼저 도착한다.

괌 국제공항

괌 국제공항에서 시내로 이동하기

▶ 괌 국제공항

정식 명칭은 안토니오 비 원 팻 국제공항(Antonio B. Won Pat International Airport)이다. 3층은 게이트와 출국 심사장, 입국 심사장이고 2층은 항공 회사 체크 인 카운터, 1층은 여행사 카운터와 렌터카 데스크, 포켓 와이파이 대여소 등이 있다. 입국심사 후 짐을 찾아 세관·검역 신고서를 제출하고 대합실로 나오면 여행사나 호텔에서 환영 피켓을 들고 여행객을 기다리고 있는 모습을 볼 수 있다. 호텔 등의 예약자의 경우 해당 직원의 안내를 받아 투어 버스나 벤을 타고 호텔까지 이동하면 되고, 자유 여행자의 경우 바깥에 있는 택시 승강장에서 택시를 타거나 렌터카를 이용하면 된다.

주소 355 Chalan Pasaheru B224-A, Tamuning **전화** 671-646-0300 **홈페이지** www.guamairport.com

▶ 호텔 픽업 & 투어 버스 Hotel & Tour Bus

호텔을 예약할 때 공항과 호텔을 오가는 픽업 & 샌딩 서비스를 신청할 수 있다. 도착 당일 입국장 로비에서 피켓을 든 관계자에게 바우처(Voucher)를 제시하고, 최소 출발 인원이 모이면 1층 동쪽 출구로 나가 호텔 & 투어 버스 카운터로 이동하거나 서쪽 출구에서 호텔 제휴 택시에 탑승한다.

요금은 택시 대비 비싼 편이지만 안전하고 편리하다는 장점이 있다. 약 10~15분이 소요되는 투몬 시내 호텔까지는 편도 성인 $10 이상, 5세 이상 어린이 $5 이상이다. 하갓냐 소재의 호텔까지는 편도 성인 $25 이상, 어린이 약 $15이며 유아는 무료로 이용 가능하다. 단, 일부 호텔은 픽업 및 샌딩 서비스를 지원하지 않기 때문에 예약 시 잘 알아봐야 한다.

▶ 택시 Taxi

입국장 로비 1층 서쪽 출구와 연결된 공항 택시 카운터에 가서 목적지별 요금표를 확인 후 탑승한다. 투몬 시내 호텔까지는 약 10~15분이면 충분한데, 택시 1대당 요금은 $20~25 수준이다. 15분 이상이 소요되는 하갓냐 숙소까지의 편도 요금은 약 $25 이상이다. 트렁크 짐의 수에 따라 $1씩 요금이 추가되고 기사의 서비스 만족도가 높은 경우는 요금의 약 10%에 해당하는 팁을 지불하기도 한다. 요금 결제 시 영수증을 받아 두면 바가지 요금을 방지할 수 있다.

▶ 렌터카 Rent-A-Car

공항에서 인수와 반납이 가능한 해외 업체에서 예약한 경우 입국장 로비 1층 동쪽 출구 앞에 24시간 운영하는 렌터카 카운터로 가서 여권과 운전면허증, 렌터카 예약 증명서를 제시하면 된다. 그 후 담당자와 전용 셔틀을 타고 근처의 공항 사무실로 이동해 서류 절차를 마무리한다. 투몬 시내에 지점을 둔 한인 렌터카 회사를 이용하는 경우엔 담당자와 전용 차량으로 사무실로 이동해 차량 인수 과정을 마친 후 반납 예정일까지 자유롭게 드라이브를 즐기면 된다. 예약 없이 당일 공항에서도 차량을 대여할 수 있으며, 일반 승용차 기준 24시간 렌트 비용은 약 $55~90 정도이다. 렌터카 서비스 이용 절차나 괌의 도로 사정은 뒤에 나오는 렌터카 이용 방법을 참고하자.

괌의 교통수단

괌의 이동수단으로는 ▲트롤리 셔틀버스(레드 구아한 트롤리 셔틀버스, 레아레아 트롤리 셔틀버스) ▲쇼핑몰 무료 버스 ▲택시 ▲렌터카 등이 있다. 시내 중심 위주로 돌아본다면 대부분의 호텔과 쇼핑 포인트, 관광지를 연결하는 트롤리 셔틀버스만으로도 충분하지만 중·남부 투어를 계획하거나 노약자를 비롯해 영유아를 동반한 가족에게는 무더위를 피해 쾌적하게 이동할 수 있는 렌터카를 추천한다.

레드 구아한 트롤리 셔틀버스

트롤리 셔틀버스 Trolley Shuttle Bus

트롤리 셔틀버스는 투몬과 타무닝 시내의 주요 호텔과 백화점, 쇼핑몰, 인기 관광 명소를 연결하는 시내 순환 버스이다. 자가용 문화가 발달해 대중교통 수단이 부족한 괌에서 투몬 시내를 비롯해, 중부 하갓냐의 이색적인 관광지와 맛집, 로컬 분위기가 가득한 차모로 빌리지까지 돌아볼 수 있어 여행자에게 반가운 친구가 되어 준다. 종류는 람람 투어에서 운행하는 레드 구아한 트롤리 셔틀버스와 일본계 여행사 H.I.S.에서 운행하는 레아레아 트롤리 셔틀버스가 있다.

▶ 레드 구아한 트롤리 셔틀버스 Red Guahan Trolley Shuttle Bus

여행자 대상의 가장 대중적인 버스 노선인 만큼 일요일, 공휴일에도 투몬 시내 각 호텔과 쇼핑몰, 주요 관광지를 연결해 편리하다. 노선의 상세 정보는 시기별로 변동이 있을 수 있으니 현지 공항 내 투어 카운터와 버스에 비치된 노선도와 시간표를 확인하자.

전화 761-649-5314~5(괌 현지), 02-701-9717(한국 사무소) 운행 시간 09:00~21:00 와이파이 서비스 괌 프리미어 아웃렛(GPO), 마이크로네시아몰, JP 슈퍼스토어, T 갤러리아에서 이용 (와이파이 무료 이용권 포함된 티켓 소지자에 한함) 홈페이지 www.tbusmall.com(괌 트롤리 한국 티켓 쇼핑몰)

티켓의 선택과 구입 방법

시내 순환 버스 티켓은 호텔과 T 갤러리아 by DFS, 괌 프리미어 아웃렛(GPO), 마이크로네시아몰 및 K마트의 투어 데스크에서 구입하거나 버스 탑승 시 기사에게 기본 승권 구간을 자유롭게 이용 가능한 편도 티켓을 구입할 수 있다(6세 이하 어린이 무료). 단, 3곳 이상 이동 시에는 1일 패스(구입 당일만 사용 가능)를 이용하는 것이 경제적이다. 2일 이상의 패스는 연속 사용한다. 한국 지점에서 승차권을 예매했다면 괌 공항 게이트를 나와 정면에 보이는 람람 투어 카운터에 가서 구입 증명서를 제시하고 실물 티켓과 쿠폰, 시내 교통 버스 스케줄이 담긴 봉투를 수령한다.

티켓 카운터
시간 괌 공항 람람 투어 카운터 10:30~18:30(휴무 12:00~13:00), 21:30~09:00 / 쇼핑몰 티켓 카운터 10:00~21:00 **위치** 괌공항 람람 투어 카운터, T 갤러리아, 괌프리미어 아웃렛, 마이크로네시아몰, K마트 투어 데스크

〈교통 패스 종류〉

종류	요금	이용 가능 노선
1회권	$4	전 노선(편도)

1일 패스	$12	• 투몬 셔틀버스
		• 쇼핑몰 셔틀버스
		• T 갤러리아 by DFS
		  ↔ K마트 셔틀버스
		• 괌 프리미어 아웃렛(GPO) ↔
		  레오 팔레스 셔틀버스

2일 패스 (+무료 와이파이 24시간)	$15	
3일 패스 (+무료 와이파이 48시간)	$20, 한국 한정 판매	
5일 패스 (+무료 와이파이 72시간)	$25, 괌 한정 판매	
5일 패스 (아동용)	$13, 괌 한정 판매	
사랑의 절벽 셔틀 양방향 패스	$10(전망대 관람료 포함)	사랑의 절벽 셔틀버스
벼룩시장 셔틀 양방향 패스	$7	벼룩시장 셔틀버스
하갓냐 셔틀 왕복 패스	$10(당일에 한해 중간에 하차 후 재탑승 가능)	하갓냐 셔틀버스
차모로 빌리지 야시장 셔틀 양방향 패스	$7	차모로 빌리지 야시장 셔틀버스
Hertz + 트롤리 패스	$36~(레드 트롤리와 렌터카 결합 상품)	일정에따라 옵션 선택
공항 직행 버스 패스	$7(만 6세 이상 성인)	공항 직행 버스

> **Tip 한국에서 레드 구아한 트롤리 셔틀버스 티켓 예매 방법**
> • 한국 사무소(Lam Lam Tours & Transportation, 괌 트롤리 버스 한국 티켓 쇼핑몰)나 괌 W 캐시백(www.wcashbag.com)에서 티켓을 예매하고 이메일로 온 주문 번호와 주문 상품명이 포함된 구매 내역을 출력해 둔다.
> • 괌 공항 게이트를 나와 정면의 람람 투어 카운터에서 구입 증명서를 제시하고 직접 티켓과 쿠폰, 시내 교통 버스 스케줄이 수록된 봉투를 수령한다.(공항에서 티켓을 수령하지 못한 경우 다음 날 10:00 이후부터 투몬 T 갤러리아 레드 트롤리 승차장과 타무닝 GPO 정문에서 티켓 수령이 가능하다.)
> • 괌 입국 전날 한국 시간 오후 12시, 주말과 월요일 도착은 금요일 오후 6시까지 결제 완료해야 한다.
> • 한국 사무소는 평일 09:00~18:00 운영, 주말과 공휴일은 휴무다. 홈페이지 www.tbusmall.com

괌의 교통수단

레드 구아한 트롤리 셔틀버스 노선

레드 구아한 트롤리 셔틀버스는 편도 티켓으로 자유롭게 이용 가능한 기본 승차권 구간과 별도의 티켓 구입이 필요한 기본 외 구간으로 나뉜다. 기본 승차권 구간은 투몬 셔틀, 쇼핑몰 셔틀, T 갤러리아↔K마트 셔틀, GPO↔레오 팔레스 셔틀이 있고, 별도로 승차권이 필요한 기본 외 구간은 하갓냐 셔틀버스, 차모로 빌리지 셔틀버스, 사랑의 절벽 셔틀버스, 벼룩시장 셔틀버스가 있다. 요일 한정 노선으로는 수요일 오후에 운행하는 차모로 빌리지 야시장 셔틀버스, 주말 오전에 운행하는 투몬↔데데도 구간의 벼룩시장 셔틀버스가 있다. 노선도와 시간표 정보는 약 6개월 간격으로 공식 업데이트하고 있으며 공항의 람람 투어 카운터와 버스에 비치되어 있다. (참고 : www.tbusmall.com)

• 투몬 셔틀버스 Tumon Shuttle

괌의 주요 지역인 투몬과 타무닝을 연결해 시내 관광에 편리한 트롤리 버스이다. 괌 프리미어 아웃렛(GPO) 방면으로 운행하는 남부 노선과 마이크로네시아몰 방면으로 운행하는 북부 노선이 있다. 시내 주요 호텔과 쇼핑 지역 및 건 비치 해변가의 더 비치 바, 이파오 비치 공원에 이르기까지 폭넓은 장소를 연결한다. 남부와 북부 두 노선의 정류장이 동일한 일부 호텔(롯데, 니코, 쉐라톤, 온워드, 힐튼)에서는 노선의 운행 방면을 확인하고 이용하자.

운행 시간
북부 노선 08:50~21:33 (롯데 호텔 발착 08:51~21:33, GPO → 마이크로네시아몰 09:11~21:03, 배차 간격 10분)
남부 노선 08:57~21:41 (온워드 비치 리조트 발착 09:28~21:41, 마이크로네시아몰 → GPO 09:04~20:17, 배차 간격 10분)

운행 구간(출발지, 도착지와 주요 경유지 표시)
북부 노선 GPO → 힐튼 → 투몬 샌즈 플라자 → T 갤러리아 → JP 슈퍼스토어 → 니코 → 롯데 → 마이크로네시아몰

남부 노선 마이크로네시아몰 → 더 비치 바&컬처 파크 → 니코 → 롯데 → 아웃리거/더 플라자 → 샌드캐슬/하얏트 리젠시 → PIC → 이파오 비치 파크 & 괌 관광청 → 힐튼 → 쉐라톤 → 온워드 비치 리조트 → GPO

• 쇼핑몰 셔틀버스 Shopping Mall Shuttle

괌 프리미어 아웃렛(GPO)과 K마트, 마이크로네시아몰을 직접 연결해 쇼핑을 즐기는 관광객에게 유용한 버스 노선이다. 버스 앞면에 표시된 운행 구간을 확인하고 탑승한다. 매일 10:00~21:10까지 운행한다.

운행 시간
10:00~21:10 (GPO → K마트 막차 20:40, K마트 → GPO 막차 20:50, 배차 간격 10분)

운행 구간
GPO ↔ K마트 ↔ 마이크로네시아몰

소요 시간
GPO ↔ K마트 10분, GPO ↔ 마이크로네시아몰 20분, 마이크로네시아몰 ↔ K마트 10분

• T 갤러리아 by DFS ↔ K마트 셔틀버스
T Galleria by DFS ↔ KMART Shuttle

T 갤러리아와 K마트를 연결하며 중간에 JP 슈퍼스토어에서 정차한다. 09:30부터 오후 21:48까지 20분 간격으로 운행한다.

운행 시간
T 갤러리아 발착 09:30~21:48, K마트 → T 갤러리아 09:58~21:38 (T 갤러리아 → K 마트 막차 21:10, 배차 간격 20분)

운행 구간
T 갤러리아 → JP 슈퍼스토어 → K마트 → T 갤러리아

소요 시간
T 갤러리아 → JP 슈퍼스토어 → K마트 28분, K마트 → T 갤러리아 10분

• GPO ↔ 레오 팔레스 리조트 셔틀버스
GPO ↔ Leo Palace Shuttle

레오 팔레스 리조트와 괌 프리미어 아웃렛(GPO) 구간을 아가냐 쇼핑센터/SM 스토어를 경유해 약 40분 간격으로 09:30부터 21:30까지 운행하는 노선이다. 레오 팔레스 리조트 ↔ 아가냐 쇼핑센터, 아가냐 쇼핑센터 ↔ GPO 각 구간은 20분이 소요된다. 레오 팔레스 리조트발 GPO행 막차는 20:10, GPO발 레오 팔레스 리조트행 막차는 20:50에 있다. 레오 팔레스 리조트에 묵는 여행객이 시내로 이동할 때는 이 셔틀버스에 탑승하고 GPO에서 투몬 셔틀로 환승해 시내로 이동하면 된다(환승 요금 필요).

운행 시간
09:30~21:30(레오 팔레스 리조트 → GPO 막차 20:10, GPO → 레오 팔레스 리조트 막차 20:50)

운행 구간
레오 팔레스 리조트 ↔ 아가냐 쇼핑센터/SM 스토어 ↔ GPO

• 사랑의 절벽 셔틀버스 Two Lovers Point Shuttle

매일 08:00~19:00까지 개방되는 사랑의 절벽과 주요 쇼핑몰을 연결한다. T 갤러리아, JP 슈퍼스토어, 마이크로네시아몰을 출발해 사랑의 절벽을 경유하고 종점 T 갤러리아로 돌아오는 노선을 운행한다. 사랑의 절벽까지 T 갤러리아에서 30분, 마이크로네시아몰에서 15분 소요되고 사랑의 절벽에서 T 갤러리아까지 10분이 소요된다. 한편 탑승 전에 사랑의 절벽행 막차 시간과 T 갤러리아행 막차 시간을 확인해야 한다. T 갤러리아에서 정오에 출발하는 탑승편은 마이크로네시아몰에서 약 50분 정차 후 사랑의 절벽으로 출발하기 때문에 배차 간격이 길다는 점에 주의하자.

요금 사랑의 절벽 셔틀 토쿠토쿠 티켓 $10(양방향 패스 $7 + 전망대 관람료 $3 포함) 홈페이지 www.twoloverspoint.com

운행 시간
T 갤러리아 발착 09:30~19:10, 마이크로네시아몰 10:05~(T 갤러리아 → 사랑의 절벽 막차 18:00, 마이크로네시아몰 → 사랑의 절벽 막차 18:15, 사랑의 절벽 → T 갤러리아 09:39~19:10, 막차 19:00)

운행 구간
T 갤러리아 → JP 슈퍼스토어 → 마이크로네시아몰 → 사랑의 절벽 → T 갤러리아

괌의 교통수단

소요 시간
T 갤러리아 발착 40분, 마이크로네시아몰 → T 갤러리아 25분, T 갤러리아 → JP 슈퍼스토어 → 마이크로네시아몰 → 사랑의 절벽 30분, 마이크로네시아몰 → 사랑의 절벽 15분, 사랑의 절벽 → T 갤러리아 10분

* T 갤러리아에서 정오에 출발하는 사랑의 절벽행 버스는 마이크로네시아몰에서 약 50분간 정차 후 13:00에 출발해 13:15 사랑의 절벽을 경유하고 13:25에 종점인 T 갤러리아로 되돌아온다.

• 벼룩시장 셔틀버스 Flea Market Shuttle

주말 06:00~10:00에 열리는 데데도 벼룩시장과 호텔 로드의 주요 호텔을 연결한다. 금, 토요일에 티켓 구입 후 주말에 온워드 비치 리조트에서 출발해 데데도 벼룩시장 건너편에 하차한다. 약 1시간 시장을 둘러보고 각 방면의 호텔로 돌아오는 코스이다. 단, 데데도 벼룩시장이 취소되는 경우에는 셔틀버스의 운행이 임시 중단된다. 당일 셔틀버스 탑승 시 기사에게 티켓 구입이 가능하다.

요금 벼룩시장 토쿠토쿠 티켓(양방향 패스) $7 티켓센터 T 갤러리아, 마이크로네시아몰에서 금/토 운영

운행 시간
온워드 비치 리조트 출발 06:00, 06:15 / 데데도 벼룩시장 건너편 도착 07:00, 07:15
데데도 벼룩시장에서 호텔 로드의 주요 호텔로 출발 08:00, 08:15 / 온워드 비치 리조트 도착 09:00, 09:15

운행 구간
온워드 비치 리조트 → 데데도 벼룩시장(호텔 로드, JP 슈퍼스토어 경유), 데데도 벼룩시장 → 온워드 비치 리조트(호텔 로드 경유)

• 하갓냐 셔틀버스 Hagatna Shuttle
투몬 샌즈 플라자에서 출발해 이파오 비치 공원·괌 정부 관광청과 투몬·타무닝의 일부 호텔을 거쳐 하갓냐의 관광 명소와 쇼핑몰을 돌아보는 일정에 알맞은 노선이다. 차모로 빌리지와 아가냐 대성당, SM 스토어에서 패스를 구입한 날짜에 한해 자유롭게 승하차를 하고 종점까지 갈 수 있어 편리하다. 수요일만 1일 버스 6편으로 단축 운행해 막차 시간이 이르기 때문에 승차 전 목적지까지의 연결 버스를 확인해야 한다.

요금 하갓냐 셔틀버스 왕복 패스 $10

운행 시간
매일 투몬 샌즈 플라자 출발 10:00~19:50, 1일 8편 운행. (투몬 샌즈 플라자발 막차 19:50, 차모로 빌리지발 막차 20:17)
수요일 투몬 샌즈 플라자 출발 10:00~17:10, 1일 6편 운행. (차모로 빌리지 → 투몬 샌즈 플라자 막차 17:37)

운행 구간
투몬 샌즈 플라자 출발 → 홀리데이·피에스타 리조트 → PIC → 이파오·괌정부 관광청 → 힐튼 → 쉐라톤 → 온워드 리조트 → 차모로 빌리지 → 아가냐 대성당 → 아가냐 쇼핑 센터/SM 스토어 → GPO → 쉐라톤 → 온워드 리조트 → 힐튼 → PIC 맞은편 → 파운틴 플라자 → 홀리데이 리조트 맞은편 → 퍼시픽 베이(그랜드 플라자) → 투몬 샌즈 플라자 도착

• 차모로 빌리지 야시장 셔틀버스
Chamorro Village Night Market Shuttle

수요일 17:30~21:30에 열리는 차모로 빌리지 야시장은 인기 있는 나이트 코스이다. 노선은 T 갤러리아 ↔ 차모로 빌리지, 괌 프리미어 아웃렛(GPO) ↔ 차모로 빌리지, 레오 팔레스 리조트 ↔ 차모로 빌리지의 양방향 코스가 있다. 차모로 빌리지행은 수요일 18:00~19:00에 T 갤러리아, GPO에서 승차하거나 17:00~19:00에 레오 팔레스 리조트에서 승차할 수 있으며 편도 30분이 소요된다. 차

모로 빌리지에서 출발하는 주요 쇼핑몰(T 갤러리아/GPO)방면과 레오 팔레스 리조트 방면 막차는 20:30에 있다.

요금 차모로 빌리지 야시장 셔틀 토쿠토쿠 티켓(양방향 패스) $7 티켓 센터 T 갤러리아, 괌 프리미어 아웃렛(GPO), 레오 팔레스 리조트

T 갤러리아↔차모로 빌리지/GPO↔차모로 빌리지 코스

운행 시간
T 갤러리아/GPO → 차모로 빌리지행 수요일 18:00~19:00, 차모로 빌리지 → T 갤러리아행 수요일 18:30~20:30, GPO행 수요일 18:20~20:30(배차 간격 20분, 편도 30분 소요)

레오 팔레스↔차모로 빌리지 코스

운행 시간
레오 팔레스 → 차모로 빌리지행 수요일 17:00~19:00, 차모로 빌리지 → 레오 팔레스행 수요일 17:30~20:30(배차 간격 1시간, 편도 30분 소요)

Tip 레드 구아한 트롤리 셔틀버스 쉽게 이용하기

❶ 트롤리 버스 승차권은 연속 사용하는 티켓이다.
❷ 쇼핑센터행 막차는 쇼핑센터의 영업 시간과 연동하지 않으므로 주의한다.
❸ 비가 오거나 데데도 벼룩시장이 취소되는 경우, 셔틀버스의 운행이 임시 중단된다.
❹ 운행 시간은 교통 사정 및 날씨에 의해 지연될 수 있다.
❺ 와이파이 이용이 가능한 티켓 소지자는 스마트폰에서 람람(Lam Lam) 네트워크를 선택하고 티켓 뒷면에 표시된 비밀번호를 입력한 후 사용한다.
❻ 괌 공항 람람 투어 카운터의 운영 시간은 항공 스케줄에 따라 변경될 수 있다.
❼ T 갤러리아 3층 단체 버스 주차장에서 출발하는 직행 셔틀버스로 공항까지 약 15분 소요된다.

트롤리 내부

레드 구아한 트롤리 셔틀버스 노선도

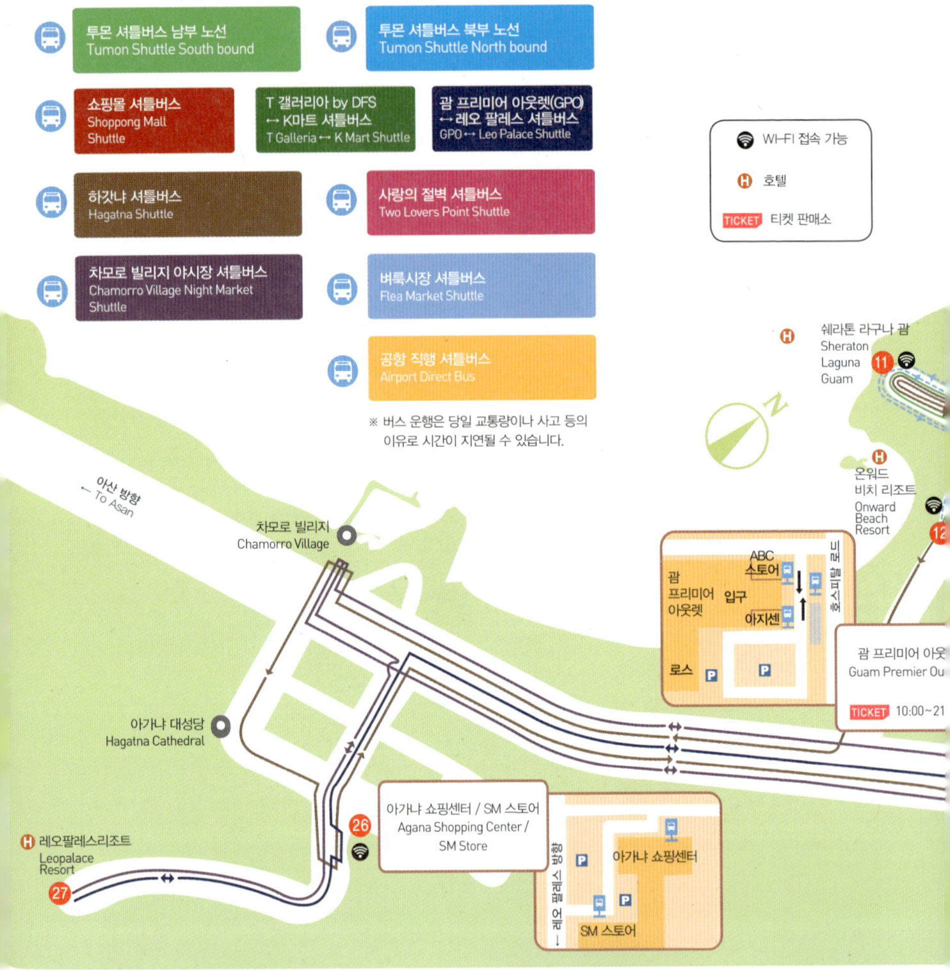
투몬 셔틀버스 남부 노선
Tumon Shuttle South bound
투몬 셔틀버스 북부 노선
Tumon Shuttle North bound
쇼핑몰 셔틀버스
Shoppong Mall Shuttle
T 갤러리아 by DFS ↔ K마트 셔틀버스
T Galleria ↔ K Mart Shuttle
괌 프리미어 아웃렛(GPO) ↔ 레오 팔레스 셔틀버스
GPO ↔ Leo Palace Shuttle
하갓냐 셔틀버스
Hagatna Shuttle
사랑의 절벽 셔틀버스
Two Lovers Point Shuttle
차모로 빌리지 야시장 셔틀버스
Chamorro Village Night Market Shuttle
벼룩시장 셔틀버스
Flea Market Shuttle
공항 직행 셔틀버스
Airport Direct Bus
※ 버스 운행은 당일 교통량이나 사고 등의 이유로 시간이 지연될 수 있습니다.
WI-FI 접속 가능
호텔
TICKET 티켓 판매소
쉐라톤 라구나 괌
Sheraton Laguna Guam
11
온워드 비치 리조트
Onward Beach Resort
12
아산 방향
← To Asan
차모로 빌리지
Chamorro Village
ABC 스토어
괌 프리미어 아웃렛
입구
아지센
로스
호스피탈 로드
괌 프리미어 아웃
Guam Premier Ou
TICKET 10:00~21
아가냐 대성당
Hagatna Cathedral
아가냐 쇼핑센터 / SM 스토어
Agana Shopping Center / SM Store
아가냐 쇼핑센터
SM 스토어
← 레오 팔레스 방향
26
레오팔레스리조트
Leopalace Resort
27

Plaza
GAP
더 플라자

GUESS
ABC
FAMOUS footwear
괌 프리미어 아웃렛

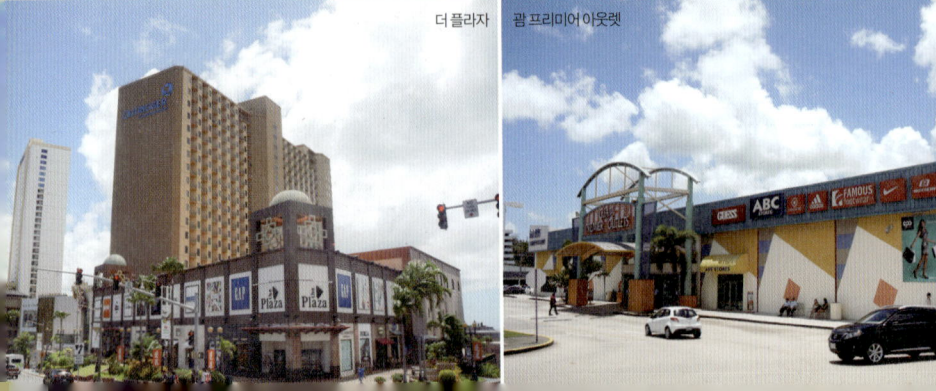

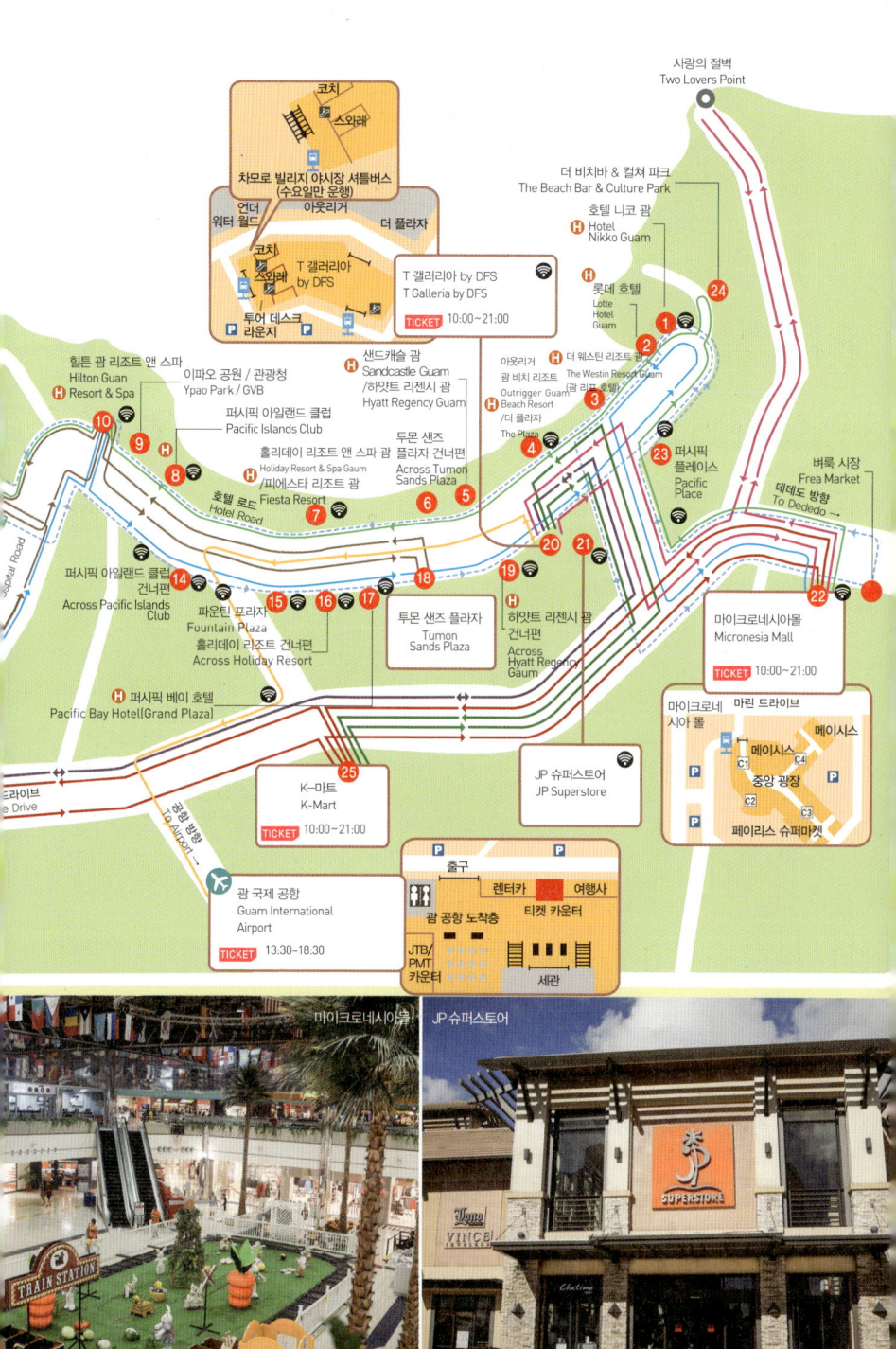

괌의 교통수단

레아레아 트롤리 셔틀버스
LeaLea Trolley Shuttle Bus

일본계 여행사 H.I.S.에서 운영하는 버스 노선으로 투몬 시내 주요 호텔, 쇼핑센터 및 K마트와 레아레아 라운지를 직접 연결해 효율적인 동선으로 이동할 수 있다. 쾌적한 시설을 갖추고 있어 한국인에게도 조금씩 알려지고 있으며 하갓냐 방면의 코스도 새롭게 추가되는 등 코스 선택의 폭이 커졌다. 탑승 시 버스 정면 상단에 코스별 색상과 출입문 옆에 표시된 행선지를 확인한다. 티켓은 더 플라자 남쪽 언더워터 월드 앞 고디바 카페 옆 레아레아 라운지와 T 갤러리아 투어 라운지 센터의 DFS 레아레아 라운지, 리프·힐튼·플라자 등의 호텔과 T 갤러리아, GPO 레아레아 투어 데스크 및 국내 여행사에서 구입할 수 있다. 티켓의 교환 접수는 언더워터 월드 1~2층의 레아레아 라운지에서만 가능하다. 한편, 12세미만 어린이는 보호자와 동승해야 한다.

요금 편도 $4 / 1일 패스 $10 / 7일 프리 패스 성인 $20, 어린이(6~11세) $8 / 요금은 현금 결제만 가능 **티켓 카운터** 언더워터 월드 앞 고디바 카페 옆 H.I.S. 레아레아 라운지, T 갤러리아 투어 라운지 센터 내 DFS 레아레아 라운지, 레아레아 투어 데스크(T 갤러리아, GPO, 힐튼·리프·플라자·그랜드 플라자·로열 오키드 호텔) **와이파이 서비스** 버스 내부에 표시된 와이파이 제휴사를 확인 후 비밀번호를 입력 **환승 정류장** 호텔 & 쇼핑 코스는 괌 프리미어 아웃렛(GPO), 마이크로네시아몰, 쇼핑 & 코스는 K마트, 호텔 & 라운지 코스는 라운지/T 갤러리아

H.I.S 레아레아 라운지 & DFS 레아레아 라운지

H.I.S. 괌 투어 옵션·호텔의 예약자가 방문해 여행 정보를 얻거나 무료 와이파이·아이패드, 다양한 편의 시설을 이용할 수 있다. 와이파이·스마트폰의 대여 또는 송영·전세 송영 서비스 신청도 가능하며 가이드나 통역을 원하면 연결해 주기도 한다. 레아레아 트롤리 티켓은 각종 편의 시설을 제공하는 이 두 곳과 일부 호텔, T 갤러리아, GPO 레아레아 투어 데스크에서 신용 카드로만 구입 가능하지만 교환 접수처는 한국어를 구사하는 직원이 있는 언더워터 월드 1~2층 레아레아 라운지(2층에 레아레아 슈퍼 키즈 라운지가 있음)이다.

H.I.S. 레아레아 라운지(H.I.S. LeaLea Lounge)

주소 The Plaza, 1245 Pale San Vitores Road Suite #150 Comete Center, Tumon **전화** 671-646-2326, 4890 **시간** 1층 08:00~20:00 / 2층 09:00~20:00, 연중 무휴 **위치** 더 플라자 남쪽 언더워터 월드 앞 고디바 카페 옆(1층과 2층)

DFS 레아레아 라운지(H.I.S. 투어 라운지 센터)
DFS LeaLea Lounge(H.I.S. Tour Lounge Center)

주소 T Galleria Guam by DFS, 1296 Pale San Vitores Road, Tumon **전화** 671-647-0460 **시간** 10:00~18:00 **위치** T 갤러리아 투어 라운지 센터 내 **홈페이지** www.his-guam.com(H.I.S. 괌)

투몬 · 타무닝 · 북부 노선

투몬 시내 메인 호텔과 쇼핑센터를 연결하는 호텔 코스와 K마트를 경유해 마이크로네시아몰과 괌 프리미어 아웃렛(GPO) 구간을 오가는 쇼핑센터 코스는 물론, K마트와 레아레아 라운지를 직접 연결하는 라운지 코스까지 기본 구간에 통용되는 편도 티켓으로 이용할 수 있다. 주말 오전 2편씩 투몬 시내와 데데도 벼룩시장을 직행으로 연결하는 플리마켓 익스프레스는 $8의 왕복 티켓을 별도로 카드 결제해야 한다. 각 코스가 교차하는 환승 정류장을 활용해 다방면으로 폭넓게 이동해 보자.

• A 호텔 코스 (평일/순환/핑크)

운행 시간
08:30~21:22(배차 간격 10분, 러시아워 16:00~18:00, 힐튼행 막차 시간 체크)

운행 구간
투몬, 타무닝의 주요 호텔과 쇼핑센터를 연결하는 코스 / GPO, 투몬 샌즈 플라자, T 갤러리아, JP 슈피스토어, 미이크로네시아몰 경유

• B 쇼핑센터 코스 (평일/왕복/그린)

운행 시간
마이크로네시아몰 출발 GPO행 11:00~ 20:20, K마트 출발 GPO 및 마이크로네시아몰행 11:10~20:30(배차 간격 20분), GPO 출발 마이크로네시아몰행 11:00~20:20(배차 간격 20분)

운행 구간
마이크로네시아몰↔K마트↔GPO

• C 라운지 코스 (평일/순환/블루)

운행 시간
라운지/T 갤러리아 출발 K마트행 11:10~20:40(배차 간격 20분), K마트 출발 라운지/T 갤러리아행 11:10~ 20:50(배차 간격 20분)

운행 구간
K마트↔라운지/T 갤러리아

• 플리마켓 익스프레스(토 · 일요일 한정/양방향/직행)

운행 시간
매주 토·일요일 각 호텔에서 출발 06:00~06:50, 06:30~07:20 / 데데도 벼룩시장에서 출발 08:15, 08:45(1일 2편 운행)

요금 양방향 티켓 6세~성인 $8(카드 결제, 레아레아 라운지에서 예매 $7 / 5세 이하 무료)

하갓냐 · 중부 노선

하갓냐의 핵심 관광 코스와 괌 프리미어 아웃렛(GPO)을 연결해 중부 지역 탐방과 쇼핑을 한번에 즐길 수 있는 아가냐 쇼핑센터 코스, 차모로 빌리지 야시장과 리프 호텔 구간을 연결해 이색적인 차모로 문화와 맛깔스러운 노점 음식을 즐길 수 있는 차모로 빌리지 익스프레스가 있다. 각각 지정 요일에만 운행하며 차모로 빌리지 익스프레스는 별도의 티켓을 현금으로 구입해야 한다.

• 아가냐 쇼핑센터 코스 (화·목·토요일 한정/왕복+순환/그린)

운행 시간
GPO → 하갓냐 11:20~19:20(토 16:40), 차모로 빌리지 → GPO 11:32~19:32(토 16:52, 배차 간격 40분, 막차 시간 주의)

운행 구간
쇼핑센터 코스↔GPO→투레 카페→차모로 빌리지→아가냐 대성당 앞→아가냐 쇼핑센터→인퓨전 타무닝→GPO↔쇼핑센터 코스(셔틀 옆면의 표시 확인)

• 차모로 빌리지 익스프레스 (수요일 한정/양방향/직행)

운행 시간
매주 수요일 리프 호텔 출발 17:00~18:45(배차 간격 30분, 승차 시간 15분, 1일 4편 운행) / 매주 수요일 차모로 빌리지 출발 19:00~21:00(배차 간격 30분, 1일 5편 운행)

운행 구간
리프 호텔→차모로 빌리지 / 차모로 빌리지→리프 호텔

요금 왕복 티켓 6세~ 성인 $8(카드 결제, 레아레아 라운지에서 예매 $7/5세 이하 무료)

괌의 교통수단

쇼핑몰 무료 셔틀버스

투몬 중심지의 대형 백화점 T 갤러리아와 명품 브랜드의 쇼핑지로 알려진 투몬 샌즈 플라자에서는 시내 주요 호텔을 직접 연결하는 무료 셔틀을 운행한다. 이를 통해 잠재적인 고객들의 유입과 함께 실질적인 마케팅의 효과를 얻고 있다. 다음의 노선 안내를 참고해 교통비도 아끼고 원하는 쇼핑 찬스도 놓치지 않는 현명한 여행자가 되어 보자.

▶ T 갤러리아 익스프레스 T Galleria Express

투몬, 타무닝의 주요 호텔을 숙소로 하는 관광객들이 T 갤러리아에서 쾌적한 쇼핑을 할 수 있도록 무료 운영하는 버스이다. 행선지별 2개 코스가 09:55부터 23:20까지 20분, 30분 배차 간격으로 운행한다. T 갤러리아에서 출발하는 마지막 편은 23:15에 있다.

A 코스 운행 시간
09:55~23:15 (배차 간격 20분)

운행 구간
T 갤러리아 출발 → 호텔 니코 괌 → 롯데 호텔 → 더 웨스틴 리조트 → 리프 앤 올리브 스파 리조트 → T 갤러리아 도착

B 코스 운행 시간
09:55~23:20 (배차 간격 30분)

운행 구간
T 갤러리아 출발 → 홀리데이 리조트 앤 스파 → 피에스타 리조트 → 퍼시픽 스타 리조트 앤 스파 → 퍼시픽 아일랜드 클럽 → 힐튼 괌 리조트 앤 스파 → 로얄 오키드 → 퍼시픽 베이 → T 갤러리아 도착

▶ T 갤러리아 미니 셔틀

퍼시픽 아일랜드 클럽 ↔ T 갤러리아 구간을 15:00부터 23:00까지 예약 필요 없이 무료 이용 가능한 미니 셔틀이다.

※ 호텔, 콘도미니엄과 다른 쇼핑 익스프레스로부터 정기 운행 중인 각종 쇼핑 버스 문의는 투어 데스크에 문의할 것(전화 671-646-9640~1)

▶ 투몬 샌즈 플라자 무료 BMW 카 서비스

타무닝 지역의 호텔 투숙자에 한해 사전에 인터넷을 통해 등록하거나 당일 전화로 예약하면 쇼핑몰에서 BMW 카 무료 호텔 픽업 서비스를 제공한다.

전화 671-646-6802

택시 Taxi

괌의 택시는 길거리에서 탑승할 수 없으며 호텔과 주요 쇼핑센터, 레스토랑 등에서 탑승할 수 있다. 호텔 컨시어지를 비롯해 호텔, 주요 쇼핑센터 정문 앞의 택시 카운터에 요청하면 택시를 불러 준다. 택시의 출입을 허용하지 않는 호텔과 쇼핑센터에서는 프런트에 문의하면 보통 합법적인 제휴 택시

를 연결하기 때문에 안심할 수 있다. 공항에서 시내까지 택시로 이동할 때는 공항 택시만 이용할 수 있지만, 시내에서 공항으로 이동할 땐 호텔 택시와 한인 택시를 합리적인 비용으로 이용할 수 있다. 시내 이동은 약 15분 이내, 편도 요금 $20~25 내외로 이용할 수 있다. 투몬 시내 호텔에서 공항까지 한인 택시로는 편도 요금 $20 정도면 충분하다. 시내의 레스토랑과 마사지 숍에서는 예약 고객을 대상으로 무료 픽업을 제공하기도 한다. 이를 감안해 여행 일정을 짜면 교통비를 절감할 수 있다.

친구 택시
전화 671-747-5522(콜 센터), 671-888-1588(문의), guam5004(카카오톡)

미키 택시
전화 671-888-7000
홈페이지 www.guamairporttaxi.com

▶ 괌의 택시 요금

기본 요금은 $2.40이다. 표준 요금제를 시행해 주행 거리를 기준으로 요금이 가산되는데(거리 병산제), 첫 1마일(1.6km)에 $4, 이후 1/4마일(400m) 단위로 80센트씩 추가된다.

괌의 택시는 표준 요금제로 운행하지만 장거리 이동 시에는 목적지까지 거리를 기준으로 정액 요금제를 실시하는 경우가 많다. 출발 전에 택시 기사의 신분과 택시 번호를 적어 두고 합법적인 택시인지 확인이 되면, 기사에게 목적지까지의 소요 시간과 이동 거리를 문의해 최종 요금을 미리 합의한 뒤 차량에 탑승한다. 한인 택시는 웹이나 SNS를 통해 사전 예약하면 다른 택시보다 약 30% 저렴한 비용에 목적지까지 편리하게 이동할 수 있어 시내는 물론 투어 시 유용하다.

▶ 팁과 추가 요금

트렁크 짐이 하나씩 더해질 때마다 요금이 $1씩 오른다. 기사의 도움을 받았다면 약 10%의 팁을 지불한다. 호텔 컨시어지 데스크와 쇼핑센터, 레스토랑의 직원에게 요청해 택시를 이용한 경우에도 약간의 팁을 지불하는 것이 좋다. 심야에는 할증료 20%가 부과되며, 택시의 대기료는 2분마다 $8씩 추가된다.

> **Tip | T 갤러리아 무료 택시**
>
> T 갤러리아에서는 내점하는 고객을 위한 무료 택시 서비스를 실시한다. 주요 호텔의 컨시어지나 T 갤러리아와 독점 제휴를 맺은 미키 택시의 기사에게 요청하면 T 갤러리아까지 무료로 택시를 이용할 수 있다. 도착 후 기사와 T 갤러리아 인포메이션 데스크로 이동하여 영수증을 제시하면 요금을 정산해 준다. 주변 목적지까지 무료 이동하려고 이 서비스를 악용하는 사람들이 종종 있어 순수한 쇼핑 이용객의 이미지까지 손상되고 있다고 한다.

괌의 교통수단

렌터카 Rent-A-Car

괌은 트롤리 셔틀버스를 제외하고는 상대적으로 여행객에게 유익한 대중교통이 부족하지만, 연료비가 저렴하고 대부분 무료로 이용 가능한 주차 환경을 갖추고 있고 도로 사정도 한적해 렌터카를 이용하기 좋다. 남북으로 시원하게 뻗은 해안 도로를 따라 아름다운 해변과 관광지에 들러 드라이브를 즐기다 보면 어느새 한 폭의 그림과 같은 아름다운 괌의 모습이 한눈에 들어온다. 운전면허 소지자라면, 투몬의 호텔과 레스토랑을 탐방하거나 시내 중심의 쇼핑몰 투어를 하기에도 편리하니 렌터카를 이용해 보자. 소형차 기준으로 1일 $55~90 내외로 이용이 가능하며 예정일보다 이른 시점에 예약할수록 합리적인 비용으로 취향에 맞는 차량과 옵션을 선점할 수 있다. 3일 이상 대여한 경우에는 제휴 회사에서 유용한 무료 혜택을 제공하기도 한다.

▶ 괌의 렌터카 이용 방법

괌 공항 내 24시간 영업하는 해외 렌터카 회사와 투몬 시내에 사무실을 둔 한국계, 일본계 등의 다양한 렌터카 회사가 있다. 차량을 인수받아 사용 후 반납하는 과정까지 다음의 안내를 참고하자.

렌터카 대여 시 구비 서류

기본적으로 여권과 운전면허증(국제 운전면허나 국내 운전면허)이 있어야 한다. 국내 운전면허 소지자는 괌 입국일로부터 30일 이내, 국제 운전면허 소지자는 3개월 동안 차량을 대여해 운전할 수 있지만, 사고 시를 대비해 국제 운전면허증을 추천한다. 예약자의 경우는 바우처(예약 증명서) 비용이 필요하며 결제 수단으로는 해외에서 이용 가능한 예약자 명의의 메이저 신용카드가 있어야 한다.

렌터카의 대여료

렌터카의 대여는 24시간 기준이다. 소형차 기준 1일 대여료는 $55~90로 주말에는 평일에 비해 3배 이상의 비용이 든다. 렌터카 예약 시 GPS 내비게이션과 와이파이를 추가로 대여하면 현지에서 활용도가 높다. 내비게이션과 와이파이는 1일 기준 각각 $10 내외로 대여가 가능하다. 내비게이션 어플 'WAZE'는 괌 렌터카 여행 시 매우 유용하다.

렌터카의 보증금
업체 사무실에서 보험 증서를 포함한 렌터카 사용 계약서를 작성하고 약 $200~250의 보증금을 현금이나 본인 명의의 신용카드로 결제한다. 카드 결제의 경우는 가승인 결제를 받아 둔 후 차량 반납 시 결제를 취소해 실제 비용이 청구되지 않는다. 단, 카드 사용 내역에는 2~3주 정도 표시가 된다.

렌터카 종합 보험
일반적인 렌터카 대여료에 포함된 기본 종합 보험은 운전자 사고 시 본인 부담금 $500을 제외한 나머지 비용을 보험 회사에서 부담하는 차량 손실 면책 프로그램(LDW)이다. 풀커버리지 보험이라고도 하는 완전 면책 보험(ZDC)을 일반 차량 기준 1일 $10~12에 옵션으로 추가할 수 있다. 계약 시 반드시 완전 면책 사항을 확인해 두자. 사고 시 완전 면책 보험의 적용을 받으려면 사고 발생 대처 순서에 따라 경찰 및 보험 회사에 사고 접수를 해야 한다. 렌터카의 대여료가 지나치게 저렴하다면 보험이 제외된 가격일 수 있으니 주의한다.

렌터카의 주유
주유를 대행해 주는 직원이 배치된 주유소도 있지만 자가 주유 시스템으로 운영되는 주유소가 대부분이다. 차량을 인수할 때 미리 알아 둔 제휴 주유소를 이용하면 저렴하게 주유할 수 있다. 본인이 주유할 때는 비어 있는 주유 라인에 주차하고 사용할 주유기의 번호를 확인한 뒤 카운터로 가서 예산을 말하든지, 신용카드로 자동 지불하는 결제 시스템을 이용한다.

주유 방법은 이렇다. 먼저 주유기 본체에 연결된 노즐을 들고 연료 공급 레버를 위로 올린다. 차량의 연료 탱크 입구에 노즐을 넣은 다음 그립을 당기고 원하는 주유 용량을 채운다. 일반적으로 기름은 레귤러(Regular) 표시의 휘발유를 가득 채워 주유한다. 신청한 주유량이 채워지면 주유기 본체의 연료 공급 레버를 아래로 내리고 노즐을 본체 위에 올려 두면 된다.

괌의 교통수단

차량의 반납

렌터카를 이용 후 반납일 운영 시간 내에 주유를 한 다음 시내 사무실(반납 지정 장소)로 이동해 차 내에 소지품이 남아 있지 않은지 제대로 살펴보고 내린다. 담당자가 차량의 상태 점검을 끝내면 신용카드 결제를 하고 차량과 키를 반납한다. 업체에 따라 공항에서 차량 반납이 가능한 경우는 'Rental Car Return' 표지판 안내를 따라 이동해서 절차를 마친다. 차량의 상태는 인수받은 대로 유지해야 하며 대여 기간 중에 차량의 키를 분실한 경우는 키 복사비를 개인이 부담해야 한다. 24시간 기준의 반납 시한을 초과하거나 지정된 장소 이외에 임의대로 호텔 리턴(Hotel Retun)을 통해 차량을 반납 시에는 추가 요금이 부과되므로 주의하자.

차량 반납 후의 드롭 서비스

렌터카의 반납 절차를 마치면 업체에서는 이용자의 희망 장소로 드롭 서비스를 해준다. 공항 드롭 서비스는 렌터카 업체에 따라 3일 이상 대여한 고객에게 한정 또는 유료로 제공하기도 한다.

렌터카 예약하기

해외 렌터카

해외 업체에 사전 예약하면 공항에서 렌터카의 인수와 반납이 가능해 편리하다. 입국 당일 공항 내 카운터에서 여권과 운전면허증, 예약 보증서를 제시하고 보험 증서와 보증금을 현금이나 신용카드로 결제한다. 이후 담당자와 함께 이동해 차량의 상태와 주유 상태를 확인한 뒤 차량을 인수받아 사용한다. 반납 예정일에는 가득 주유를 한 후 지정된 장소에 차량과 키를 반납하고 담당자가 차량을 확인한 후 요금 정산을 마치면 출국한다.

도요타 괌 렌터카 Toyota Guam Rent-a-Car

전화 671-648-8722(공항 사무소), 671-727-9296(투몬 고객 센터), 070-7838-0114(한국) **홈페이지** toyotarentlotte.co.kr

허츠 렌터카 Hertz Rent-a-Car

전화 671-642-3210(공항 사무소), 671-648-8000(투몬 사무소) **홈페이지** www.hertz.co.kr

알라모 렌터카 Alamo Rent-a-Car

전화 671-649-0110(공항 사무소), 671-647-1016(시내 사무소) **홈페이지** www.alamo.co.kr

한인 렌터카

운전 시 외국어의 부담이 있다면 한인 업체를 이용하는 것도 요령이다. 시내에 지점을 둔 업체를 이용하는 경우 예약 시 정한 약속 장소에서 담당자와 만나 픽업 서비스로 투몬 시내 사무실로 이동 후 예약 보증서와 여권, 운전면허증을 지참해 보험 증서와 보증금을 예약자 명의의 신용카드나 현금으로 결제한다. 차량 상태와 외관을 점검 후 불이익 방지를 위해 사진 촬영 등으로 표시해 두고, 주유 상태를 확인한 다음 차량을 인도받아 이용한다.

제우스 렌터카 ZEUS Rent-a-Car

최신 차량만을 보유하고 있으며 원하는 장소에서 사무실까지 픽업 서비스를 제공한다. 아이를 동반한 가족에게는 카시트와 부스터, 유모차, 아이스박스, 돗자리를 무료로 대여하며 그 외 포켓 와이파이 단말기(유료) 대여도 가능하다. 운영시간 내 사무실에 차량을 반납한 후 바로 출국하는 고객을 위해 공항까지 드롭 서비스를 시행하고 있다.

전화 070-5017-2002(한국 예약 상담 문의, 카카오톡: ZEUSguam), 671-645-0001(괌 현지 사무실, 카카오톡: guamzcar), 671-645-9397/687-9695(리무진 버스) **주소** 112 Fountain Plaza 720 Pale San Vitores Road, Tumon **위치** 피에스타 리조트 괌에서 퍼시픽 아일랜드 클럽(PIC)방향으로 직진, 더 로얄 오키드 괌 호텔 전 좌측 **시간** 연중무휴 09:00~18:00 **홈페이지** www.zeusrentcar.co.kr

가족의 안전을 지키는
괌의 베스트 드라이버

괌의 도로는 해안 도로와 동서를 횡단하는 내륙 도로로 구성돼 있다. 일부 도로를 제외하고는 도로 사정도 좋은 편이다. 교통 법규가 한국과 유사하고, 저렴한 주유비와 무료 주차 시설이 잘 갖춰져 있어 운전하기에 최적의 조건이라고 할 수 있다. 다만, 다음의 안내를 참고해 현지 상황을 유념하여 안전 운전을 하도록 하자.

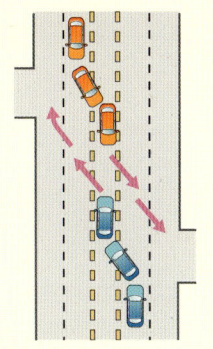

괌의 비보호 좌회전 중앙 차선

안전 운전을 위한 주의점
미국 자치령에 속하는 괌에서는 미국의 모든 교통 법규가 통용된다. 괌 남부의 해안 도로는 산호질의 모래가 포함돼 미끄러지기 쉬우니 비 오는 날에는 특히 조심한다. 빨간색의 정지 표시(STOP)가 있는 곳에서는 일단 무조건 정지한 후, 다시 선착순으로 진행하면 된다. 무면허 운전과 음주 운전은 법으로 엄격히 금지된다. 주류는 차량 내에 두어서는 안 되고 반드시 트렁크에 보관해야 한다.

제한 속도와 정지 사인
제한 속도 35마일(56km)을 엄격히 지켜야 한다. 또한 스쿨버스가 정차한 상태에서 빨간색 정지 램프가 켜지고 STOP 사인이 나오면, 주위의 모든 차량은 반드시 정지해야 한다.

안전 벨트 착용과 영유아 의자
운전 시 앞 좌석의 안전 벨트 착용과 12세 이하 어린이의 유아 좌석 사용은 의무화돼 있다. 만 3세 이하의 유아와 신장 149cm 이하의 만 4~11세 어린이는 반드시 유아용 보조 좌석에 앉아야 한다. 위반 시 벌금이 부과되니 주의하자. 유아용 의자는 각 렌터카 회사에 따라 유료로 제공된다.

주차
주차 시설이 잘 갖춰져 있는 괌에서는 호텔, 레스토랑, 쇼핑몰의 노란 주차 라인이 있는 곳에 대부분 무료로 주차가 가능하다. 단, 장애인 표시가 있는 장소와 각 호텔의 현관 앞, 빨간 주차 라인의 소방 도로 입구에 주차하면 벌금이 부과되므로 주의하자. 물품의 도난 방지를 위해 귀중품 등은 트렁크에 두거나 소지하고 내려야 한다.

비보호 좌회전 중앙 차선
일부 도로에 노란색 비보호 좌회전 중앙 차선이 있다. 방향 표시등을 켜고 노란 선으로 진입한 후 안전하다고 판단되면 신속히 좌회전한다.

교통 범칙금
교통 법규 위반 시 부과되는 벌금은 개인이 부담한다. 교통 범칙금의 납부 고지서를 받으면 지인의 도움을 받아 가능한 빨리 현지에서 납부하자. 방치하면 기록이 남아 미국 재입국 시 문제가 될 수 있다.

> **Tip** 운전 중 사고 발생 시 이렇게 하세요
> ❶ 사고 현장을 떠나지 않고, 상대방의 인적 사항을 확보해 반드시 24시간 이내 911(경찰)과 보험 회사에 사고 신고 접수를 해야 한다. 이때 현장 상황을 다양한 각도로 촬영해 두면 나중에 여러모로 도움이 된다.
> ❷ 현장에 도착한 경찰의 지시에 잘 따라 경찰 조서(Police Report)를 작성한다. 이 조서는 렌터카 회사와 보험 회사에 사고 접수 시 반드시 필요하므로 잘 보관한다.
> ❸ 렌터카 회사의 긴급 연락처를 확인 후 전화한다.
> ❹ 렌터카 회사 직원이 도착해서 사고 발생의 책임 유무를 판단한 뒤 보험 처리를 한다.
> ❺ 사고 발생 시 렌터카 회사는 유료로 긴급 지원 서비스를 제공하기도 한다.

괌 전도

괌 주변국

많은 이들에게 깊은 인상을 주는 괌 여행의 중심지

휴양지 하면 가장 먼저 떠오르는 푸른 바다와 야자수, 맛있는 음식점과 쇼핑센터, 시설이 잘 갖추어진 호텔까지 이 모든 것이 밀집해 있는 괌 여행의 핵심 지역이라고 할 수 있다. 이곳의 해변은 수심이 높지 않고 파도가 잔잔해 아이들을 동반한 가족에게도 안성맞춤이고, 태양의 뜨거운 열기를 식혀 줄 시원한 가격의 면세 쇼핑은 물론, 일몰과 함께 보는 다양한 쇼와 피로를 풀어 줄 스파와 마사지까지 남녀노소 누구에게나 환상적인 휴가를 선사한다.

투몬·타무닝·북부에서 꼭 해 봐야 할 것!

① 사랑의 절벽에서 사랑하는 사람과 함께 자물쇠 채워 보기
② 투몬 비치 파라솔에 누워 괌의 깨끗한 공기를 즐기며 마음껏 일광욕하기
③ 건 비치의 황홀한 일몰과 함께 상큼한 칵테일 한잔하기
④ 괌 프리미어 아웃렛에서 미국 브랜드 저렴하게 득템하기
⑤ 괌의 다양한 맛집 탐방하기

투몬·타무닝·북부 추천 코스

투몬·타무닝·북부

투몬 비치

도보 7분

언더워터 월드

괌의 해저 탐험

도보 5분

세일즈 바비큐

선셋과 함께하는 석식사

트롤리 버스 10분 또는 자동차 10분

괌 프리미어 아웃렛

트롤리 버스 10분 또는 자동차 10분

시그릴 레스토랑

도보 10분

샌드캐슬 괌

트롤리 버스 5분

더 비치 바 & 그릴

투몬 야경

Sightseeing
투몬·타무닝·북부의 볼거리

아름다운 해변가를 따라 길게 늘어선 호텔들, 쇼핑몰과 맛집들이 반기는 곳이다. 사랑의 절벽 등 북부 지역 외에는 대부분 도보로 산책하듯 돌아볼 수 있다. 휴양지로서의 괌의 모습을 가장 잘 보여 주는 지역이라 할 수 있다. 아름다운 비치, 플레저 아일랜드와 쇼핑 1번지 T 갤러리아 by DFS를 중심으로 다양한 볼거리와 투어 프로그램, 호텔의 이색적인 부대시설을 이용해 취향대로 휴양지 괌을 즐겨 보자.

투몬 비치 Tumon Beach

괌의 아름다운 비치

괌의 '와이키키'라고 할 수 있는 투몬 비치는 호텔 니코 괌부터 힐튼 괌 리조트 & 스파까지 여러 호텔을 따라 길게 이어져 있는 해변이다. 고운 입자의 백사장은 신발을 벗고 걸어도 될 만큼 보드랍고, 에메랄드빛의 바다는 맑고 투명하게 빛나 '이곳이 파라다이스구나' 싶을 정도이다. 특히 세계 유수의 호텔 체인이 늘어선 모습이 인상적인 이곳은 퍼블릭 비치이기 때문에 누구나 자유롭게 이용할 수 있다. 투몬 비치 앞의 호텔에서 묵는다면 해가 너무 뜨거워지기 전에 아침 산책을 하고 낮에는 잔잔하고 수심이 완만한 해변에서 물놀이를 즐기면 된다. 저녁에는 차모로어로 '풍요로운 저녁'을 의미하는 투몬답게 매일 저녁 오렌지빛으로 물드는 환상적인 노을을 감상하며 걸어 보자. 이곳을 한눈에 담고 싶다면 사랑의 절벽으로 가는 것도 좋다. 바다를 감싸고 부드러운 곡선을 그리는 크림색 해변이 눈앞에 펼쳐진다.

GPS 좌표 위도 13.512743 (13° 30′ 45.9″ N), 경도 144.802952 (144° 48′ 10.6″ E) **위치** 두몬 만의 호텔 니코 괌부터 힐튼 괌 리조트 앤 스파까지 이어진 해변가

플레저 아일랜드 괌 Pleasure Island Guam

괌 최대의 복합 문화 단지

쇼핑센터, 수족관, 스파, 호텔 등이 투몬 메인 쇼핑 거리를 마주하고 두 개의 블록에 모여 있는 괌 최대의 복합 단지다. 괌 최대 면세점인 T 갤러리아 by DFS를 중심으로 건너편에는 아웃리거 리조트와 더 플라자, 하드 록 카페가 이어진다. 그리고 바닷속을 축소해 놓은 듯한 언더워터 월드, 시그릴 레스토랑, 저녁마다 라스베이거스 스타일의 쇼가 펼쳐지는 샌드캐슬 괌과 뉴욕 스타일 나이트 클럽인 글로브 등이 위치해 있다. 흥미로운 즐길 거리가 가득해 제대로 된 원스톱 코스가 가능하다. 여행자를 위한 스탬프 이벤트도 자주 진행하고 있어 플레저 아일랜드 내 서비스를 집중적으로 이용하면 편리하게 여러 가지 할인 혜택과 선물까지 챙길 수 있다.

주소 1296 Pale San Vitores Rd., Tumon **GPS 좌표** 위도 13.5144444 (13° 30′ 52.0″ N), 경도 144.8058142 (144° 48′ 20.9″ E) **전화** 671-649-1253 **위치** 투몬 중심. 렌터카로 괌 국제공항에서 15분 **홈페이지** www.pleasureislandguam.co.kr

❶ T 갤러리아 by DFS ❷ 언더워터 월드 ❸ 시그릴 레스토랑 ❹ 하드 록 카페
❺ 샌드캐슬 괌 ❻ 더 플라자 쇼핑센터 ❼ 나바사나 스파 ❽ 아웃리거 괌 비치 리조트

언더워터 월드 Underwater World

눈앞에 펼쳐지는 환상의 수중 세계

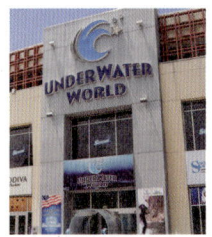

언더워터 월드는 해저 터널이 연상되는 100m 길이의 수중 터널을 자랑하는 아쿠아리움이다. 그루퍼, 레이, 나폴레옹, 희귀 해룡과 화려한 열대어, 바다의 왕으로 군림하는 상어에 이르기까지 무려 1,000여 종, 5,000여 마리의 다양한 어종을 보유하고 있다. 두께 8cm의 투명 아크릴을 사용해 더욱 실감 나게 해양 생물들을 관찰할 수 있으며, 매일 오후 2시에는 상어에게 먹이를 주는 모습까지 볼 수 있다(수표면 – 월, 화, 목, 토 / 수중 – 수, 금, 일). 2층에는 개별 수족관과 마리아나 해구 전시장이 이어지는데 지구에서 가장 깊은 바다인 마리아나 해구에서 가장 가까운 육지인 괌의 흥미로운 이야기를 직접 만나볼 수 있다.

주소 The Plaza,1245 Pale San Vitores Rd., Tamuning **전화** 671-649-9191 **시간** 오션 사파리 10:00~18:30(티켓 판매 마감 18:00) **해저 라운지** 21:00~23:30(티켓 판매 마감 23:00) **시 트랙** 09:00~18:00(13:00~15:00는 운행하지 않음) **상어와 다이브** 19:00(화·목·토) / 연중무휴 **요금** 오션 사파리 성인 $23, 어린이(3~11세) $12, 3세 미만 어린이 무료 **해저 라운지** 입장료 $35, 오디오 가이드 렌탈 $2 **위치** 플레저 아일랜드 내 아웃리거 괌 비치 리조트 옆, T 갤러리아 맞은편에 위치 **홈페이지** www.uwwguam.com

> **Tip 해저에서 즐기는 디너!**
> 언더워터 월드 해저 터널에서는 사전 예약제로 디너를 제공한다. 당일 예약은 테이블의 여유가 있는 경우에만 가능하다. 언더워터 월드 1층 티켓 박스에서 당일 17:00까지 결제를 완료해야 하며 예약자의 이름, 주소, 전화번호 또는 호텔 룸 번호, 요리 선택 사항 등을 알려 줘야 한다. 코스 요리와 채식주의자 식단, 어린이 식단 등이 있으니 참고하자.
> **전화** 671-649-9191 **디너 시간** 18:30~20:00 **가격** 성인 코스 디너 $99, 어린이(만 3~11세) 디너 $25 (세트 메뉴 주문 시 봉사료 포함. 기타, 봉사료 15% 별도.), 술과 음료는 별도 주문 **예약처** 호텔 프론트 데스크, 언더워터 월드 **홈페이지** www.uwwguam.com/dining

샌드캐슬 괌 Sandcastle Guam

라스베이거스 스타일의 마술 쇼

투몬에서 나이트 라이프를 즐길 수 있는 대표적인 핫 스팟이다. 공연은 유명 마술사 안토니 리드의 쇼와 늘씬한 미녀들의 댄스, 끈을 이용해서 묘기를 선보이는 중국의 아크로바트로 구성된다. 스토리가 있어 지루하지 않고 붉은색 조명과 음악에서 풍기는 묘한 분위기가 관객들을 사로잡는다. 예약제로 운영되고 있어 사전 예약은 필수다. 캐주얼 플랜 쇼, 칵테일 쇼, 디너쇼 크게 세 가지 플랜으로 나눠지는데 식사의 만족도가 높아 디너가 포함된 캐쥬얼 디너쇼가 인기 있다.

샌드캐슬 괌과 가까운 숙소(하얏트 리젠시, 아웃리거 리조트, 두짓타니 괌 등)의 투숙객은 도보로 이동할 수 있어 편리하다. 레오 팔레스 리조트와 무료 픽업 구간 외의 숙소 이용자는 레오 팔레스 무료 셔틀과 트롤리 버스를 이용해 투몬 시내의 무료 픽업 예정지로 이동해서 대기한다(예약 시 본인이 대기할 호텔을 미리 알려줄 것). 12월 31일에는 별도의 픽업 서비스 스케줄로 운행한다.

주소 1199 Pale San Vitores Road, Tumon **전화** 671-649-7263, 671-646-8000, 070-7838-0166(한국 예약 센터) **시간** 캐주얼 플랜 쇼 1회 19:30~20:30, 2회 21:30~22:30 캐주얼 디너쇼 디너 18:00~, 쇼 19:30~20:30(12월 31일, 1월 1일 서비스 제공 없음) 디럭스 칵테일 쇼 1회 19:30~20:45, 2회 21:30~22:30(1월 1일~3일까지 특별 패키지 제공, 12월 31일 서비스 제공 없음) **휴무** 매주 수요일, 일요일 탄력적 휴무 **요금** 캐쥬얼 플랜 쇼(픽업과 디너 제외) 성인 $65, 어린이(만 2~11세) $20 캐쥬얼 디너쇼(픽업 서비스 불포함) 성인 $105, 어린이 $35 디럭스 칵테일 쇼(호텔 픽업 포함) 성인 $100, 어린이 $30 / 만 2세 미만 무료, 12월 31일~1월 3일은 특별 패키지 가격 (가격은 판매처마다 다름) **위치** 언더워터월드 옆 / 샌드캐슬 건너편의 슬링샷 놀이기구 주차장 이용 가능 **홈페이지** www.guam-sandcastle.com/kr

시그릴 레스토랑 Sea Grill Restaurant

괌 시푸드 요리의 진수

언더워터 월드와 연결되어 있으며 바다를 테마로 한 실내 인테리어가 인상적인 시그릴 레스토랑에서는 유럽 스타일의 조리 기법으로 괌 음식의 풍미를 잘 살린 식사에 와인 셀렉션을 곁들여 즐길 수 있다. 추천 메뉴는 스테이크와 대게이며 키친 가든에서 키운 신선한 채소를 조리에 사용한다. 또한 모양이 제법 그럴싸한 김치와 깍두기도 맛볼 수 있다. 언더워터 월드와 시그릴의 식사 패키지를 이용하면 두 곳 모두 경제적인 가격에 즐길 수 있으니 참고하자. 창가 자리는 플레저 아일랜드 전체를 조망할 수 있어 인기가 있다.

주소 1245 Pale San Vitores Rd. Suite 400, Tumon **전화** 671-649-6637 **시간** 런치 11:00~14:00, 디너 18:00~22:00, 연중무휴 **가격** 런치 코스 $25~45, 디너 코스 $65~118, 모든 이그조틱 칵테일 $9.50, 와인 셀렉션 1병당 $35~100 **위치** 언더워터 월드 건물 2층 **홈페이지** www.uwwguam.com/dining

하드 록 카페 Hard Rock Cafe

신나는 음악과 함께하기 좋은 레스토랑

하드 록 카페는 세계 어느 지점에서든 특유의 분위기를 느낄 수 있다. 각 국의 지점을 방문해 국가별 한정 티셔츠를 모으는 마니아층도 꽤 있는 편이다. 1층에선 티셔츠와 함께 카페에서 제공하는 컵을 판매하고 있으며, 2층에 들어서면 실제 뮤지션이 사용하던 악기와 소품으로 가득 찬 로큰롤 콘셉트의 레스토랑 & 바가 큰 규모로 자리 잡고 있다. 가장 인기 있는 메뉴는 세계적으로 유명한 10온스 전설의 버거와 피시 앤 칩스이며 맛있는 요리와 함께 마실 다양한 트로피컬 음료도 기다리고 있다. 또한 종종 새벽까지 파티를 열어 나이트 라이프를 즐기기에 좋은 펍으로 변신한다.

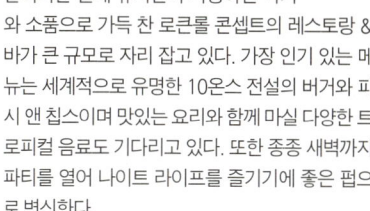

주소 Hard Rock Cafe Guam, 1273 Pale San Vitores Road, Tamuning **전화** 671-648-7625 **시간** 레스토랑 10:00~00:00 바 일~목요일 10:00~00:00, 금~토요일 10:00~02:00 숍 10:00~23:00 / 연중무휴 **가격** 10온스 전설의 버거 $18.95, 피쉬 앤 칩스 $17.95 **위치** 플레저 아일랜드 내 아웃리거 괌 리조트 로비 1층 **홈페이지** www.hardrock.com/cafes/guam

매직 록스 시어터 Magic Rocks Theater

이탈리안 식사와 신비한 마술 쇼를 함께할 수 있는 곳

2011년에 시작된 세계 최고의 마술사 나빌이 선사하는 흥미로운 매직 쇼이다. 무엇보다 이 매직 쇼의 가장 큰 장점은 극장 수용 인원이 37명으로 한정돼 있다는 것이다. 때문에 바로 눈앞에서 마술을 체험할 수 있어 마술사와 관객의 밀착도가 높다. 쇼가 끝나면 마치 마술사와 친밀한 대화를 나눈 것 같은 느낌을 받는다. 또한 관객이 무대에 올라 마술에 도전하는 시간도 있어 어느새 극장에 있는 사람들 모두가 하나가 돼, 함께 호흡하며 신비한 마술 세계에 빠져든다. 새로운 마술도 속속 등장하고 있어 신선한 공연이라는 평가를 받고 있기도 하다. 마술 쇼를 보기 전 웨스틴 호텔 이탈리안 레스토랑 프레고(Prego) 또는 뷔페 레스토랑 테이스트에서 식사를 할 수 있는 패키지 상품을 이용할 수 있다.

주소 105 Gun Beach Road, Tumon **GPS 좌표** 위도 13.517899 (13° 31′ 04.4″ N), 경도 144.806757 (144° 48′ 24.3″ E) **전화** 761-647-0915 **시간** 디너 18:00~19:15 쇼 19:30~20:45 **휴무** 수요일 **요금** 디너 & 쇼 패키지 성인 $125, $145, $165(음식 코스별 가격 상이) **프레고 키즈 디너 & 쇼** $40 **테이스티 디너 & 쇼** 성인 $110, 어린이 $45 **매직 쇼 한정**(픽업 서비스 없음) 성인 $75, 어린이 $30 **위치** 투몬 더 웨스틴 리조트 괌 4층 / 레드 트롤리 또는 레아레아 트롤리 이용하여 더 웨스틴 리조트 괌 앞 하차 **홈페이지** www.magicrocksguam.com

Check!
프레고 디너 코스와 매직 쇼 예약 시 투몬 지역에 한해 무료 셔틀버스 픽업을 받을 수 있다.

이파오 비치 Ypao Beach

바다와 공원이 어우러지는 곳

투몬 비치의 남쪽 끝자락에 힐튼 괌 리조트와 퍼시픽 아일랜드 클럽(PIC)을 잇는 해변이다. 우리나라 가족 여행객들이 많이 묵는 PIC와 가까워 한국 사람들만 많을 것 같지만 현지인들에게 더 많은 사랑을 받는 해변이다. 공원에서 바비큐를 먹으며 음악과 함께 피크닉을 즐길 수 있다. 주말에는 특히 서핑을 즐기는 사람과 강아지와 함께 산책을 나온 사람이 주를 이룬다.

힐튼 괌 리조트와 PIC 투숙객이 아니더라도 공원을 통해서 해변으로 자유롭게 들어갈 수 있으며 바다

와 더불어 공원의 풀 내음을 만끽하기 좋은 해변이다.

GPS 좌표 위도 13.503068 (13° 30′ 11.0″ N), 경도 144.7881109 (144° 47′ 17.2″ E) **위치** 힐튼 괌 리조트 해변부터 PIC 해변까지 / 레드 트롤리(투몬 셔틀, 하갓냐 셔틀) 또는 레아레아 트롤리(A 호텔 코스) 이용하여 이파오 비치 공원 · GVB(괌 관광청) 하차

퍼시픽 판타지 디너쇼 Pacific Fantasy Dinner Show

디너 뷔페와 함께하는 원주민 쇼

퍼시픽 아일랜드 클럽(PIC)의 차별화된 서비스로 워터 파크, 키즈 클럽도 있지만 그중에 최고는 바로 현란한 밤을 장식하는 퍼시픽 판타지 디너쇼이다. PIC 괌에 투숙하는 골드 카드 소지자는 모두 무료로 즐길 수 있고 외부인도 입장료를 지불하면 이용할 수 있다. 디너 뷔페는 인기가 많아 30분 전부터 줄을 서기 시작해서 1시간 정도 식사를 마치고 나면 경쾌한 음악과 함께 디너쇼가 시작된다. 오색의 조명과 함께 폭포 위에서 갑자기 불이 피어오르면 댄서들이 불을 들고 객석 중앙을 가로지르며 화려하게 등장한다. 원주민 의상의 열정적인 댄서들은 관객들의 참여를 유도하며 함께 즐길 수 있는 쇼를 만들어 간다. 공연의 백미인 불쇼는 현란한 기술로 댄서와 불이 마치 하나가 되는 것 같은 아찔함을 선사한다. 쇼의 인기가 굉장히 높기 때문에 괌에 도착하는 날 PIC 프론트에서 직접 예약을 해야 여행 중에 이용할 수 있다.

주소 210 Pale San Vitores Road, Tumon Bay **GPS 좌표** 위도 13.504109 (13° 30′ 14.8″ N), 경도 144.792761 (144° 47′ 33.9″ E) **전화** 671-646-9171(사전 예약 필수) **시간** 디너 18:30~19:30(18:00부터 입장 가능), 쇼 19:30~20:15 **요금 투숙객** 성인 $55, 아동(만 2~11세) 무료 (PIC 골드 카드 소지자는 무료, 음료는 별도. 예약한 후 무단 불참하면 1인 $5의 취소 수수료가 발생) **외부 투숙객** 성인 $75(음료 1잔 포함), 아동 $37 **위치** 이파오 비치 부근 퍼시픽 아일랜드 클럽(PIC) 원형 극장 / 레드 트롤리 또는 레아레아 트롤리 이용하여 PIC 앞 하차 **홈페이지** www.pic.co.kr

알루팟 아일랜드 Alupat Island

바다 위 작은 섬까지 이어지는 서핑 포인트

쉐라톤 호텔과 온워드 리조트 투숙객이 이용하기 좋은 곳이다. 특히 쉐라톤 호텔 수영장 정면에 바다가 있어 서핑을 하기 좋고, 알루팟 아일랜드를 기점으로 카약도 즐길 수 있다. 괌에서 유일하게 호텔에서 서핑을 할 수 있는 곳이고, 비교적 합리적인 가격으로 부담 없이 시작할 수 있다. 이곳에서 서핑에 입문한다면 재미있게 즐길 수 있을 것이다.
서핑은 쉐라톤 호텔, 카약은 쉐라톤 호텔과 온워드 리조트에 문의하면 된다.

GPS 좌표 위도 13.49353 (13° 29′ 36.7″ N), 경도 144.77201 (144° 46′ 19.2″ E) **위치** 렌터카로 투몬에서

하갓냐 방향의 산 비토레스 로드를 이용해 14번 도로로 진입. 플로레스 대주교 동상의 원형 교차로를 돌아 30A 도로로 우회전 후 다시 30번 도로로 좌회전하면 오른쪽에 있다. / 레드 트롤리 또는 레아레아 트롤리 이용하여 온워드 비치 리조트 하차

건 비치 Gun Beach

일몰이 아름다운 곳

투몬의 북쪽을 잇는 비치로 호텔 니코 괌과 가까운 이 곳은 제2차 세계대전 중 사용된 대포가 남아 있어 건 비치라고 불리게 되었다. 사랑의 절벽이 보이며 파란 바닷물이 잔잔하고 맑아서 스노클링과 스쿠버다이빙 장소로 유명하다. 건 비치의 매력이 가장 빛날 때는 저녁 무렵이다. 어둠이 적당히 드리워지며 비치 발리볼 하는 소리가 더 활기차게 느껴지고 더 비치 바 & 그릴에서 흥겨운 음악과 해변가의 시끌벅적한 소리가 들린다. 석양을 마주하며 맛있는 음식과 시원한 맥주 한 잔을 즐기기에 이보다 더 좋을 수 없다.

GPS 좌표 위도 13.524282 (13° 31′ 27.4″ N), 경도 144.803777 (144° 48′ 13.6″ E) 위치 투몬 호텔 니코 괌 북부 해변가. 투몬에서 렌터카로 10분 소요 / 레드 트롤리 이용하여 더 비치 바 & 컬쳐 파크 하차 또는 레아레아 트롤리 이용하여 더 비치 앞 하차

니코 매직 디너쇼 카르메 Nikko Magic Dinner Show Carme

가족적인 분위기에서 즐기는 저녁 식사와 매직 쇼

100명 한정 매직 쇼인 니코 매직 디너쇼 카르메는 큰 규모의 가족 행사 같은 분위기로 저녁 식사 코스도 간단해 합리적인 가격이 장점이다. 세 줄로 된 테이블에 착석하고, 마지막 줄에서도 가깝게 보인다. 마술사는 현란한 마술뿐만 아니라 재치있는 제스처로 모두를 즐겁게 해 주고, 관객이 참여할 수 있는 시간도 많이 준비되어 있다. 쇼 도중 깜짝 이벤트가 펼쳐지기도 하는데, 이때 로맨틱한 프로포즈가 가능하니 관심 있는 연인은 사연과 함께 쇼를 예약하자. 그러면 그날의 주인공이 되어 즉석에서 선물도 받을 수 있다.

주소 Hotel Nikko Guam, 245 Gun Beach Road, Tamuning GPS 좌표 위도 13.52201 (13° 31′ 19.2″ N), 경도 144.80439 (144° 48′ 15.8″ E) 전화 671-649-8815 시간 호텔 픽업 17:30~, 디너 18:30~, 매직 쇼 19:15~20:00, 호텔 샌딩 20:30~ 휴무 화요일, 수요일(성수기는 영업 문의할 것) 요금 디럭스 $82, 슈페리어 $67, 스탠다드 $53, 어린이(만4~11세) $26 위치 호텔 니코 괌 로비 3층 / 호텔 셔틀버스 이용 홈페이지 www.nikkoguam.co.kr

사랑의 절벽에서 내려다본 전망

사랑의 절벽 Two Lovers Point

연인과 영원한 사랑을 맹세하는 곳

괌 여행의 필수 코스이자 괌에서 가장 유명한 장소이다. 영원한 사랑을 꿈꾸는 연인들이 '사랑의 종'을 함께 치고, 서로의 이름을 적은 자물쇠를 채우는 명소이다. 연인이 종을 치면 영원한 사랑을, 혼자서 종을 치면 애인이 생긴다고 하여 누구에게나 환영받는다. 'Two Lovers Point'라는 명칭의 Two는 연인을 뜻하기도 하지만, 필리핀의 바다와 괌의 바다를 볼 수 있는 두 개의 전망 포인트라는 의미도 있다. 전망대에는 괌의 서쪽 해안선을 볼 수 있는 망원경이 준비돼 있으니 참고하자. 아름다운 선셋을 놓치고 싶지 않다면 오후 6시쯤 방문하는 것을 추천한다.

주소 Two Lovers Point, Tumon Bay **GPS 좌표** 위도 13.534815 (13° 32′ 05.3″ N), 경도 144.802527 (144° 48′ 09.1″ E) **전화** 671-647-4107 **시간** 07:00~19:00 **요금** 트롤리 왕복 + 입장권 $10, 전망대 관람 $3, 6세 이하 어린이 무료 **위치** 투몬 시내에서 1번 도로를 따라 북부로 이동하다 마이크로네시아몰 근처에서 34번 도로에 진입해 표지판을 따라 약 10분 / T 갤러리아, JP 슈퍼스토어, 마이크로네시아몰에서 레드 트롤리(사랑의 절벽 셔틀) 이용 **홈페이지** www.twoloverspoint.com

> **Tip 스페인 시대 차모로 연인의 비극적인 사랑 이야기**
> 투몬 베이 위에 우뚝 솟은 사랑의 절벽에는 가슴 아픈 전설이 있다. 식민지 시대 스페인 장교가 한 추장의 딸에게 반해 자신과의 결혼을 강요했는데, 이미 사랑하는 사람이 있었던 여자는 연인과 도망을 간다. 스페인 군대에 쫓기다 절벽에 몰리게 된 두 사람은 완전히 하나인 것처럼 긴 머리를 서로에게 묶어 매듭을 짓고 절벽에서 뛰어내려 생을 마감한다. 그 후 두 연인의 죽음은 수세기 동안 아름답고도 슬픈 이야기로 전해지며 영원히 함께하는 진정한 사랑의 상징이 되었다. 절벽 대리석에는 5개의 언어로 전설을 기록해 그들을 기리고 있다.

데데도 벼룩시장 Dededo Flea Market

소박한 괌 현지인들의 반짝 시장

데데도에서 주말(토, 일) 오전 6시부터 10시까지 열리는 전통 벼룩시장이다. 물품이 품절되는 대로 장을 마감하기 때문에 소박하지만 활기찬 시장 분위기를 즐기려면 오전 7시부터 8시 30분까지는 방문하는 것이 좋다. 데데도 벼룩시장은 약 30년 동안 현지인들의 생활과 밀접하게 연관돼 왔으며 관광객들에게도 인기가 많아 투어 패키지 프로그램도 있다. 알록달록한 패턴이 들어간 옷이 많고, 생활잡화, 물놀이용품, 액세서리, 음악 CD 등 생필품부터 판매자의 성향에 따른 꽤 다양한 상품들이 있다. 또한 과일, 채소와 같은 식재료는 냉장고에 진열된 마트 상품처럼 생기가 있어 보이진 않지만 품질은 무난하다. 다양한 아시아 음식을 선보이는 포장마차에서 간식이나 아침(스팸 주먹밥, 꼬치, 토스트 등)을 즐기면서 이곳 사람들의 일상을 느껴 보는 정도로 가볍게 둘러보자. 택시를 이용할 때는 시장을 둘러볼 시간을 포함해 이용 시간과 왕복 요금을 기사와 사전에 합의해 둔다.

주소 Dedeo Farmer's Market, Marine Corps Drive, Dededo **GPS 좌표** 위도 13.514927 (13° 30′ 53.7″ N), 경도 144.835092 (144° 50′ 06.3″ E) **전화** 671-646-1548 **시간** 주말 06:00~10:00 **위치** 투몬에서 1번 도로를 타고 북부 데데도 마이크로네시아몰을 지나 동쪽으로 약 10분 이동해 도로변 오른쪽 / 토, 일요일 이른 아침 레드 트롤리(벼룩시장 셔틀) 또는 레아레아 트롤리(플리마켓 익스프레스) 이용(p.50, 55 트롤리 운행 시간 참고)

> **데데도 파머스 마켓**
> 주말 오전 6시부터 9시까지 데데도 파머스 마켓(Dededo Farmers Market)이 마이크로네시아몰과 기존의 데데도 벼룩시장 사이에서 열린다. 실내도 겸하고 있어 쾌적하다. 관광객들이 선호하는 먹거리 위주라 둘러보기 좋다.
> **위치** 투몬에서 1번 도로를 타고 이동, 북부 데데도 마이크로네시아몰을 지나서 동쪽으로 약 5분 정도 이동해 도로변 왼쪽에 위치

리티디안 비치 Ritidian Beach

괌 최북단의 한적하고 여유로운 바다

국가에서 지정한 야생 동물 보호 구역과 인접해 순수한 자연의 모습을 간직한 해변으로 고요하고 한적한 분위기의 새하얀 백사장과 푸른 바다가 인상적이다. 바다를 보면서 피크닉이나 산책, 태닝을 즐기기에는 적합하지만, 물살이 너무 거세고 안전 요원도 없기 때문에 스노클링 등의 해양 스포츠를 체험하기에는 사고 위험이 매우 크다. 음식물은 반입 금지이고 샤워 시설과 부대시설이 없어서 수영 후 씻을 물과 간단한 물놀이용품을 준비해야 한다. 비치로 가는 도로가 험하기 때문에 타이어 펑크를 조심하고 차내 도난 사고 방지를 위해 귀중품은 소지하고 내리자.

GPS 좌표 위도 13.653833 (13° 39′ 13.8″ N), 경도 144.860056 (144° 51′ 36.2″ E) **전화** 671-355-5096~7(리티디안 비치 관리소) **시간** 09:00~16:00 **휴무** 쉬는 날이 많으니 호텔 프론트에서 확인을 부탁하거나 홈페이지(forecast.weather.gov/product.php?site=CRH&product=SRF&issuedby=MY)에서 'RIP CURRENT RISK'칸에 'YOU IN THE WATER'라는 문구가 보이면 개방한다 **위치** 투몬에서 3번, 3A번 도로를 경유해 북쪽으로 쭉 직진, 비포장도로로 진입

코코 팜 가든 비치 Coco Palm Garden Beach

코코넛 나무가 있는 괌의 천연 해안

코코 팜 가든 비치는 호텔 사이에 있는 괌의 여느 비치와 달리 오직 자연으로 둘러싼 아름다운 곳이다. 바다로 5m 가량 들어가도 물살이 어른 무릎에서 찰랑이는 정도의 깊이라 가볍게 해수욕하기 좋다. 일본인이 운영하는 프라이빗 비치로 입장료에는 물놀이 장비, 샤워 시설, 호텔 왕복 셔틀버스 비용이 모두 포함되어 있다.

괌 북부는 미국 공군 부대가 인접해 민간인의 접근이 어렵고, 미국 정부가 야생물 보호 지역으로 관리하는 곳이 많다. 이곳도 아직은 비교적 덜 알려진 곳이라 천연 그대로인 맑은 해안의 아름다움을 간직하고 있다. 주변이 자연 보호 지역인데다 수질 보호를 위해 모터를 사용한 레포츠 시설이 없어 잔잔한 파도 소리를 온전히 들으며 조용히 휴식을 취하기에 알맞다. 대신 파도가 높은 날엔 만족도가 떨어질 수 있으니 반드시 날씨를 확인하자. 방문객은 수영복과 비치 타올, 선 크림, 모자, 선글라스 등을 준비해야 한다.

주소 Coco Palm Garden Beach, Yigo **GPS 좌표** 위도 13.629619 (13° 37′ 46.6″ N), 경도 144.841436 (144° 50′ 29.2″ E) **전화** 671-477-4166 **시간** 셔틀버스 호텔 출발 (08:40), 코코 팜 출발 (15:00, 코스B 13:00) / 시설 점검을 위해 매달 하루 휴무 **요금 코스 A**(식사 포함, 약 7시간 30분) 성인 $90, 어린이(만 6~11세) $45, 유아(3~5세) $25, **코스 B**(식사 없음, 약 5시간) 성인 $60, 어린이 $30, 유아(3~5세) $20, **프리미엄 투어**(프라이빗 카바나 등 서비스가 추가됨, 하루) 성인 $250, 어린이 $125, 유아(3~5세) $80 **위치** PMT 여행사 카운터(니코, 롯데, 웨스틴, 아웃리거, 두짓 타니, 괌 플라자 리조트 앤 스파, 하얏트 리젠시, PIC, 힐튼, 온워드, T 갤러리아)에서 옵션 투어 예약 가능. 예약 시 호텔 왕복 셔틀 제공(홈페이지에서 시간표 확인) **홈페이지** www.cocopalm-guam.com

Tip 목이 말랐던 소녀의 무덤에서 피어난 과일 나무

괌에서 흔히 볼 수 있는 코코넛 나무에는 전설이 있다. 이야기는 오래 전 아초테(Achote) 부족의 어느 가족으로부터 시작한다. 그들에겐 소중한 어린 딸이 있었다. 어느 날 매우 갈증이 났던 소녀는 특별한 과일 주스를 마시고 싶어 했다. 모두들 소녀가 원하는 과일을 찾기 위해 노력했지만 아무 소용이 없었다. 소녀의 병세는 더 심해졌고 결국 세상을 떠나게 되었다. 슬픔에 가득 찬 아버지는 마을이 내려다보이는 언덕에 딸을 묻고 그 위를 많은 사람들이 가져 온 꽃으로 덮었다. 어느 날 문득 소녀의 무덤에서 발견된 이상한 식물이 5년 후 20피트 높이로 자랐는데, 이것이 바로 오늘날의 코코넛 나무라고 한다.

Massage & Spa
투몬·타무닝·북부의 마사지 숍

호텔 수영장에서 시간을 보내고 각종 레포츠, 거기에 먹거리와 쇼핑을 즐기다 보면 괌에서의 하루는 아침 일찍부터 밤까지 눈 코 뜰 새 없이 바쁘다. 여행은 곧 휴식을 의미하지만, 누구나 한 번쯤은 빠듯한 일정을 소화하고 일상으로 돌아갔을 때 여독이 풀리지 않아 고생한 경험이 있을 것이다. 그러니 잠시 쉬어가자. 집을 나선 순간부터 이동, 각종 액티비티와 쇼핑을 즐기느라 쌓인 긴장과 피로를 풀어 줄 필요가 있다. 아로마 오일과 따뜻한 손길이 주는 편안한 시간을 만끽하자. 괌의 마사지 숍은 대부분 호텔에 있으니 관심 가는 숍을 체크해 두었다가 숙소 선택에 참고하면 좋다.

올리브 스파 Olive Spa

일본인들에게 큰 사랑을 받는 스파

괌 리프 앤 올리브 스파 리조트 2층에 위치한 이곳은 일본의 유명한 스파 체인점이다. 도쿄에 17개, 오사카에 5개, 후쿠오카에 3개 지점이 있으며 발리에도 진출했다. 예약을 하고 방문하면 우선 소파에 앉아 컨디션을 체크하면서 차를 마시도록 해 심신을 안정시켜 준다. 같은 프로그램이더라도 더욱 집중적으로 받고 싶은 부위와 강도를 표시하고, 아로마 향과 오일의 타입을 취향대로 선택한다. 비교적 친근한 분위기에서 합리적인 가격의 스파를 즐길 수 있는 장점이 있다.

주소 1317 Pale San Vitores Road, Tumon **전화** 671-646-6881 **시간** 12:00~24:00 **요금** 60분 바디 마사지 코스 $120, 프로그램에 따라 상이 **위치** 투몬 JP 슈퍼스토어 맞은편 리프 앤 올리브 스파 호텔 2층 / 레아레아 트롤리 이용하여 리프 호텔 정면 하차 또는 레드 트롤리 이용하여 웨스틴·리프 하차 **홈페이지** guamreef.com/en/spa

앙사나 스파 Angsana Spa

임산부들에게 특히 인기 많은 스파

쉐라톤 라구나 괌 리조트 1층에 있어 접근성이 좋고 분위기도 편안해 한국인들의 큰 지지를 받는 스파이다. 아로마 에센셜과 함께 신선한 재료와 꽃으로 몸의 유연성을 강화하고 통증을 완화시켜 주는 마사지, 몸의 긴장을 풀어 주고 수면을 돕는 마사지, 하와이안 기술의 영감을 받은 마사지, 오랜 피로에 뭉친 근육을 풀어 주는 마사지 등의 코스가 있다. 최고의 인기 프로그램은 비타민 E가 풍부한 오일에 적신 아마포 주머니를 사용하는 부드러운 마사지로 태교에도 도움을 준다는 임산부를 위한 최적의 마사지다. 가격은 비싼 편이지만 훌륭한 서비스와 고급스러운 시설로 여행을 마무리하기 좋다.

주소 Sheraton Laguna Guam Resort, 470 Farenholt Ave., Tamuning **전화** 671-646-2222(예약 시, 픽업 가능) **시간** 10:00~23:00 **요금** 60분 바디 마사지 코스 $125, 프로그램에 따라 상이 **위치** 타무닝 쉐라톤 라구나 괌 리조트 1층 / 레드 트롤리 또는 레아레아 트롤리 이용하여 쉐라톤 라구나 괌 리조트 하차 **홈페이지** www.angsanaspa.com

일상에서 쌓인 피로를 푸는 시간
다양한 스파 & 마사지

세계적인 호텔 스파 브랜드부터 한국인이 운영하는 곳까지 종류와 가격대가 다양한 숍들을 만날 수 있다. 스파와 마사지의 기본이라 할 수 있는 부드러운 발리 마사지 외에도 여러 가지 스타일이 있으니 아래를 참고해 선택해 보자.

사전 예약은 필수이며 대부분 16세 이상부터 입장 가능하다. 가능한 15분 전에는 도착해 미리 준비하는 것이 좋다. 특히 호텔 스파의 경우 24시간 이내 취소 시 수수료가 부과된다는 점을 주의하자. 또한 만족도는 마사지사에 따라 달라질 수 있다.

✿ 아로마 테라피
건식 마사지를 제외한 대부분의 마사지와 함께하는 치료 요법

프랑스어로 'Aroma'의 향기와 'Therapy'의 치료가 결합된 단어로 흔히 '향기 치료'라고 한다. 향기있는 오일을 마사지, 목욕, 흡입법 등을 통해 우리 몸에 흡수시켜 심신의 건강에 도움을 주는 것이다. 에센셜 오일은 관리사가 마사지를 받는 사람의 피부를 접촉할 때 마찰과 자극을 줄여 편안함을 주기도 한다. 또한 스트레스를 줄이는 데 도움을 주고 면역력을 개선시켜 몸의 치유력을 높인다.

✿ 발리 마사지
인도네시아 선조로부터 내려온 전통 마사지

스트레칭과 지압으로 이뤄지는 건식 마사지와 아로마 테라피 마사지를 함께하는 마사지로 피부 조직 깊숙이 작용해 혈액 순환을 돕는다. 방문하면 숍이 가지고 있는 오일을 소개하면서 따뜻한 차를 내온다. 그리고 마사지 룸으로 들어가 풋 케어를 시작으로 오일을 이용해 혈점을 자극하면서 독소를 배출시킨다. 꿈은 대부분 발리 마사지를 기본으로 한다.

✿ 타이 마사지
우리에게 가장 익숙한 바디 마사지

마사지 받으러 여행을 간다고 하면 보통 중국이나 태국을 생각해서인지 한국에 가장 많은 마사지 숍은 바로 타이 마사지 숍일 것이다. 정통 타이 마사지의 특이한 점은 오일을 쓰지 않는다는 점이다. 오일 없이 신체 조직을 누르고 당겨서 근육의 긴장을 풀고 신체 내부 에너지인 기 흐름을 다뤄 근육의 균형을 바로잡는다.

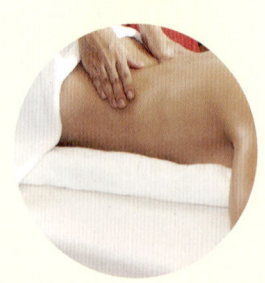

✿ 스톤 마사지

자연으로부터 온 에너지를 받는 마사지

보라카이와 세부에서 특히 인기가 좋은 스톤 마사지는 우리나라에서도 임산부를 위한 마사지 프로그램으로 구성돼 있는 곳이 많다. 임산부의 통증 완화, 부종 개선과 출산 후 회복 등에 좋은 효과가 있다고 한다. 괌에서는 드문 단독 스톤 마사지 프로그램을 받고 싶다면 숍에 사전 문의를 해서 운영 중인 바디 마사지 프로그램에 스톤 마사지가 포함돼 있는지 확인하고 예약하는 것이 좋다.

✿ 인디언 헤드 마사지

인도의 일상생활에서 흔히 볼 수 있는 헤드 마사지

세계에서 가장 오래된 인도 고대 의학인 아유르베다에 따르면 질병이 발생하는 근본 원인은 체내에 쌓인 독소에서 찾을 수 있다고 한다. 우리에게 가장 익숙한 아르유베딕 마사지는 인디언 헤드 마사지이다. 아로마 에센셜 오일을 고른 후에 목과 어깨, 두피, 귀, 얼굴 그리고 머리를 두드리는 스트레칭을 통해 두통과 눈의 피로를 덜어 줘 숙면에 도움을 준다.

✿ 발 마사지

가장 근원적인 피로를 풀어 주는 풋 케어

사람의 발은 인체의 축소판이며 제2의 심장이라고 불린다. 그래서 평상시에 걷는 습관이나 신발이 몸에 직접적인 영향을 준다. 더구나 여행지에서는 평소보다 많이 걸어 발에 피로가 더 쌓이는데, 단순한 피로는 족욕 정도로 풀 수 있지만 발의 원활한 혈액 순환을 위해 발 마사지를 받으면 좋다. 다른 마사지에 비해 가격이 저렴하고 시간도 짧은 편이라 바쁜 여행자에게 여러모로 좋다.

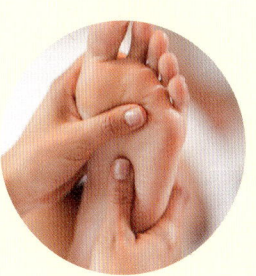

Tip 여행지에서 마사지 받기

가장 만족스러운 스파와 마사지는 하루의 일정을 마무리하면서 호텔 숙소에서 받는 것이다. 샤워 후 마사지를 받고 에센셜 오일의 허브 향을 맡으면 불면증 해소에 도움이 된다. 또한 오일이 몸에 스며들어 건조한 피부를 감싸기 때문에 큰 마사지 효과를 볼 수 있다. 가장 기본적인 아로마 테라피 마사지를 처음 받는다면 다음의 순서를 참고하자.

바디 마사지 기본 코스 순서
1. 스파에 방문하면 우선 내어 주는 따뜻한 차를 마신다.
2. 자신의 체질이나 마사지의 강도를 선택할 수 있는 설문지를 꼼꼼히 체크한다.
3. 숍에서 소개하는 에센셜 오일의 특성을 고려해 한 가지를 선택해서 마사지를 받으면 만족도가 한층 더 높아진다.
4. 방으로 안내를 받고 프로그램에 따라 편한 가운으로 갈아입는다.
5. 차가운 차를 한 잔 마시면서 따뜻한 물에 발을 담궈 발 마사지부터 시작한다.
6. 발 마사지가 끝나면 마사지 침대로 가서 본격적인 바디 마사지를 받는다.
7. 마사지가 끝나면 준비해 주는 차를 마시면서 옷을 갈아입고 마사지 만족도에 대해 설문지를 작성한다. (서비스가 만족스러웠다면 설문지 위에 팁을 두고 나온다. 원한다면 샤워를 해도 된다.)

나바사나 스파 Navasana Spa

수준 높은 럭셔리 스파

'나바사나'는 산스크리트어로 물체를 담는 용기 'Nava'와 요가 자세 'Asana'를 합친 단어로 건강한 방법으로 심신을 편안하게 한다는 의미이다. 괌의 전통 방식과 세계적 수준의 테라피를 결합한 스파로 스트레스와 피로를 풀어 주고, 에너지를 재충전해 몸과 마음이 자연스럽게 조화로운 균형을 이루도록 해주는 럭셔리 스파이다. 시그니처 프로그램은 전문가들의 풋 케어와 바디 스크럽 그리고 향긋한 꽃잎 목욕으로 시작한다. 이후에는 발리 마사지나 심부 조직 마사지를 선택할 수 있으며, 고급스러운 페이셜 마사지로 끝내는 퓨어 블리스와 오리지널 테라피를 선보이는 페이셜 마사지, 커플 마사지, 남성 스파 프로그램 등이 있다.

주소 B1 floor, Outrigger Guam Resort, 210 Pale San Vitores Road, Tumon Bay 전화 671-647-9720, 671-649-9000 시간 10:00~22:00 요금 퓨어 블리스(120분) $235 시그니처 마사지(50분) $115, (80분) $145 페이셜 마사지(60분) $125~155 커플 마사지(50분) $205, (80분) $265 남성 스파(100분) $215 위치 아웃리거 괌 비치 리조트 지하 1층 / 레드 트롤리 또는 레아레아 트롤리 이용하여 아웃리거 · 더 플라자 앞 하차 홈페이지 www.outriggerguam.co.kr

아일랜드 시레나 스파 Island Sirena SPA

호텔 스위트룸에서 받을 수 있는 스파

아일랜드 시레나가 특별한 스파인 이유는 호텔 스위트룸과 연계한 스파 스위트 패키지 프로그램이 있기 때문이다. 이 프로그램은 바다를 조망할 수 있는 하얏트 리젠시 호텔의 오션뷰 스위트룸에서 진행된다. 비용은 다소 높지만 전문가가 개인별 체형과 신체 컨디션을 분석한 결과에 맞춰 수준 높은 관리를 제공받을 수 있다는 장점이 있다.

주소 1155 Pale San Vitores Road, Tumon 전화 671-647-1234 시간 10:00~22:00 요금 스파 스위트 패키지 1인 $200, 커플 $380~ 기본 바디 마사지(1시간) $100 위치 투몬 하얏트 리젠시 괌 호텔 / 레드 트롤리 또는 레아레아 트롤리 이용하여 샌드캐슬 · 하얏트 리젠시 괌 앞 하차 홈페이지 guam.regency.hyatt.com

스파 발리 Spa Bali

부드러운 손길의 정통 발리식 마사지를 선보이는 곳

정통 발리 스타일의 마사지를 표방하는 스파 발리는 발리의 4개 지점을 비롯해 괌과 팔라우에 해외 지점을 두고 있다. 발리의 대표적인 마사지인 니루와나(Nirwana)는 4개의 오일 중 선택한 한 가지 오일을 이용해 부드러운 발리식과 스웨덴식 지압으로 근육을 이완시켜 편안함을 느끼게 한다. 그 외에 따뜻한 돌을 이용해 혈액 순환을 원활하게 하는 스톤 마사지, 오직 스파 발리에서만 체험할 수 있는 초콜릿 마사지, 살결을 매끄럽게 해 주는 바디 스크럽, 발 마사지 등을 받을 수 있다.

주소 881, Pale San Vitores Rd., Tumon **전화** 671-649-4772(예약 시 무료 픽업) **시간** 09:00~21:00 **요금 니루와나 마사지** 1시간 $103, 1시간 30분 $142 **스톤 마사지** 1시간 $132 **위치** 투몬 홀리데이 리조트 & 스파 괌 / 레드 트롤리 또는 레아레아 트롤리 이용하여 홀리데이 리조트 · 피에스타 리조트 앞 하차 **홈페이지** www.spabali.asia/guam.php

스파 아유알람 SPA ayualam

심신을 치유하는 스파

일본 스파 브랜드로 일본 도쿄와 홋카이도에 지점이 있고 괌에는 힐튼 괌 리조트 & 스파와 호텔 니코 괌에 2개의 지점을 두고 있다. 신체에 충분한 휴식을 줌으로써 정신까지 회복시킨다는 목적을 가진 스파 아유알람은 개개인의 컨디션에 맞는 기술과 오일로 몸의 균형을 잡아 주는 바디 마사지와 천연성분으로 이뤄지는 페이셜 케어, 건강한 두피를 위한 헤어 케어 등으로 구성돼 있다. 힐튼 괌 리조트 & 스파의 분위기는 호화롭고, 호텔 니코 괌은 깔끔한 스타일로 약간의 차이가 있다. 두 곳 모두 마사지와 서비스는 동일하기 때문에 이동 시 편한 곳을 선택하면 된다.

요금 시그니처 발리니즈 바디 마사지(1시간) $120, 릴렉션 페이셜 마사지(1시간) $120

힐튼 괌 리조트 & 스파

주소 202 Hilton Road, Tumon **전화** 671-646-5378,

1835 **시간** 10:00~21:00 **위치** 투몬 힐튼 괌 리조트 & 스파 / 레드 트롤리 또는 레아레아 트롤리 이용하여 힐튼 괌 리조트 하차 **홈페이지** www.hiltonguamresort.com/facilities/spa-ayualam

호텔 니코 괌

주소 245 Gun Beach Road, Tumon **전화** 671-648-1007 (예약 시 픽업 서비스 신청) **시간** 10:00~21:00 **위치** 투몬 호텔 니코 괌 / 레드 트롤리 또는 레아레아 트롤리 이용하여 호텔 니코 괌 하차 **홈페이지** www.nikkoguam.co.kr

핫 스프링 스파 Hotspring Spa

새벽 입국, 출국하는 여행자에게 유용한 스파

다른 곳의 절반 정도의 요금으로 부담 없이 피로를 풀 수 있다. 마사지보다 이색적인 곳이 바로 스파인데 우리나라 찜질방과 비슷한 시스템이다. 목욕탕보다는 한층 분위기 있게 잘 꾸며진 온천같다. 수면 휴게실도 마련돼 있어 일정상 유용하게 활용할 수 있다. 새벽에 괌에 도착해 호텔 체크인을 하기 힘들거나 새벽 출국 일정에 호텔 비용을 절약하면서 머물 곳을 필요로 할 때 참고해 두자. 물론, 마사지만 이용해도 온천 스파와 수면 휴게실을 이용할 수 있다.

Check!
마사지 이용 시 호텔 픽업 & 드롭 서비스와 공항 드롭 서비스를 제공한다. 스파 단독 이용 시에는 드롭 서비스만 제공한다.

주소 Verona Resort & Spa, 188 Tumon Bay Road, Tumon **전화** 671-688-9904, 070-7838-0123 **시간** 15:00~23:00 **요금 스파** 어른 $15, 어린이 $10 **전통 마사지**(60분) $68, 아로마 오일 마사지(60분) $68 **위치** 투몬 베로나 리조트 1층 **홈페이지** www.hotspringguam.com

USA 마사지 USA Massage

강렬한 괌 스타일 마사지

여행에서 누적된 피로와 근육통을 풀기 좋은 곳이다. 괌의 여타 스파는 부드럽게 감싸는 느낌이라면 USA 마사지는 몸을 세게 눌러 근육에 자극을 줘 굉장히 시원하다. 이곳의 현지 여성 마사지사는 한국어에 능하기 때문에 마사지의 강도 조절을 편하게 주문할 수 있다. 우리 교민이 운영하기 때문에 입장할 때부터 친숙함이 느껴지고 전화 예약 시 호텔 송영 서비스도 무료 신청이 가능해 한국인들에게 인기 있다.

주소 Carlrose Tumon Plaza, 588 Pale San Vitores Road, Tamuning **시간** 15:00~01:00 **전화** 671-727-3322(이용 전날까지 전화 예약 필수, 예약자는 호텔 송영 서비스 무료 신청 가능) **요금** 오일 & 지압 마사지 1시간 $45, 1시간 30분 $60 **위치** 퍼시픽 아일랜드 클럽(PIC) 건너편 ABC 스토어 건물 2층 / 레드 트롤리 또는 레아레아 트롤리 이용하여 PIC 건너편 하차

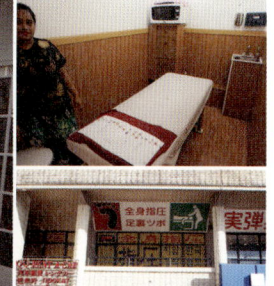

Food & Restaurant
투몬, 타무닝·북부의 먹을거리

자메이칸 그릴

세계요리

투몬과 타무닝은 호텔과 쇼핑몰이 모여 있는 만큼 먹을 곳도 넘쳐 난다. 미국 본토의 맛부터 멕시코, 브라질, 아시아 그리고 유럽 요리까지 다양한 레스토랑이 있다. 일본식 그릴 요리 데판야끼 레스토랑, 그릴 레스토랑과 수제 버거집이 인기가 좋다.

메스클라 도스 Meskla DOS Upper(Chamoru Fusion)

즉석에서 만들어 주는 수제 버거

도스 버거로 알려진 인기 수제 버거집으로 2011년 괌 버거 페스티벌에서 우승한 저력이 있다. 햄버거 패티와 빵(Basil Bun, Sesame Bun, Wheat Bun) 종류가 다양해 취향대로 선택할 수 있다. 보통의 패스트 푸드점에 비해 2배 정도 큰 사이즈를 자랑하는 두툼하고 육즙이 살아 있는 수제 패티와 특제 소스 시즈닝이 이곳의 자랑이다. 모든 버거에는 양념된 프렌치 프라이(French Fries)가 기본으로 제공되며 그외 어니언링, 스위트 포테이토 프라이, 오늘의 샐러드 등의 사이드 추가 주문도 가능하다. 프렌치 프라이에 50센트를 추가하면 어니언링으로 교체도 가능하다. 식사 후 남은 음식은 포장해 갈 수 있으며 미리 전화 후 방문하면 바로 포장해 갈 수 있다. 하갓냐와 타자 워터 파크 일대에도 지점이 있으니 참고하자.

주소 413 A&B N.Marine Corps Dr., 14A, Tamuning **전화** 671-646-6295 **시간** 평일 11:00~21:00(주말 ~22:00) **가격** 치즈 버거 $9.25~, 쉬림프 버거 $12.50 **위치** 타무닝 노스 마린 드라이브의 K마트에서 대각선 방향 / 레드 트롤리(쇼핑몰 셔틀, T 갤러리아~K마트 셔틀) 또는 레아레아 트롤리(쇼핑센터 코스) 이용하여 K마트 하차 **홈페이지** mesklaguam.com

자메이칸 그릴 Jamaican Grill

자메이카 정통 레스토랑

1994년에 오픈한 곳으로 지금까지 꾸준히 사랑을 받고 있다. 자메이카와 괌의 문화를 혼합한 듯이 음식과 색상부터 예쁜 열대 과일 주스를 합리적인 가격에 맛볼 수 있다. 자메이카에서 공수해 오는 음식 재료와 향신료는 한국인의 취향과도 어울려 한국 여행자가 많이 찾는다. 바비큐 메뉴는 특별해 보이진 않지만 입에 착 감긴다. 립이나 치킨도 괜찮지만 수제 버거의 맛은 괌의 유명 버거집과 비교해도 손색이 없다. 편안한 분위기 속에 자메이카의 전통 음악 레게를 들으면서 음식을 즐길 수 있다는 장점이 있으며 여행자의 접근성이 좋은 투몬점을 비롯해 데데도와 차모로 빌리지 안에 지점이 있다.

주소 Carlrose Building 2F, 588 Pale San Vitores Rd.,

Tamuning **전화** 671-647-3000, 4000 **시간** 10:00~22:00 **가격** 에피타이저 $4.25~, 치킨 켈라구엔 샐러드 $13.25, 보스턴 비치 립 세트 $13.50, 저크 버거 $11.50, 시푸드 $13.50~, 콤보 $13.50~ **위치** 투몬 호텔 로드 PIC 건너편 카를로즈 빌딩 2층 / 레드 트롤리 또는 레아레아 트롤리 이용하여 PIC 건너편 하차 **홈페이지** www.jamaicangrill.com

마가리타 브리토 & 바비큐 Margarita's Burritos & BBQ

매콤한 음식이 그리울 때

한국인이 운영하는 멕시코 음식점으로 모든 메뉴가 친숙하다. 다양한 메뉴 중에 갈비 타코는 진한 풍미의 양념 갈비처럼 감칠맛이 나서 우리 입맛에 맞다. 라이스 브리토와 토티야에 취향대로 싸 먹는 파히타도 시그니처 칵테일 마가리타를 곁들여 여럿이 함께하면 더욱 맛있다.

주소 970 Pale San Vitores Road, Tumon **전화** 671-649-1231 **시간** 평일 런치 11:00~14:30 / 디너 17:30~22:00, 주말 11:30~22:30 **가격** 평일의 런치 스페셜(아이스티 포함) $10.99, 타코 플레이트 $9.99~, 슈퍼 나초 $6.99~ 케사디아 $5.99~, 브리토 $7.29~, 토티야 $7.99~, 파히타 $12.99~, 칵테일 마가리타 $4.99~ **위치** 투몬 호텔 로드 아칸타 몰 옆 / 레드 트롤리 또는 레아레아 트롤리 이용하여 퍼시픽 베이 하차 **홈페이지** www.margaritasguam.com

따우 바이 포 Tau Bay Pho

시내 중심가의 베트남 음식점

접근성이 좋고 맛도 괜찮아 꽤 인기 있는 베트남 음식점으로 필리핀 음식과 중화요리도 다양하게 제공한다. 특히 쌀국수는 주재료인 고기와 고수, 숙주의 양도 충분해서 푸근한 인심이 느껴진다. 쌀국수와 스프링 롤을 곁들이면 간단한 식사로 좋다. 한편, 프라이 스프링 롤을 쌈 채소에 싸서 먹는 방법이 생소한 특제 메뉴는 우리나라 상추 튀김과 비슷하지만 훨씬 다양한 식재료를 사용해 식감이 매우 다채롭고 맛있다.

주소 987 Pale San Vitores Road, Tamuning **전화** 671-649-0342, 0413 **시간** 평일 11:00~03:00, 주말 11:00~05:00 **가격** 프라이 스프링롤 $9, 소고기 쌀국수 $9 **위치** 퍼시픽 베이 호텔 맞은편 산 비토레스 플라자 1층 / 레드 트롤리 또는 레아레아 트롤리 이용하여 퍼시픽 베이 하차 후 길 건너기

롱 싱 Long Xing

상하이 스타일의 깔끔한 중식당

중국 본토에 있을 법한 차이니즈 레스토랑으로 약 80여 개의 수제 요리를 다양하게 선보인다. 규모가 큰 음식점이 아닌데도 북경 요리까지 주문할 수 있다. 가장 인기 있는 메뉴는 고소한 돼지고기 볶음과 달짝지근한 마요네즈 새우 튀김, 그리고 사천식 매콤한 마파두부이다.

주소 987 Pale San Vitores Road, Tamuning **전화** 671-646-4500 **시간** 월 11:00~22:30, 화~일 11:00~02:00 **가격** 북경 오리 반마리 $14, 런치 스페셜 $7.50~(볶음밥, 아이스 티 포함) **위치** 퍼시픽 베이(그랜드 플라자 호텔) 맞은편 산 비토레스 플라자 1층 / 레드 트롤리 또는 레아레아 트롤리 이용하여 퍼시픽 베이 하차 후 길 건너기

그릴 앳 산타페 Grille at Santafe

산타페 호텔의 시 사이드 레스토랑 & 바

스페인 요리를 즐길 수 있는 타무닝에 위치한 괌 유일의 야외 비치 프론트 레스토랑이다. 알루팡 섬을 비롯해 일대 해안과 필리핀 해의 절경을 배경으로 온종일 비추는 햇살에 전망이 아름답다. 낮에는 휴양지의 여유를 즐기고, 노을이 아름답게 물드는 저녁 무렵에는 하갓냐 만의 고요한 바다를 배경으로 휴식을 취하면서 조용히 식사하기에 좋다. 신선한 재료로 준비하는 파에야와 엠파나다를 추천하며 해산물 요리와 파스타, 차모로 수제 버거도 맛있기로 유명하다. 모든 메인 요리에는 스프와 샐러드 바, 디저트 뷔페가 포함된다. 일주일 내내 라이브 엔터테인먼트를 진행하는 바에서는 다양한 맥주와 와인을 즐기며 다국어를 구사하는 직원과 이야기를 하거나 지역 예술가의 라이브 공연을 즐길 수 있다.

주소 132 Lagoon Drive, Tamuning **전화** 671-647-8855 **시간** 아침 07:00~10:00, 점심 10:00~13:30, 저녁 18:00~22:00 **가격** 에피타이저 $6.95~19.50, 메인 $21.50~54.95 **위치** 타무닝 레이건 드라이브 온워드 리조트 옆, 호텔 산타페 1층 / 레아레아 트롤리(호텔 코스) 이용하여 산타페 하차 **홈페이지** www.hotelsantafeguam.com/the-grille

추라스코 Churrasco Brazilian BBQ & Salad Bar

특색 있는 브라질 요리 전문점

취미로 요리를 시작해 인정받는 수석 셰프가 선보이는 바비큐와 스테이크, 샐러드가 매력적인 브라질 스타일의 레스토랑이다. 브라질 문화를 전면에 내세우고 다양한 종류의 와인이 가득 채워진 저장고가 시선을 모은다. 제휴 농장에서 재배한 채소를 제공받아 믿음직스러운 샐러드 바와 달콤한 디저트 및 편안한 분위기의 바도 구비돼 있고 별도의 룸에서 가족과 함께할 수 있다. 귀한 손님을 대접하는 브라질의 문화에서 비롯한 호디지우(Rodizio)를 메인 메뉴 이름으로 사용하는 만큼 직원이 직접 테이블을 돌며 갓 구운 고기를 푸짐하게 썰어 준다. 엄선된 육류와 해산물에 신선한 샐러드, 스프가 제공되는 메인 요리를 비롯해 기호에 맞는 다양한 메뉴를 공략해 보자. 스테이크는 무제한 제공되며 추천하는 디저트는 달콤한 초콜릿 케이크와 에스프레소 플랜, 바닐라 아이스크림 구성의 시그니처 트리오 메뉴이다. 바에서 이국적인 브라질리안 국민 칵테일 까이삐리냐(Caipirinha)와 와인, 시원한 맥주를 즐길 수 있다.

주소 1000 Pale San Vitores Road, Tumon **전화** 671-649-2727(디너 예약 시 픽업 무료) **시간** 런치 11:30~14:00, 디너 18:00~21:30, 해피 아워 18:00~19:00, 연중무휴 **가격** 런치 메인 성인 $25, 어린이(4~10세) $12.50 디너 메인 성인 $38, 어린이 $19 샐러드 바 성인 $15~23, 어린이 $7.50~11.50 **위치** 투몬 호텔 로드 퍼시픽 베이 호텔 구내, 마가리타 바로 옆 / 레드 트롤리 또는 레아레아 트롤리 이용하여 퍼시픽 베이 앞 하차 **홈페이지** www.churrascoguam.com

일식

일본은 괌의 아픈 역사와 밀접한 연관이 있고 지리상 가까워 괌에는 일본인들이 많다. 따뜻한 국물이 있는 라멘, 신선한 생선 회, 한국인들이 괌에서 가장 많이 찾는 데판야끼부터 다양한 일식을 두루 접할 수 있는 일식 뷔페까지 선택의 폭이 넓다.

후지 이치방 라멘 Fuji Ichiban Ramen

캐주얼한 일본 음식점

현지 음식이 입에 맞지 않는다 해도 호텔 로드에는 한국, 일본, 중국, 태국 등 익숙한 아시안 푸드 레스토랑이 즐비해서 얼마든지 대체가 가능하다. 괌에는 늦은 시간까지 열거나 24시간 운영하는 음식점이 별로 없지만, 후지 이치방 1호점은 월요일 오전 시간을 제외하면 24시간 운영해서 야식의 유혹을 뿌리칠 수 없을 때나 이른 아침 해장하고 싶을 때 찾기 좋다. 오픈 키친을 통해 조리 과정을 지켜 볼 수 있고 가격 대비 양도 많은 편이어서 든든한 한 끼로 충분하다. 진한 돈코츠 라멘과 김치 라멘, 푸짐한 김치 볶음밥, 곁들여 먹기 좋은 교자, 마요 치킨 등이 인기 있으며 추가 사리는 단돈 1달러! 메뉴를 포장해서 테이크 아웃하면 보다 합리적인 가격에 즐길 수 있다.

가격 라멘 $8.50~, 볶음밥 $7.75~, 야끼 소바 $8.50~

1호점
주소 1000 Pale San Vitores Road, Tamuning **전화** 671-647-4555 **시간** 24시간(월 03:00~09:00만 폐점) **위치** 타무닝 호텔 로드 아칸타 몰 건너편 / 레드 트롤리 또는 레아레아 트롤리 이용하여 홀리데이 리조트·피에스타 리조트 하차

2호점
주소 1317 Pale San Vitores Road, Tamuning **전화** 671-646-4477 **시간** 일~목 11:00~00:00, 금~토 11:00~02:00 **위치** 투몬 리프 올리브 앤 스파 리조트 건너편 서울식당 옆 / 레드 트롤리(투몬 셔틀, T 갤러리아↔K 마트 셔틀) 또는 레아레아 트롤리(호텔 코스)를 이용하여 JP 슈퍼스토어 앞 하차 후 도보

쇼군 스테이크 & 랍스터 Shogun Steak & Lobster

화려한 퍼포먼스의 철판 구이 전문점

호텔 로드 퍼시픽 아일랜드 클럽 건너편에 한국인이 운영하는 스테이크 & 바닷가재 하우스이다. 실내는 커플을 위한 카운터 테이블을 비롯해 가족 또는 친구, 단체 단위의 테이블로 구분돼 일행과 편안하게 식사할 수 있다. 혼자서 한 가지 메인 요리를 즐길 수 있는 싱글 코스와 두 가지 메인 요리를 맛볼 수 있는 콤비네이션, 쇼군 코스는 물론 가족 단위로도 함께 즐길 수 있는 스페셜 코스도 준비돼 있다. 주재료인 연어는 치킨, 육즙이 풍부한 스테이크, 신선한 점보 새우와 랍스터 테일과도 잘 어울린다. 스테이크는 립 아이보다 지방이 적기 때문에 서양 요리에 대표적으로 사용하는 소 허리 등심에서 추출한 서로인 부위를 사용한다. 조리 시 스테이크의 익힘 정도와 소금, 후추의 양을 조절하도록 별도 주문할 수 있으며 코스 요리에는 모듬 채소와 밥, 미소장국, 샐러드 메뉴가 포함된다. 목에 감싸는 시원한 쿨팩을 제공 받고 테이블마다 담당 요리사가 메뉴의 조리 과정 중 펼치는 화려한 불쇼와 채소들로 간단히 만드는 귀여운 스마일 모양이나 양파 볼케이노 쇼도 빼놓을 수 없는 볼거리이다.

주소 415 Chalan San Antonio Road, Tamuning **전화** 671-649-0117(픽업 서비스 무료) **시간** 10:00~22:00 **가격** 이달의 스테이크(1인분) $38.99, 커플 스페셜(2인분) A 코스(바닷가재 제외) $95, B코스(바닷가재 포함) $125, 패밀리 스페셜(성인 2, 아동 2) $125, 1인 콤비네이션 $45~60, 싱글 코스 $25~, 쇼군 코스(1인분) $28.99, 어린이 메뉴 $12.99, 런치 세트 $14.50~ **위치** 타무닝 PIC 건너편 단층 건물 / 레드 트롤리 또는 레아레아 트롤리 이용하여 PIC 건너편 하차

조이너스 케야키 Joinus Keyaki

깔끔한 데판야끼 전문점

테이블 담당 요리사가 즉석에서 불쇼를 선보이며 요리해 주는 철판 요리 전문점이지만 시원하고 매우 쾌적하다. 요리사들이 조금 정적이기에 더욱 기름이 튀기는 일도 적고 앞에 앉아서 먹을 때 얼굴에 느껴지는 불의 온도도 높지 않아서 여성들이나 아이들에게도 편안한 인상을 준다. 매콤한 소스와 미소 장국을 기본으로 제공하며 철판 요리 외에도 간편히 먹을 수 있는 단품 요리도 갖추고 있다. 평일 런치 세트를 합리적인 가격으로 제공해 인기가 많으니 예약은 필수이다.

주소 Tumon Sands Plaza, 1082 Pale San Vitores Rd., Tumon **전화** 671-646-4033~4 (호텔 픽업 서비스 가능, 투몬 샌즈 플라자에서 BMW 픽업 가능) **시간** 런치 11:00~14:00, 디너 17:30~22:00 **가격** 런치 메인 데판야끼 A, B, C, D 4종 세트 택 1 $21.95~, 세트 $16.50~, 스시 $20~, 디너 세트 $42~$120 **위치** 투몬 하얏트 리젠시 괌 건너편, 투몬 샌즈 플라자 1층 스와로브스키 옆 / 레드 트롤리 또는 레아레아 트롤리 이용하여 투몬 샌즈 플라자 하차

스시 락 Sushi Rock

모던한 분위기의 퓨전 스시 롤 전문 일식 레스토랑

한국인이 운영하는 일식 레스토랑으로 일본과 캘리포니아 스타일이 결합된 퓨전 스시 롤을 선보인다. 디너 세트는 밥, 샐러드, 미소 장국과 아이스크림으로 구성되는데 갈비, 소 불고기는 우리 입맛에도 잘 맞는다. 신선한 재료와 통통 튀는 기발한 아이디어로 만들어낸 수십 가지의 롤을 만날 수 있고 다양한 에피타이저, 샐러드, 사시미, 누들과 벤토 박스도 폭넓게 선보인다. 느끼한 음식이 질리면 한 번씩 찾아 먹을 만하다. 담백한 풍미의 연어와 메밀 소바, 다양한 튀김 요리도 인기 있다.

롤을 넣은 후 백조 모양으로 만든 은박 호일에 불을 붙여 바비큐 맛을 느낄 수 있는 플레이밍 드래곤과 국내 모 방송 프로그램에도 나와 이슈가 되었던 아이스크림 튀김을 후식으로 즐겨 보자.

주소 C101 & 102 Theater Wing 1st Floor Micronesia Mall, Dededo **전화** 671-637-1110 **시간** 11:00~22:00, 일요일 11:00~21:00 (런치 11:00~15:00, 디너 15:00~22:00) **가격** 에피타이저 $6.50~, 스시 롤 $4.99~, 누들 $9.99~, 생선 회 $12.50~, 벤토 박스(런치 $11.99~14.99, 디너 $15.99~17.99), 카레 라이스 $9.99~, 텐푸라 아이스크림 $10.99, 어린이 메뉴 $9.50~ **위치** 데데도 웨스트 마린 드라이브의 마이크로네시아몰 영화관 1층 / 레드 트롤리 또는 레아레아 트롤리 이용하여 마이크로네시아몰 하차 **홈페이지** www.micronesiamall.com

사무라이 Samurai Seaport

흥겨운 데판야끼 전문점

규모도 크고 활기찬 분위기의 데판야끼 전문점이다. 철판 요리 외에도 작은 뷔페가 있어 샐러드와 디저트, 김치를 자유롭게 곁들여 먹을 수 있으니 식사 전 미리 가져다 놓으면 좋다. 메뉴를 주문하면 음식 재료들이 철판에 놓여지고 버터를 녹여 두부와 새우, 생선부터 시작해 최고급 고베큐(고베산 소고기)와 채소를 구워 주는데, 특히 고기를 구울 때 알코올을 이용한 불 쇼가 큰 볼거리다. 인기 있는 런치 세트는 스테이크, 치킨, 쉬림프 구성의 알파 콤보와 스테이크, 연어, 새우 구성의 베타 콤보로 밥과 미소 장국, 샐러드 바가 포함돼 있다. 디너에는 가족 단위 고객들이 많이 보이는데 테이블과 데판야끼 스테이션으로 좌석이 구분돼 있으며 어린이 의자도 준비되어 있다.

Check!

런치 세트에 $4 추가하면 밥을 마늘 볶음밥이나 카레라이스로 제공한다. 나갈 때 다음에 사용할 수 있는 할인 쿠폰을 주기도 한다.

주소 801 Pale San Vitores Road, Tamuning **전화** 671-649-2333 **시간** 런치 11:30~14:00, 디너 18:00~22:00, 바 17:00~22:00(해피아워 17:00~19:00) **가격** 런치 세트(밥, 미소 장국, 샐러드 포함) $20.95 **디너** 에피타이저 $6.95~, 하우스 스페셜 $50.95 **위치** 타무닝 피에스타 리조트 정문을 지나 리조트 왼쪽 건물 1층, 하겐 다즈 옆 / 레드 트롤리 또는 레아레아 트롤리 이용하여 홀리데이 리조트·피에스타 리조트 앞 하차 **홈페이지** www.fiestaguam.com

텐테코마이 칸다 Tentekomai Kanda

일본인에게 유명한 라멘 맛집

실제 일본 라멘집 분위기와 맛을 선보여 우리 입맛에도 잘 맞는다. 인기 메뉴는 라멘과 교자, 덴푸라이다. 라멘은 6가지 종류가 있는데 진하게 우린 돼지고기 육수로 만든 돈코츠 라멘, 미소 라멘, 간장으로 국물을 낸 소유 라멘이 우리 입맛에 가장 잘 맞는다. 모둠 튀김인 덴푸라는 가격대가 높지만 일본 튀김 특유의 고소함을 보여 주며 교자는 속은 촉촉하고 겉은 바삭하게 잘 구워 나온다. 시원한 소바와 간단히 먹을 수 있는 롤을 부담 없는 가격에 즐기기에도 좋다.

주소 The Plaza, 1225-1275 Pale San Vitores Road, Tumon Bay **전화** 671-647-7878 **시간** 07:00~22:00 **가격** 소금 라멘 $8.95, 간장 라멘 $8.95, 미소 라멘 $9.95 **위치** 투몬 호텔 로드 더 플라자 쇼핑센터 2층 텐데코마이 구내 / 레드 트롤리 또는 레아레아 트롤리 이용하여 아웃리거 · 더 플라자 하차 **홈페이지** en.guamramen.com

한식

외국 요리가 입에 잘 맞지 않거나 짧은 여행 기간에도 한식이 그리운 사람들을 위한 한식당도 괌에서 적지 않게 찾아 볼 수 있다. 시원하게 속을 풀 수 있는 라면과 국물 요리, 가정식 느낌의 식당부터 괌 현지인들도 선호하는 치킨집까지! 한국 교민이 운영하는 곳이라 타지에서 우리네 정을 느끼며 먹는 한 끼가 될 것이다.

엉클 심스 라면 Uncle Sim's Ramen

속 풀리는 라면 집

얼큰한 한국 라면과 김치, 단무지까지 맛볼 수 있는 집이다. 호텔 주방장 출신의 일류 요리사가 선보이는 한중일 퓨전 스타일의 매운 라면, 김치 라면, 치킨 라면 등 라면만 10가지이며 소바와 우동, 스시, 초밥, 교자와 일본식 도시락 벤토에 이르기까지 다양한 요리를 맛볼 수 있다. 요리사는 외국인이지만 한국인 부부가 운영하기 때문에 한글 메뉴판이 있는 등 우리 정서에 맞는 서비스와 음식을 제공받을 수 있다. 투몬에서도 중심부에 위치해 늦은 시간 야식으로 먹기에도 안성맞춤이고 가게 내에서 와이파이 사용도 가능하다.

주소 415 Chalan San Antonio Road Ste 101-196, Tamuning **전화** 671-646-6567 **시간** 12:00~02:00 **가격** 김치 라면 $10.75, 해물 짬뽕 $12, 새우 볶음밥 $9.95, 꽃게 볶음 $33.95, 마늘 · 쇠고기 양념의 가지 스튜(밥 1공기 포함) $14.50 **위치** 샌드캐슬과 하얏트 리젠시 괌 맞은편 상가 1층 / 레드 트롤리 또는 레아레아 트롤리 이용하여 하얏트 리젠시 건너편 하차

서울 정 Seoul Jung

국물 요리가 그리울 때

부모님을 동반했거나 단 하루에도 한식만을 고집하는 여행자라면 투몬 중심부에 있는 한국 음식점들을 방문해 보자. 서울 정은 오랫동안 다양한 국물 요리를 선보여 많은 이들의 한국 음식에 대한 갈증을 해소해 준 곳이다. 특히, 전골 메뉴를 추천하며 기본 반찬 외 채소는 별도 주문한다.

주소 881 Pale San Vitores Road, Tumon **전화** 671-647-0075 (예약 시 픽업 가능) **가격 런치** (메인 메뉴+찌개 혹은 냉면 + 공깃밥) $17, 김치 찌개 $17, 돌솥 비빔밥 $17, 버섯 전골 $40~, 곱창 전골 $40 **시간** 월~토 런치 11:00~14:00, 매일 디너 17:30~22:00 **위치** 투몬 호텔 로드 홀리데이 리조트 앤 스파 M층(중 2층) / 레드 트롤리 또는 레아레아 트롤리 이용하여 홀리데이 리조트 · 피에스타 리조트 앞 하차 **홈페이지** www.holidayresortguam.com

세종 世宗 Sejong Restaurant

코리안 스타일 바비큐를 즐기고 싶을 때 추천하는 레스토랑

우리 교민이 운영하는 유명한 한식 전문점으로 한국인과 일본인 단체 관광객은 물론 현지인도 즐겨 찾는다. 좌석은 코타츠 스타일의 룸과 파티 룸으로 260석이 준비돼 있으며 30년 이상 경력의 노하우를 자랑하는 셰프가 한국에서 공수한 식재료로 맛있는 요리를 제공하고 있다. 외국인도 선호하는 돌판 갈비가 명성대로 먹음직스럽고 레몬즙을 뿌려서 먹는 조기 구이와 깔끔한 냉면도 맛있다. 점심에는 불고기, 비빔밥 등으로 간단히 식사하고, 저녁에는 갈비와 육회, 곱창 전골, 해물탕 등과 한국 주류를 더해 일행과 함께 풍성한 식사를 즐길 수 있다. 마치 한국의 여느 고기 집과 같은 흥겨운 분위기를 자아낸다. 주말에는 디너 타임만 운영한다.

Check!

달러, 엔화, 여행자 수표 및 신용카드로 결제가 가능하고 홈페이지에서 한정 쿠폰을 받을 수 있다. 단체 예약 시 무료 송영 서비스를 제공한다.

주소 Marine Corps Drive Lot 5163-3, Tamuning **전화** 671-649-5556~9, 671-777-6253(휴대폰) **시간** 런치 11:00~15:00, 디너 17:00~22:00 / 주말은 디너만 운영 **가격 런치** $9~, **디너** $13~, **코스**(생 갈비, 갈비, 우설, 전골, 파전 등) 1인분 $30~50 **위치** 타무닝 1번 도로, 남부 하갓냐 방면으로 K마트 경유해 왼쪽 **홈페이지** www.guamsejong.com

초원 Chowon

꾸준한 인기의 오래된 한식당

교민들과 관광객이 즐겨 찾는 한식 전문 로컬 레스토랑이다. 특히 한국 연예인들이 많이 방문해 벽면에 사진이 가득 걸려 있다. 인기 메뉴 갈비는 달고 짭쪼름한 양념 갈비로 밥과 곁들여 먹는데 외국인에게도 꽤 인기 있는 메뉴이다. 김치 찌개도 칼칼하니 한식이 그리울 때 한번쯤 먹을 만하다.

주소 267 Chalan San Antonio Road, Tamuning **전화** 671-646-3269 **시간** 11:15~21:30, 일요일 휴무 **가격** 양념 갈비 $23, 고등어구이 $16, 김치 찌개 $12, 된장 찌개 $12 **위치** 타무닝 챌런 샌 안토니오 로드에서 GPO 직전에 오른쪽의 코스트 유 레스(Cost U Less) 옆 / 레드 트롤리(투몬 셔틀, 쇼핑 셔틀, GPO↔레오 팔레스 셔틀, 하갓냐 셔틀) 또는 레아레아 트롤리 이용하여 GPO 하차 후 도보 5분

썬더 치킨 Thunder Chicken

바삭바삭한 치킨

한창 물놀이를 하고 맥주 한잔이 생각나는 밤에 바비큐도 좋지만, 간편하게 먹을 수 있는 바삭한 치킨이 그리울 때 찾기 좋은 곳이다. 한국인이 많이 이용하는 퍼시픽 아일랜드 클럽(PIC) 맞은편에 위치해 방문하기도 편하다. 한국의 치킨 맛을 그대로 담고 있어서 더욱 반가운데, 외국인 입맛에도 잘 맞아 다양한 국적의 손님으로 북적거린다. 투몬 내 호텔에서 전화로 $30 이상 주문하면 배달 가능하다.

주소 Carlrose Tumon Plaza, 588 Pale San Vitores Road, Tamuning **전화** 671-649-8088 **시간** 11:30~01:00, 일요일 17:00~01:00 **가격** 크리스피 치킨(한 마리) $22~, 크리스피 치킨(반 마리) $12, 크리스피 반+양념 반 $22, 김 가루 주먹밥 $6 **위치** 투몬 PIC 건너편 카를로즈 빌딩 1층 / 레드 트롤리 또는 레아레아 트롤리 이용하여 PIC 건너편 하차

시푸드 & 바비큐

바비큐는 고기뿐 아니라 다양한 채소, 랍스터까지 그릴에 올리기만 하면 재료 맛은 그대로 살리고 불향을 머금고 있어 남녀노소, 심지어 베지테리언이라도 입맛을 돌게 한다. 투몬 비치에 위치한 바비큐 레스토랑에서는 석양까지 감상하며 식사를 즐길 수 있다. 갑각류인 새우와 게를 맛있게 먹고 싶다면 해산물 전문 레스토랑을 방문하자.

니코 선셋 바비큐 Nikko Sunset BBQ

선셋 비치의 야외 레스토랑에서 즐기는 바비큐 파티

호텔 니코 괌의 야외 레스토랑에서는 아름다운 저녁 노을과 함께 바비큐를 구워 먹으며 폴리네시안 댄스 쇼, 불 쇼와 같은 괌의 전통 공연까지 즐길 수 있다. 호텔 뒤편의 채플 웨딩홀과 에메랄드빛 해변가를 따라 산책을 즐긴 후 본격적으로 비비큐 파티를 즐겨 보는 것은 어떨까? 립, 치킨, 해산물과 소시지, 구운 채소 등으로 구성된 바비큐에 트로피컬 메뉴를 비롯한 다양한 메뉴 중 취향대로 선택해 주문하면 된다. 어린이 메뉴는 미니 스테이크와 치킨, 점보 쉬림프, 소시지 및 구운 채소로 구성돼 있다. 모든 메뉴에 뷔페 코너가 제공되며 알레르기 반응이 있는 사람은 평소에 식사하는 재료를 지참하면 가열해 준다. 방문 예정일 최소 3일 전에 홈페이지나 전화로 반드시 예약해야 한다.

Check!
파라다이스 또는 슈퍼 프라이즈 메뉴를 성인 2~3인분 주문하면 어린이 메뉴에도 치킨, 쇼트 립과 음료가 포함된다. 또한 예약 시 무료 셔틀버스를 운행한다.

주소 Hotel Nikko Guam, 245 Gun Beach Road, Tamuning **전화** 671-647-2804, 671-649-8815 (문의는 호텔 인포 데스크 또는 호텔 니코 괌, 방문 예약 필수) **시간** 바비큐 18:30~20:30, 쇼 타임 19:30~20:10(18:30에 회장 앞으로 올 것), 연중무휴 **가격** 트로피컬 메뉴(음료 불포함) 1인 $58~, 파라다이스 메뉴(치킨, 쇼트립, 음료, 맥주 포함) $70~, 슈퍼 프라이즈 메뉴(소고기 안심살, 하프 랍스터 테일, 치킨, 쇼트립, 음료, 맥주 포함) $82~, 어린이 메뉴 $33~ **위치** 투몬 만 건 비치 로드 호텔 니코 괌 1층 비치 사이드 / 레드 트롤리 또는 레아레아 트롤리 이용하여 호텔 니코 괌 하차 **홈페이지** www.nikkoguam.co.kr

세일즈 바비큐 Sail's BBQ

해변가에서 즐기는 셀프 바비큐

투몬 비치 바로 앞에 위치해 황홀한 저녁 노을의 바다에서 여유로움을 만끽하며 왁자지껄한 분위기에서 바비큐를 즐길 수 있는 곳이다. 한국어 메뉴판이 준비돼 있으며 음식을 실내와 야외에 설치된 데크 테이블의 숯불에 직접 구워 먹는다.

바닷가재, 안심·등심 스테이크, LA 갈비, 닭다리살, 생굴 및 오징어와 채소, 랍스터 꼬리, 킹 크랩, 새우와 생선으로 구성된 1인 기준 다양한 세트 메뉴를 비교적 저렴한 가격에 맛볼 수 있다. 세트 메뉴를 이용하면 밥과 모닝 롤, 과일과 샐러드 등으로 간단히 구성된 샐러드 바와 생맥주가 무제한 제공되고 소다 음료수와 아이스티가 전부 포함되어서 더욱 매력적이다.(모든 테이블이 예약제로 운영되며 취소 수수료는 예약일 100%, 예약일 이전 50%가 부과된다.)

주소 152 San Vitores Lane, Tumon **전화** 671-649-7760, 671-649-6262(17:00 이후) **시간** 아침 06:30~10:30, 디너 1부 18:00~19:30, 2부 19:45~21:15(각각 폐점 15분 전 주문 마감) **가격** 어린이 바비큐 $20, 세일즈 바비큐 $52, 세일즈 프라임 바비큐 $58 **위치** 투몬 호텔 로드 더 플라자와 리프 호텔 사이의 골목 안쪽 나나스 카페 뒤편 / 레드 트롤리 이용하여 웨스틴·리프 하차 또는 레아레아 트롤리 이용하여 리프 호텔 정면 하차 / 예약 시 무료 셔틀 이용 가능 **홈페이지** www.guamplaza.com/sails-bbq

차모로 바비큐 & 시푸드 Chamorro B.B.Q & Seafood

사교성 좋은 사장님이 반기는 곳

여행자와 현지인들이 맛집으로 꼽는 알찬 음식점으로 쇼핑 후 방문하기 좋은 곳에 위치한다. 부담없는 예산으로 여럿이 함께 푸짐한 양의 음식을 즐길 수 있으며 바비큐 전문점답게 치킨, 립, 데리야끼 치킨, 소갈비 등의 다양한 종류가 준비돼 있다. 바비큐 콤보를 주문하면 간장과 식초에 약 3~4시간 재우고 석쇠에 구워 내오는 립과 치킨을 동시에 맛볼 수 있다. 크랩 콤보 플래터는 최고의 인기 메뉴로 칼집을 내어 먹기 좋게 손질한 게와 홍합, 새우를 푸짐하게 올려 볶아낸 뒤 크림 소스를 넉넉하게 곁들인 차모로 라이스와 환상의 조합을 자랑한다. 스터 프라이드 쉬림프는 손질이 잘 된 새우에 레드 라이스와 감칠맛 나는 피나딘 소스가 함께 나오는데 한국인의 입맛에도 잘 맞아서 시원한 괌 맥주와 함께하면 좋다. 모든 메뉴에는 흰 밥 또는 매운 맛이 없는 차모로 라이스가 제공된다. 벽면에는 매일 바뀌는 오늘의 스페셜 메뉴가 적혀 있으니 참고하자.

주소 Chamorro B.B.Q. & Seafood, Pale San Vitores Road, Tamuning **전화** 671-647-0177, (카카오톡 : ILOVEGUAM) **시간** 16:30~23:00, 수요일 휴무 **가격** 바비큐 프라이드 $13.95~, 시푸드 $15.99~ **위치** 투몬 리프 앤 올리브 스파 리조트 건너편, JP 슈퍼스토어 옆 / 레드 트롤리(투몬 셔틀, T 갤러리아↔K마트 셔틀) 또는 레아레아 트롤리 이용하여 JP 슈퍼스토어 앞 하차

나나스 카페 Nana's Cafe

해산물과 고기 모두 즐기고 싶을 때

이름은 카페지만 시푸드, 스테이크를 비롯해 퓨전 요리를 제공하는 레스토랑이다. 캐주얼 복장으로 낮에는 바로 옆의 투몬 비치에서 아름다운 전망을 즐길 수 있으며 저녁에는 은은한 조명 아래 동남아 풍 분위기에서 식사를 할 수 있다. 단품 메뉴도 있지만 바닷가재와 크랩을 비롯한 시푸드와 스테이크 등 세트로 구성된 메뉴를 비교적 합리적인 가격에 다양하게 맛볼 수 있다. 인기 메뉴로는 바삭바삭한 새우에 크림이 올려진 허니 프라이드 쉬림프, 연어 스테이크, 안심 스테이크 등이 있다. 런치 타임의 메인 요리에는 간단한 샐러드 바가 포함된다. 바비큐를 주문하면 야외의 세일즈 바비큐로 안내한다.

Check!
런치 타임 일반 메뉴에는 샐러드와 밥이 포함돼 있고, 셰프 추천 메뉴엔 납작한 피타 빵이 추가로 제공된다. (디너 타임 셰프 추천 메뉴도 동일)

주소 152 San Vitores Lane, Tumon **전화** 671-649-7760, 671-649-6262, 6264(디너 예약 시 무료 픽업 가능) **시간** 아침 06:30~10:30, 런치 11:00~14:00, 디너 18:00~22:00, 연중무휴 **가격** 아침 $10~, 런치 $15.50~, 디너 $28.50~, 키즈 메뉴 $7.95, 디저트 $3.95~ **위치** 아웃리거와 리프 호텔 사이 골목 안쪽 세일즈 바비큐와 나란히 위치 / 레드 트롤리 이용하여 웨스틴 · 리프 하차 또는 레아레아 트롤리 이용하여 리프 호텔 정면 하차 **홈페이지** guamplaza.com

---

비치 인 쉬림프 Beachin' Shrimp

통통한 새우의 향연

시원한 저녁이면 아담한 야외 테라스에서 괌 한정판 맥주 미나코프 한잔과 함께 음식을 즐기는 사람들을 쉽게 볼 수 있다. 내부는 테이블과 바로 구분되며 새우 전문점답게 아기자기한 새우 그림들로 꾸며져 있어 경쾌하고 밝은 느낌을 준다. 식전 빵은 리필이 되며 대표 메뉴인 비치 인 쉬림프는 빵, 쌀밥 등 원하는 사이드를 곁들일 수 있다. 감바스 알 아질로는 마늘이 듬뿍 올려진 특제 소스에 찍어 먹는 스페인 스타일의 인기 메뉴로 취향에 따라 스파이시 수준을 조절할 수 있다. 고구마 튀김 위에 통통하게 올려져 나오는 바삭한 식감의 코코넛 쉬림프와 소스에 찍어 먹는 캘리포니아 쉬림프 롤도 즐겨 보자. 식사 시간에는 만석인 경우가 많기 때문에 미리 방문해 대기자 리스트에 등록한 다음 주위 쇼핑몰을 구경하고 돌아오는 방법을 추천한다. 메뉴를 소포장 주문해 가는 서비스는 유료로 제공된다. PIC 맞은편에 2호점이 있다.

주소 The Plaza 1F, 1255 Pale San Vitores Road, Tumon Bay **전화** 671-642-3224 **시간** 일~목 · 공휴일 10:00~22:00, 금~토 11:00~23:00, 연중무휴 **가격** 프렌치 빵 또는 파스타를 곁들인 비치 인 쉬림프 $17.99, 캘리포니아 쉬림프 롤 $11.99, 감바스 알 아지로 $16.99, 코코넛 쉬림프 $17.99 **위치** 투몬 T 갤러리아 건너편 더 플라자 1층 / 레드 트롤리 또는 레아레아 트롤리 이용하여 아웃리거 · 더 플라자 하차 **홈페이지** theplazaguam.com

패밀리 레스토랑

가족이 식사를 하기 편리한 편의시설들이 잘 갖춰진 레스토랑이다. 아이를 위한 의자, 키즈밀에 스테이크부터 해산물, 파스타, 피자, 채소 볶음, 디저트, 칵테일, 커피까지 다양한 메뉴를 즐길 수 있다. 다양한 패밀리 레스토랑이 위치하고 있으니 일부러 먼 곳을 찾아 가기 보다는 숙소와 쇼핑몰 근처 등 이동을 고려해 가까운 곳을 미리 체크해 두자.

캘리포니아 피자 키친 Califonia Pizza Kitchen

담백한 화덕 피자를 선보이는 레스토랑

캘리포니아의 분위기가 물씬 느껴지고 전 세계 문화를 담아 새롭게 재해석한 요리를 선보이는 레스토랑이다. 세계 각국의 다양한 재료와 소스들을 피자, 파스타, 샐러드, 애피타이저로 탄생시켰다. 노란색을 중심으로 한 인테리어는 식사하는 내내 밝은 기운을 받을 수 있다. 특히 큰 오픈 키친과 대형 화덕이 있어 조리 과정을 눈으로 지켜볼 수 있는 재미도 쏠쏠하다. 인기 있는 메뉴는 아보카도가 올라간 피자와 시푸드 파스타, 디저트인 레드 벨벳 케이크이다. 맛도 괜찮고 접근성이 좋은 패밀리 레스토랑이어서 인기가 높다. 어린이를 위한 수제 피자 만들기 교실도 있으니 CPK 괌 공식 페이스북을 참고해 보자.

Check!
홀리데이 리조트에 숙박하면 할인 쿠폰을 받을 수 있다.

주소 Holiday Resort Guam, Lower Lobby, 881 Pale San Vitores Road, Tumon **전화** 671-647-4888, 671-647-4888, 4777(호텔 픽업 무료) **시간** 일~목 11:00~22:00, 금~토 11:00~23:00, 연중무휴 **가격** 시푸드 파스타 $16.99, 오리지널 BBQ 치킨 피자 $14.99, 마가리타 피자 $13.99, 스페셜 샐러드 $12.99~, 디저트 $7.99~ **위치** 투몬 호텔 로드의 홀리데이 리조트 앤 스파 괌 1층 로비 / 레드 트롤리 또는 레아레아 트롤리 이용하여 홀리데이 리조트 하차 **홈페이지** www.cpk.com/locations/tumon-bay, www.facebook.com/CPKGuam(페이스북)

카프리초사 투몬 Capricciosa Tumon

이탈리안 패밀리 레스토랑

투몬 중심가 호텔에서 가까워 가족 여행자들에게 특히나 사랑받는 곳이다. 일본 거점의 이탈리안 레스토랑 '카프리초사' 브랜드로 일본 전역에 100여 개, 사이판과 남태평양 지역에도 지점이 있다. 캐주얼한 분위기로 정통 이탈리아 음식보다 자극이 적어 한국인 입맛에 잘 맞는다. 메뉴판 가격을 보고 놀

랐다면 음식의 양에 한 번 더 놀랄 것이다. 셋이서 메뉴 2개만으로도 충분하고, 둘이서 애피타이저와 파스타 하나만 주문해도 충분하다. 시금치와 새우가 들어간 팬네 파스타와 마가리타 피자가 잘 어울리며 디저트인 티라미수는 특히 맛이 좋다. 로열 오키드 호텔과 아가냐 쇼핑센터에도 지점이 있다.

주소 2F Pacific Place Guam , 1411 Pale San Vitores Road, Tumon **전화** 671-647-3746 **시간** 11:00~22:00, 크리스마스 휴무 **가격** 피자 $15.90~, 파스타 $21.90~, 시푸드 스파게티 $32.90, 비프 라자냐·스페셜 $22.90~, 셰어링 플래터 $79.90~, 모든 메뉴의 하프 사이즈 주문 가능 **위치** 투몬 북부 롯데 호텔, 웨스틴 호텔 건너편의 퍼시픽 플레이스 괌 2층 / 레드 트롤리 또는 레아레아 트롤리 이용하여 퍼시픽 플레이스 앞 하차 **홈페이지** www.capricciosa.com

토니 로마스 투몬점 Tony Roma's Tumon

바비큐 립 전문 패밀리 레스토랑

미국식 정통 바비큐 립을 푸짐하게 먹고 싶을 때 좋은 패밀리 레스토랑이다. 다양한 립 부위와 그에 걸맞는 양념을 폭넓게 선택해 먹는 재미가 있다. 립에 붙어 있는 고기도 넉넉하고 뼈와 잘 분리돼 먹기 편하다. 디저트로 오레오 튀김과 함께 나오는 아이스크림은 칼로리 폭탄이지만 달콤함이 일품이다. 아가냐 쇼핑센터 지점은 조금 더 로컬 레스토랑 분위기가 난다.

주소 626 Pale San Vitores Road, Tumon **전화** 671-646-0017 **시간** 11:00~22:00 **가격** 오리지널 베이비 백립(반) $17, 비프 립(반) $18.99, 치폴레 치킨 샐러드 $16, 모히토 $7.99 **위치** 투몬 호텔 로드 홀리데이 피에스타 리조트 건너편 로열 오키드 호텔 1층 / 레드 트롤리 또는 레아레아 트롤리 이용하여 홀리데이 리조트 건너편 하차 또는 T 갤러리아 익스프레스(B코스) 이용하여 로열 오키드 하차 **홈페이지** www.tonyromas.com

아웃백 스테이크하우스 Outback Steakhouse

남녀노소 입맛에 무난한 패밀리 레스토랑

호주를 테마로 하는 스테이크 하우스로 스테이크가 주 종목이나 치킨, 립, 샐러드, 해산물, 파스타도 맛이 뒤지지 않는다. 괌에서 제공하는 메뉴도 우리나라와 거의 비슷하지만 기본 제공되는 부시맨 브레드는 훨씬 고소하고 부드러우며 스테이크의 육질이 좀 더 진득하고 깊이가 있다. 다양한 메뉴 가운데 애피타이저인 코코넛 쉬림프와 티 본 스테이크와 립이 가장 인기가 많다. 키즈 메뉴가 잘 준비돼 있고 사이드로 주문하는 밥도 우리나라 식당의 공기밥처럼 가득 나온다.

주소 2F Pacific Place Guam, 1411 Pale San Vitores Road, Tumon **전화** 671-646-1543(픽업 불가) **시간** 11:00~22:00, 추수감사절·크리스마스 휴무 **가격** 런치 콤보 $6.99~, 코코넛 쉬림프 $11.99 **위치** 타무닝 호텔 로드의 웨스틴 호텔 근처 퍼시픽 플레이스 괌 2층 / 레드 트롤리 또는 레아레아 트롤리 이용하여 퍼시픽 플레이스 앞 하차 **홈페이지** www.outback.com

칠리스 Chilis

강렬한 맛의 멕시칸 요리와 칵테일이 반기는 곳

들어서는 순간 이색적인 조명과 인테리어가 눈에 띄고 그릴 향이 코를 자극한다. 샐러드에 올라가는 고기에도 그릴 자국이 있어 채소와 함께 불향 가득한 식사를 할 수 있다. 멕시칸 요리의 기본인 토티야칩도 바구니 가득 가져다 주는데 구아콰몰을 추가 주문해서 함께 먹으면 칠리스의 화려한 칵테일과 잘 어울린다. 토티야에 직접 그릴에 구운 채소와 고기, 새우를 싸 먹는 파히타는 여럿이 먹기에 좋고, 간단한 케사디아나 타코로도 맛있고 든든한 식사를 할 수 있다. 찬란한 햇빛 아래서 알찬 일정을 보내고 휴식을 취하기에 좋은 레스토랑이다.

Check!

18:00~22:00까지 제공하는 무료 송영 버스로 저녁 식사와 GPO 일정을 함께 진행해 보자.

주소 225 Chalan San Antonio Road, Tamuning **전화** 671-648-7377 **시간** 11:00~22:00, 연중무휴 **가격** 런치 $8.99~10.99, 파히타 트리오 $26 **위치** 타무닝 GPO 앞 / 레드 트롤리(투몬 셔틀, 쇼핑 셔틀, GPO ↔ 레오 팔레스 셔틀, 하갓냐 셔틀) 또는 레아레아 트롤리 이용하여 GPO 하차 **홈페이지** www.chilistogo.com

루비 튜스데이 Ruby Tuesday

버거가 맛있는 패밀리 레스토랑

1972년 영업을 시작해 전 세계에 진출했으며 한국에서도 몇 년간은 만나 볼 수 있었다.

스테이크와 백립, 랍스터가 대표적인 메뉴이며 괌의 소문난 버거집들 못지않게 맛있는 고기와 싱싱한 채소로 가득 채운 수제 버거와 신선한 샐러드 바도 좋다. 애피타이저로 또띠아 칩과 다양한 파스타 메뉴를 추천하며, 특히 한국인의 입맛에 잘 맞는 소스들이 주를 이뤄 편안한 식사를 즐길 수 있다.

주소 197 Chalan San Antonio Drive, Tamuning **전화** 671-647-7829 **시간** 10:30~23:00, 평일 런치(11:00~15:00), 해피 아워(16:00~18:00, 21:00~23:00) **가격** 루비 클래식 버거 $13.29, 루비 치즈 버거 $12.49, 스테이크 $19.99~, 루비 립 $21.99, 샐러드 바(1인) $12.99(메뉴에 추가 시 $6.99) **위치** 타무닝 GPO 바로 앞. 18:00부터 22:00까지 무료 호텔 픽업 및 드롭 제공 / 레드 트롤리(투몬 셔틀, 쇼핑 셔틀, GPO ↔ 레오 팔레스 셔틀, 하갓냐 셔틀) 또는 레아레아 트롤리 이용하여 GPO 하차 **홈페이지** www.rubytuesday.com

킹스 King's

푸짐한 아침 식사가 매력적인 레스토랑

이른 아침부터 식사를 하기 위해 이곳을 많이 찾아온다. 우리나라에서 유행하는 브런치 메뉴는 대부분 취급하는데 가격 거품이 없고, 양은 훨씬 더 푸짐하다. 호텔 조식을 선택하지 않은 여행자라면 이른 아침부터 영업하는 킹스에서 아침을 든든히 먹고 힘차게 하루의 여행 스케줄을 시작해 보자. 현지인들로 가득한 경우가 대부분이고, 괌에서는 술자리 마지막 코스로 인기가 있어 늦은 시간에도 북적이는 것이 일상적이다.

주소 199 Chalan San Antonio Suite 200, Tamuning **전화** 671-646-5930 **시간** 24시간 **가격** 조식 에그 스크램블 $6.99, 차모로 볶음밥 $10.49, 블루베리 팬 케이크 $8.59, 커피 또는 아이스 티 $2.99, 주스 $3.99 **위치** 타무닝 GPO 바로 옆 / 레드 트롤리(투몬 셔틀, 쇼핑 셔틀, GPO ↔ 레오 팔레스 셔틀, 하갓냐 셔틀) 또는 레아레아 트롤리 이용하여 GPO 하차

애플비 Applebee's

귀여운 사과 모형이 반기는 곳

30년 역사의 미국 캐주얼풍 패밀리 레스토랑이다. 현재 미국 본토 49주와 해외 18개국 2,000개의 매장을 운영하고 있다. 괌 애플비는 오픈한 지 얼마 되지 않아 내부도 깔끔하고 서비스도 특별하다. 메뉴판에 '별 사과'는 애플비 추천 메뉴, '연두 사과'는 550칼로리 이하, '붉은 사과'는 매운 메뉴라는 표시이다. 런치 메뉴도 가성비가 뛰어나다. 신선한 샐러드가 가득한 샐러드 바와 진한 풍미의 립, 두툼한 버거까지 모든 재료가 조화롭고 매콤하고 새콤한 시즐링 메뉴는 한국인 입맛에도 잘 맞는다.

주소 353 Chalan San Antonio, Tamuning **전화** 671-648-2337 **시간** 일~목 11:00~23:00, 금~토 11:00~24:00 (해피아워 월~토 17:00~폐점) **가격** 샐러드 바 $9.99, 런치 세트 $25~45, 케사디아 버거 $10.69 **위치** 타무닝 GPO 옆 / 레드 트롤리(투몬 셔틀, 쇼핑 셔틀, GPO↔레오 팔레스 셔틀, 하갓냐 셔틀) 또는 레아레아 트롤리 이용하여 GPO 하차 **홈페이지** www.applebees.com

처키 치즈 Chuck E.Cheese's

어린이 멀티 게임 공간 겸 피자 레스토랑

미국은 물론 괌 현지에서 생일 파티 장소로 유명한 유아 및 어린이 전용 오락실로 눈높이에 맞춘 여러 가지 게임과 타고 노는 시설들이 설치돼 있다. 한쪽에서는 피자, 치킨, 샐러드, 음료수 등이 준비된 스낵바가 있어서 간편한 식사도 가능하다. 입장 시 보호자와 아이 손목에 같은 넘버의 스탬프를 찍어 주고 두 사람의 넘버가 매치되어야 퇴장할 수 있어 미아 발생을 방지한다. 게임은 음식 주문 없이 전용 토큰으로 교환 후 이용할 수 있고, 게임을 끝내고 나오는 티켓은 정산 후 장난감 코너에서 장난감으로 교환할 수 있다.

주소 235 Pas Street, Tamuning **전화** 671-647-4544 **시간** 일~목 10:00~21:00, 금~토 10:00~22:00 **가격** 피자·소프트 드링크·게임 토큰 세트 $20~50, 모든 게임이 가능한 토큰 $10~40, 샐러드 바 $8.99~ **위치** 타무닝 GPO 푸드 코트 출구 옆 건물 **홈페이지** www.chuckecheese.com

 **뷔페**

쾌적한 분위기에서 아이들과 함께 전 세계 음식을 즐길 수 있는 뷔페는 그야말로 파라다이스다. 한 자리에서 애피타이저부터 디저트까지 자신의 취향대로 골라 먹을 수 있다는 장점이 있다.

팜 카페 Palm Cafe

시간마다 다른 메뉴와 분위기의 베스트 브런치 뷔페

커다란 창밖으로 아웃리거의 야외 풀을 전망할 수 있어서 시원한 느낌이 드는 카페 겸 뷔페 스타일의 레스토랑이다. 아웃리거 리조트의 투숙객은 이곳에서 조식을 제공받는다. 남태평양의 따뜻한 햇살을 받고 잘 자란 신선한 채소와 과일 샐러드, 각양각색 해산물 요리와 한국인의 취향에 맞는 메뉴들로 구성된 아시안 퓨전 스타일의 뷔페로 즉석에서 만들어 주는 파스타와 바삭하고 노릇한 새우 튀김, 디저트로 레드 벨벳과 녹차 롤 케이크도 있다. 일본 스타일의 런치 뷔페는 합리적인 가격의 스시와 회, 철판 구이와 좋아하는 재료를 선택해 직접 요리해 먹는 샤브샤브 메뉴가 제공돼 인기가 있다. 디너 뷔페에는 통 돼지 바비큐를 비롯해 풍성한 메뉴로 든든한 한 끼 식사가 가능하고, 라이브 공연을 관람하고 느긋하게 칵테일도 음미할 수 있다.

Check!
14:00부터 17:00까지 리조트 로비의 뱀부 바에서 팜 카페의 메뉴를 주문해 즐길 수 있다.

주소 Outrigger Guam Beach Resort, 1255 Pale San Vitores Rd., Tumon Bay **전화** 671-649-9000(예약전화나 로비의 컨시어지) **시간 조식** 06:30~10:00 **런치** 11:00~14:00 **디너** 17:00~22:00 **선데이 브런치** 10:30~14:00 **가격 조식** 성인 $26, 어린이(만 5~12세) $17, 만 5세 미만 무료 **런치** 성인 $25 **디너** 성인 $38 **위치** 플레저 아일랜드 내 아웃리거 리조트와 연결된 더 플라자 2층 **홈페이지** www.outriggerguam.co.kr

레스토랑 & 라운지 메인 Restaurant & Lounge Main

월드 뷔페 레스토랑

쇼핑 후 식사하기에 편리한 레스토랑으로 3개의 상징적인 대형 벽화가 장식된 아늑한 분위기의 해변가 테이블에서 투몬 바다와 아름다운 선셋을 감상할 수 있다. 조식, 중식, 석식 타임별로 로컬 푸드부터 일식, 양식, 바비큐와 디저트에 이르기까지 80여 가지 다양한 월드 뷔페 메뉴가 제공된다. 메인의 로스트 비프 스테이크(Roast Beef Steak Lounge)와 베이커리 섹션, 즉석에서 만들어 주는 야끼소바·에그 스테이션이 인기 있다. 디너 타임에는 로스트 비프를 제공하고 흥겨운 차모로 아일랜드 댄스 쇼를 선택 관람할 수 있다. (쇼 타임 매일 18:45~19:15)

Check!
디너 타임에 맥주, 와인, 스파클링 와인과 칵테일이 120분 제한으로 무한 제공된다. (변동 가능)

주소 1317 Pale San Vitores Road, Tamuning **전화** 671-646-6246 **시간** 조식 07:00~10:00, 런치 11:00~14:00, 댄스 쇼 포함된 디너 18:00~22:00, 음료 포함된 디너만 19:30~22:00 **가격 조식** 뷔페 성인 $20, 어린이 $12 **런치** 성인 $19, 어린이 $12 **디너**(댄스 쇼 + 바비큐 뷔페) 성인 $42, 어린이 $15 **디너**(댄스 쇼 제외) 성인 $32, 어린이 $15 / 음료 포함된 식사, 3세 이하 영유아 무료 **위치** 타무닝 리프 앤 올리브 스파 리조트의 로비 아래 G층 인피니티 풀장과 이어짐 / 레아레아 트롤리 이용하여 리프 호텔 정면 하차 또는 레드 트롤리 이용하여 웨스틴·리프 하차 **홈페이지** www.main-guam.com

파인 다이닝

왁자지껄한 바비큐도 불향이 입맛을 돋우는 데판야끼도 괌에서 만나는 정든 한식도 모두 다 좋지만 좀 더 분위기 있는 곳에서 기념하고 싶은 순간이 있다면 파인 다이닝 레스토랑을 추천한다.

테이블 35 Table 35

바다 전망의 동서양 퓨전 레스토랑

현지인에게 인기 있는 맛집으로 멋진 인테리어와 시시각각 바뀌는 높은 천정의 샹들리에가 세련되고 미니멀한 분위기를 자랑한다. 안심 스테이크, 연어 스테이크, 랍스터, 파스타, 브루스게타, 양갈비, 샐러드와 디저트에 이르기까지 가격도 맛도 만족스러운 식사 메뉴를 갖추고 있고 시즌별 새로운 메뉴를 선보인다. 패티가 두툼한 수제 햄버거와 감자 튀김에 맥주 한잔을 즐기기에도 좋고 전

용 와인고에 보관된 여러 종류의 신선한 와인을 글라스로 마실 수 있다. 금요일과 토요일 저녁 8시 30분에는 라이브 공연을 즐길 수 있으니 참고하자.

주소 665 S. Marine Drive, Tamuning **전화** 671-989-0350 **시간** 런치 11:00~15:00, 디너 17:30~22:00, 일요일 19:30~22:00 **가격** 런치 샌드위치 $9.95~, 블루버거·파스타 $11.95~, 메인 코스 $14.9~ / 디너 파스타 치킨 펜네 $13.75~, 케이준 스모크드 치킨 앤 쉬림프 $16.75, 메인 코스 $19.95~, 어린이 메뉴 $6.95 **위치** 타무닝 사우스 마린 드라이브의 퍼스트 하와이안 뱅크, 론스타 스테이크 하우스 옆 **홈페이지** www.table35guam.com

파파스 Papa's

분위기 좋은 파인 다이닝

투몬 시내에서 벗어나 조용하면서 한적한 분위기 좋은 레스토랑을 찾는다면 파파스가 제격이다. 레스토랑은 주말에 라이브 무대가 열리는 바와 음식과 와인을 즐길 수 있는 공간으로 나뉘며 통유리창 밖의 테라스에도 앉을 수 있는 자리가 마련돼 있다. 해변가 석양도 좋지만 파파스에서 투몬 시내의 화려한 불빛이 만들어 내는 야경을 보는 것도 이채로운 경험이 될 것이다. 대부분의 고객이 가족 단위나 커플로 이뤄져 있어 단란한 분위기가 느껴지고 직원들의 서비스와 음식도 가격 대비 괜찮은 편이다. 재즈 공연이 자주 펼쳐지는 토요일과 일요일이 특히 인기 있으며 창가에 앉기를 원한다면 미리 예약하자.

주소 807 Rt 10A Tiyan Parkway East (Airport Road), Barrigada **전화** 671-637-7272 **시간** 디너(화~토) 17:00~22:00, 해피 아워 17:00~19:00, 선데이 브런치 10:00~14:00 **가격** 파파스 버거 $14, 시푸드 스파게티 $20, 스테이크 $34~, 시그니처 칵테일 $6.95~ **위치** 투몬에서 1번 도로를 타고 10A 공항 도로로 진입하면 만나는 괌의 유일한 지하도 바로 옆 건물, 공항에서 차로 3분 거리 **홈페이지** www.facebook.com/PapasGuam

디저트 & 카페

쇼핑몰과 호텔 대부분이 집결된 투몬·타무닝에서 의외로 카페 찾기가 쉽지 않다. 로컬 커피 브랜드와 하와이 팬케이크 전문 브런치 카페가 선전하고 있고 유럽 최고급 초콜릿 카페와 코나 커피숍도 일부 쇼핑몰에 입점해 있다.

에그 앤 띵스 괌 Eggs'n Things Guam

팬케이크 전문 브런치 카페

1974년 하와이에서 창업한 팬케이크 전문점이다. 브런치 카페로도 유명해 브레이크 타임 외에는 대부분 웨이팅이 있다. 점포 밖에서 주문 접수를 하고 대기 후 내점하며 내부에 간단한 기념품 숍이 있어 잠깐 구경하기에 좋다. 인기 메뉴인 스페셜 세트에는 휘핑 크림을 곁들인 딸기, 바나나 또는 파인애플 팬케이크와 음료 두 잔은 공통이며 A는 오믈렛, B는 포르투갈 소시지, 라이스 또는 감자를 곁들인 달걀로 구성되어 있다. 에그 앤 띵스에서는 바닐라향이 살짝 나는 두툼하고 푸짐한 팬케이크에 슈가 파우더를 솔솔 뿌려 달콤함을 더한다. 기본적으로 곁들이는 휘핑 크림과 디저트처럼 먹거나 햄, 샐러드와 함께 브런치 세트로 먹으면 한 끼 식사로도 손색이 없다.

주소 1317 Pale San Vitores Road, Tamuning **전화** 671-648-3447 **시간** 07:00~14:00, 16:00~23:00 **가격** 스트로베리 휘핑 크림 팬케이크 $13, 에그 베네딕트 $13.50, 스페셜 세트(2인분) $28.50~ **위치** 타무닝 호텔 로드 리프 호텔 바로 앞, T 갤러리아에서 대각선 방향 / 레드 트롤리 이용하여 웨스틴·리프 하차 또는 레아레아 트롤리 이용하여 리프 호텔 정면 하차 **홈페이지** www.eggsnthings.com

더 포인트 The Point

괌에서 즐기는 스타 벅스 커피

괌에 정식 스타 벅스는 없지만, 스타 벅스 원두를 취급하는 카페 중 한 곳이 쉐라톤 호텔 1층의 더 포인트이다. 창가 자리에서 호텔의 수영장과 작은 호수, 바다가 한눈에 들어오는 전망을 즐기며 낮에는 라구나 버거, 케이크, 파이 및 스타 벅스 커피와 함께한다. 밤에는 호텔에서 선보이는 기타 연주 등의 라이브 공연을 관람하며 다양한 와인 컬렉션을 음미할 수 있다. 감미로운 음악이 흐르는 카페의 편안한 소파 의자에 앉아 창밖의 드넓은 파란색 물결을 응시하면서 낮 시간 동안 여유롭게 티 타임을 갖기도 좋다. 한 켠엔 아이들을 위한 장난감도 구비돼 있다.

주소 470 Farenholt Avenue, Tamuning **전화** 671-646-2222 **시간** 08:00~22:30 **가격** 라구나 버거 $15.50, 아이스 커피 $4.50, 아이스 라떼 $5.25 **위치** 타무닝 쉐라톤 라구나 호텔 1층 로비 라운지 / 레드 트롤리 또는 레아레아 트롤리 이용하여 쉐라톤 라구나 괌 하차 **홈페이지** www.sheratonguam.co.kr

돌세 프루티 젤라테리아 Dolce Frutti Gelateria

오리지널 이탈리안 젤라또

풋사과가 생각나는 그린 컬러의 어닝과 인테리어가 돋보이는 돌체 프루티는 괌에서 제대로 된 이탈리안 젤라또 맛집으로 사랑을 받고 있는 곳이다. 사계절 내내 더운 곳이기 때문에 시원한 젤라또가 인기 있는 건 당연하겠지만 스콜이 내려 쌀쌀해지고 공기가 습한 날에도 발길이 끊이지 않는다. 쇼 케이스 안에는 먹음직스럽게 쌓아 올린 각양각색의 젤라또가 진열되어 있는데 라임과 코코넛이 인기 있다. 페레로로쉐 맛, 헬로키티 맛, 트윅스 맛, 스니커즈 맛처럼 흥미로운 이름 때문에 고르기가 힘들다면 시식하고 결정하면 된다. 원하는 사이즈 및 콘과 컵을 선택해 주문 가능하며 다양한 맛을 즐기고 싶다면 $10의 엑스트라 라지 사이즈 네 가지 맛을 고른다. 젤라또가 들어간 스무디, 쉐이크, 아보카도와 모히토 민트, 스트로베리 라임 등의 이탈리안 소다 음료도 갖추고 있다.

주소 1255 Pale San Vitores Road, Tumon Bay **전화** 671-649-9866 **시간** 일~목 10:00~22:00, 금~토 10:00~23:00 **가격** 피콜로(스몰/1스쿱) $3.75, 미디오(미듐/2스쿱) $5.75, 그란데(라지/3스쿱) $7, 젤라또 쉐

이크 $6.50, 젤라또 스무디 $5.50 **위치** 투몬 중심 T 갤러리아 건너편 더 플라자 괌 쇼핑센터 플라자 1층 / 레드 트롤리 또는 레아레아 트롤리 이용하여 아웃리거·더 플라자 하차 **홈페이지** theplazaguam.com

요거트 랜드 Yogurtland

셀프 서브 요거트 아이스크림 바

무설탕, 무첨가, 무지방 디저트로 유명하며 취향대로 토핑을 선택할 수 있는 요거트 아이스크림 바이다. 매장에 들어서면 우선 컵을 들고 아이스크림 맛을 선택해서 직접 컵에 돌돌 말듯 담아 넣으면 된다. 가장 인기 있는 프로즌 요거트와 망고 요거트는 본연의 맛이 담백하고 좋아서 그 자체만으로도 괜찮다. 토핑을 중요하게 생각한다면 처음에 아이스크림을 컵의 80% 이하로 담아야 적당하다. 그리고 쇼케이스로 가서 원하는 과자, 젤리, 견과류 등을 얹고 저울에 무게를 달아 가격을 매긴다. 알록달록하고 다양한 맛의 토핑을 얹으면 정말 예쁘긴 하지만 이것저것 고르다 보면 가격이 상당하게 나올 수 있으니 조절하는 것이 좋다.

주소 267 Chalan San Antonio Road, Tamuning **전화** 671-648-9595 **시간** 일~목 11:00~22:00, 금~토 11:00~23:00 **가격** 1온스(약 28g)당 59센트 **위치** 타무닝 GPO 옆, 코스트 유 레스 구내 / 레드 트롤리(투몬 셔틀, 쇼핑 셔틀, GPO ↔ 레오 팔레스 셔틀, 하갓냐 셔틀) 또는 레아레아 트롤리 이용하여 GPO 하차 후 도보 5분 **홈페이지** www.yogurt-land.com

포트 오브 모카 Port of Mocha

분위기 좋은 로컬 카페

다양한 커피가 있는 커피 전문점이다. 커피와 어울리는 디저트는 가성비 좋은 컵 케이크와 알록달록한 마카롱, 쿠키, 향긋한 시나몬 롤이 있으며 추천 메뉴는 오레오와 생크림이 올라가 달콤하고 부드러운 오레오 케이크이다. 가벼운 식사 메뉴로 파니니, 랩, 버거, 베이글과 아침 식사로 좋은 메뉴가 준비돼 있다. 커피도 기본 라떼와 아메리카노를 비롯해 향이 들어가거나 크림이 올라가는 등의 30여 가지가 있고 차이티와 스무디까지 다양한 메뉴가 있다. 괌 프리미어 아웃렛(GPO) 건너편, T 갤러리아 인근, 마이크로네시아몰과 아가냐 대성당 일대에 지점이 있으니 가까운 곳으로 방문하자.

시간 07:00~22:00, 일요일 08:00~22:00, 연중무휴 가격 아침 식사 $3.50~, 런치 또는 디너 $5.50~, 파니니 $7.95, 랩 $6.95~, 베이글 $5.5, 아메리카노 $3.15, 카푸치노 $3.85, 컵케이크 $2.90

투몬점
주소 1317 Pale San Vitores Road, Tumon 전화 671-649-2424 위치 투몬 호텔 로드 리프 호텔 건너편, 서클 K와 JP 슈퍼스토어 사이

마이크로네시아몰점
주소 1088 West Marine Corps Drive, Dededo 전화 671-637-6622 위치 마이크로네시아몰 1층 로비 / 레드 트롤리 또는 레아레아 트롤리 이용하여 마이크로네시아몰 하차

커피 비너리 The Coffee Beanery

인기 많은 커피 전문점

1976년 미국에 문을 연 커피 전문점으로 미국 전역에만 100개 지점이 있다. 중국, 홍콩, 태국 등의 해외에도 20개 이상의 매장을 보유하고 있다. 우리나라에도 한때 있었지만 괌에서는 대중적인 인기에 힘입어 5개의 지점이 있다. 선물용으로 좋은 클래식 커피와 100% 아라비카 커피는 샌드위치, 머핀과 잘 어울린다. 퍼시픽 플레이스 커피 비너리 한쪽 벽면에 시리얼과 견과류 통이 있어서 아침 식사나 디저트로 담아서 먹기에 편하다. 마이크로네시아 몰과 파운틴 플라자, 하갓냐에도 지점이 있다.

주소 1141 Pale San Vitores Road, Tumon 전화 671-647-0104 가격 아이스 아메리카노 $3.20, 아이스 라떼 $4, 샌드위치 $7, 샐러드 $6.50 시간 일~목 08:00~22:00, 금~토 08:00~23:00 위치 투몬 롯데 호텔, 웨스틴 호텔 건너편 퍼시픽 플레이스 1층 / 레드 트롤리 또는 레아레아 트롤리 이용하여 퍼시픽 플레이스 하차 홈페이지 www.coffeebeanery.com

호놀룰루 커피 컴퍼니 Honolulu Coffee Company

코나 커피 전문점

하와이 빅아일랜드 코나 지역에서 생산돼 전 세계적인 사랑을 받는 코나 원두의 하와이 최대 브랜드 카페가 바로 호놀룰루 커피 컴퍼니이다. 괌에서는 고소하면서도 톡 쏘는 코나 원두 커피도 많이 마시지만 부드러운 생크림과 달콤한 시럽이 곁들여지는 팬케이크가 인기 만점이다. 케이크, 쿠키, 스콘, 마카롱의 디저트도 있으며 선물용으로 좋은 드립 커피와 100% 코나 원두 커피도 있다. 투몬 샌즈 플라자점은 1층 중앙 로비에 위치해서 쇼핑 후의 휴식처와 만남의 장소로 유용하며 더 플라자, T 갤러리아에도 지점이 있다.

주소 1082 Pale San Vitores Road, Tumon 전화 671-649-8870 시간 10:00~22:00, 연중무휴 가격 코나크림 팬케이크 $10.95, 스콘 $3.25, 케이크 $5.50~, 아이스 커피 M $3.50, L 4.50 / 기념품 100% 코나 드립 팩(100% Kona Drip Packs) $17.95, 100% 코나 틴(100% Kona Tin) $22.95~56.95 위치 투몬 호텔 로드 하얏트 리젠시 괌 건너편, 투몬 샌즈 플라자 1층 중앙 로비 / 레드 트롤리(투몬 셔틀, 하갓냐 셔틀) 또는 레아레아 트롤리 이용하여 투몬 샌즈 플라자 하차 홈페이지 www.honolulucoffee.com

인퓨전 Infusion Coffee & Tea

로컬 브랜드 커피 전문점

인퓨전은 식사 대용으로 좋은 크레이프와 오트밀을 비롯해 시원한 프라페와 과일 주스, 요거트 스무디, 커피와 차는 물론 다양한 컵케이크를 디저트로 함께 선보인다. 총 4개 지점 가운데 최대 규모인 타무닝점은 로컬 분위기가 강한 카페인데 1층은 다소 협소하지만 2층은 테라스와 파라솔이 있어 여유롭게 햇살을 피해 아이스 커피와 달콤한 디저트를 즐길 수 있다. 타무닝점 한정으로 선보이는 피자 메뉴도 있다.

주소 1023 Marine Corps Dr., Tamuning **전화** 671-646-0263 **시간** 일~목 06:00~22:00, 금~토 06:00~24:00 **가격** 마가리타 피자(타무닝점 한정) $9.50, 크레이프 $6.75, 컵케이크 $2.50, 요거트 스무디 $4.75, 과일 주스 $4.75, 아메리카노(s) $2.25, 카페라떼(s) $3.25 **위치** 투몬에서 1번 도로를 타고 남부로 직진하다 알루팡 비치 클럽 나오기 전, 동양 식당 건너편 2층 건물 / 레아레아 트롤리(화·목·토 아가냐 쇼핑센터 코스) 이용하여 인퓨전 타무닝 하차 **홈페이지** www.facebook.com/InfusionGuam

차 타임 Chatime

버블티 전문점

2005년에 대만에서 시작한 버블티 전문 브랜드로 캐나다, 미국, 호주, 뉴질랜드, 태국, 싱가포르, 우리나라 등 세계 전역에 프랜차이즈를 두고 있다. 가장 기본인 차 타임 펄 밀크티와 타로 펄 밀크티가 인기 있으며, 펄을 제외한 밀크티, 타로밀크티, 우롱밀크티도 모두 맛이 좋다. 주문은 메뉴명과 원하는 얼음의 양(거의 없음, 50%, 100%), 당도(0%, 30%, 50%, 70%)를 선택한다. JP 슈퍼 스토어 1층에 있어 쇼핑 전후에 달콤한 버블티로 목을 축이기에 좋다. 마이크로네시아몰과 아가냐 쇼핑센터에도 지점이 있다.

주소 1310 Pale San Vitores Road, Tamuning **전화** 671-648-7272 **시간** 09:00~23:00 **가격** 버블티 $3.95, 스무디 $4.95, 밀크 티 $4.25 **위치** 타무닝 JP 슈퍼 스토어 1층 / 레드 트롤리(투몬 셔틀, T 갤러리아↔K마트 셔틀버스) 또는 레아레아 트롤리 이용하여 괌 플라자 · JP 슈퍼스토어 앞 하차

고디바 카페 Godiva Chocolatier Cafe

더위도 날려 버릴 달콤한 음료

유럽의 최고급 초콜릿 브랜드 고디바의 다크 초콜릿 데카당스와 화이트 초콜릿 스트로베리는 꽤 인기 있는 음료이다. 특히 초콜릿 고디바는 칼로리가 높은 디저트가 드문 괌에서 단맛이 그리울 때 대안이 된다. 온종일 물놀이나 쇼핑으로 지쳤을 때 시원하고 진한 초콜릿 음료로 피로를 날려 보자. 선물용 초콜릿은 가끔 할인 행사도 진행하는 건너편 T 갤러리아에서 구입하는 것이 합리적이다.

주소 1296 Pale San Vitores Road, Tumon 전화 671-647-0069 시간 10:00~23:00 가격 모든 음료 $6 위치 투몬 호텔 로드 T 갤러리아 건너편, 더 플라자 쇼핑센터 1층 / 레드 트롤리 또는 레아레아 트롤리 이용하여 아웃리거·더 플라자 하차

시나본 Cinnabon

향긋하고 달콤한 시나몬 롤 전문점

꽤나 큰 아웃렛의 통로마다 시나몬 향이 계속 감돈다. 쇼핑 목표량을 적당히 달성하는 순간 가게 앞으로 모이는 건 어른이나 아이나 마찬가지다. 달콤한 디저트를 싫어하는 사람이라면 간단히 음료만 마시기에도 좋지만, 계피(시나몬)를 싫어하지 않는다면 시나몬 롤을 꼭 한번 먹어 보길 추천한다. 시나몬 클래식 롤은 반죽 사이사이에 계피 설탕을 발라서 오븐에 구운 후에 자득하고 달콤한 크림 치즈를 토핑으로 얹은 기본형인데, 한 입 넣는 순간 기력이 보충된다. 더 달콤한 맛을 원한다면 카라멜 드리즐과 고소한 피칸이 올라간 카라멜 피칸본을 주문하면 된다. 마이크로네시아몰의 메이시스 1층에도 지점이 있다.

주소 199 Chalan San Antonio Suite 200, Tamuning 전화 671-646-2667 시간 10:00~21:00 가격 시나본 클래식 $4, 카라멜 피칸본 $4.50, 아이스 아메리카노(R) $2.95 위치 타무닝 첼런 샌 안토니오 로드 GPO 내 홈페이지 www.cinnabon.com

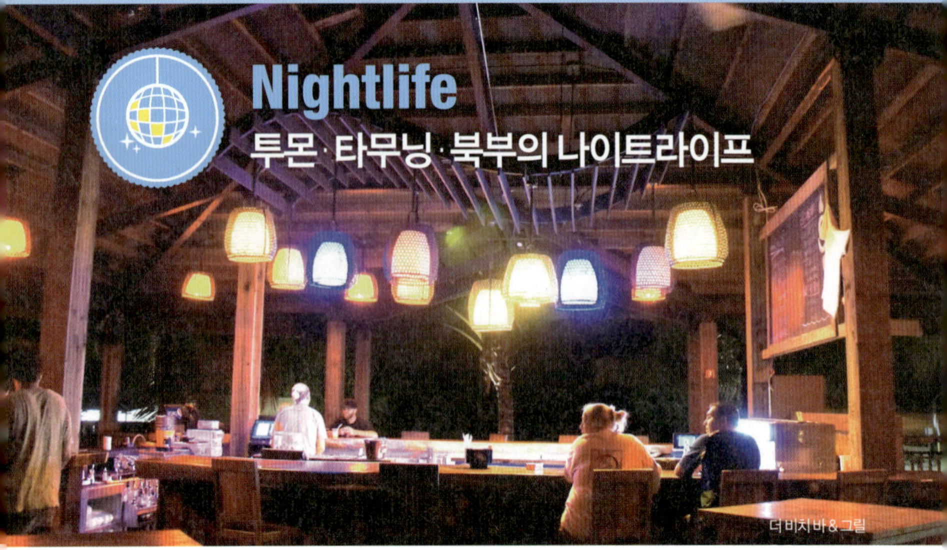

Nightlife
투몬·타무닝·북부의 나이트라이프

더 비치 바 & 그릴

액티비티와 쇼핑, 관광을 즐기느라 바쁘게 보냈다면 저녁에는 전망 좋은 라운지에서 하루를 여유롭게 마무리하는 것은 어떨까. 개성 있는 음색을 자랑하는 보컬의 노래를 듣거나, 편안한 분위기의 바에서 칵테일 한잔! 그래도 아쉬운 마음이 든다면 새벽까지 오픈하는 클럽을 방문해 보자.

🍸 라운지 & 바

더 비치 바 & 그릴 The Beach Bar & Grill

괌의 로맨틱한 비치 바

투몬 만 북부의 건 비치 해변가에 있는 오픈 바로 로맨틱한 오렌지빛 석양을 받으며 라이브 밴드의 공연을 관람하고 간단한 식사를 하며 휴식을 취할 수 있는 곳이다. 낮에는 여유롭게 비치볼을 할 수 있는 공간이 있으며 저녁에는 야외 테이블에서 일몰을 감상하며 식사와 칵테일을 즐길 수 있다. 무알코올 칵테일 리스트가 구비돼 있고 버킷에 캔 맥주가 가득 담겨 나오는 메뉴가 인기! 오후 6시에는 차모로 원주민의 쇼와 셀프 바비큐 디너를 즐길 수 있는 더 비치 바비큐 디너쇼 패키지도 준비돼 있다. 밤에는 라이브 공연을 볼 수 있고 비 오는 저녁에는 로맨틱한 분위기가 한층 더 무르익는다. 바다와 가까운 테이블에 앉고 싶다면 사전 예약을 하는 것이 좋고 더 비치 바비큐 & 쇼의 예약 손님에게는 주요

호텔과 리조트를 연결하는 셔틀버스를 운행하기 때문에 미리 픽업 시간을 확인해 두는 것이 좋다.

Check!

음식 서빙 시간(12:00~21:00)과 해피 아워(평일 16:00~19:00)를 체크하고, 트롤리 버스 이용자는 막차 시간을 주의하자.

주소 1199 Pale San Vitores Rd., Tumon **전화** 671-649-7253, 671-646-8000(디너쇼 예약) **시간** 11:00~02:00, 평일 런치 스페셜 11:00~15:30, 더 비치 바비큐 & 쇼 17:45~(쇼 한정 19:00~, 수·일 휴무), 데일리 스페셜(월~수) 19:00~ **가격 스페셜 패키지**(음료 2잔, 간단한 스낵 제공) 성인 $28~, 어린이 $16~ **더 비치 바비큐 디너 쇼**(교통비 포함) 성인 $85~, 어린이 $45~ **쇼 한정** 성인 $45, 어린이 $25 **단품** 로디드 나초 $12, 비치 바 버거 $14, 맥주 $5~, 클래식 칵테일 $9 **위치** 호텔 니코 괌에서 도보 5분, 건 비치 로드 비포장 도로로 진입해서 만나는 해변가 / 레드 트롤리 이용하여 더 비치 바 & 컬쳐 파크 하차 또는 레아레아 트롤리 이용하여 더 비치 앞 하차 **홈페이지** www.guambeachbar.com/kr

톱 오브 더 리프 Top of the Reef

로맨틱한 분위기와 전망 좋은 스카이라운지 바

리프 호텔의 최고층 18층에 위치한 스카이라운지 바로 창가의 테이블에서는 투몬 만의 아름다운 노을과 로맨틱한 야경이 한눈에 들어온다. 주류를 즐길 수 있는 바와 느긋하게 휴식을 취할 수 있는 라운지로 구분되고 흡연실도 별도로 마련돼 있어 쾌적하다. 럼 주에 오렌지 주스와 파인애플 주스를 더한 오리지널 칵테일 투몬 선셋을 비롯해, 보드카 베이스에 레몬 모듈을 맞춘 블루 라군 등의 50종류가 넘는 다양한 칵테일과 와인, 맥주가 준비되어 있다. 라이브 공연이 펼쳐지는 주말에는 방문자가 평소보다 많으니 조금 일찍 방문하자.

Check!

매일 해피 아워(18:00~20:00)에는 무료 애피타이저가 제공되는 프리미엄 맥주와 글라스 와인을 저렴한 가격에 제공한다.(유동적이니 홈페이지 확인)

주소 18F Guam Reef Hotel, 1317 San Vitores Rd., Tumon **전화** 671-646-6881 **시간** 매일 18:00~24:00(만 17세 이하 ~22:00), 정기 휴무 없음 **가격** 오리지널 칵테일 투몬 선셋 $9.50~, 칵테일 $8~ **위치** 투몬 호텔 로드 JP 슈퍼스토어 맞은편 리프 & 올리브 스파 리조트 비치 타운 18층 / 레아레아 트롤리 이용하여 리프 호텔 정면 하차 **홈페이지** guamreef.com

뱀부 바 Bambu Bar

투몬의 아름다운 경관과 함께 칵테일 한잔

동양적인 인테리어의 바로 통유리를 통해 투몬의 아름다운 경관을 바라보며 다양한 트로피컬 칵테일을 맛볼 수 있다. 14:00부터 17:00까지는 팜 카페 메뉴를 주문해 먹을 수 있고, 저녁 시간에는 다채롭게 구성된 라이브 공연을 감상하며 편안한 한때를 보낼 수 있다.

주소 Outrigger Guam Resort, 1255 Pale San Vitores Rd., Tumon 전화 671-649-9000 (팜 카페 예약) 시간 일~목 10:00~23:00, 금~토 10:00~24:00 가격 칵테일 $8~ 위치 T 갤러리아 건너편 아웃리거 괌 비치 리조트 3층 / 레드 트롤리 또는 레아레아 트롤리 이용하여 아웃리거 · 더 플라자 앞 하차 홈페이지 www.outriggerguam.co.kr

트리 바 Hilton Tree Bar

풀사이드의 야외 바

열대 휴양지의 분위기를 살린 야외 캐주얼 바이다. 간단한 샌드위치부터 스테이크까지 폭넓게 구성된 메뉴로 식사가 가능하고 가벼운 무알코올 음료부터 맥주, 와인, 데킬라 등의 다양한 주류도 구비돼 있다. 오후 17:30부터 시작되는 해피 아워에는 합리적인 가격으로 식사를 할 수 있고, 18:00부터 수준 높은 차모로 전통 댄스 공연과 바비큐 파티를 함께 즐길 수 있다. 주말에는 라이브 공연도 펼쳐진다.

주소 Hilton Guam Resort & Spa, 202 Hilton Rd., Tumon 전화 671-646-1835 시간 일~수 11:00~22:00, 목요일 11:00~23:00, 금~토 11:00~24:00, 해피 아워 17:30~19:00, 쇼 19:00~, 연중무휴 가격 메인 $14~, 사이드 $4~, 샌드위치 $14~, 피자 $12~, 샐러드 $12~, 리퀴드 칵테일 $11, 아이스 음료 $11, 맥주 $5~, 트로픽스 바비큐 디너쇼 성인 $62~(어린이 $30~) 위치 투몬 호텔로드 힐튼 괌 리조트 내 풀사이드 / 레드 트롤리 또는 레아

레아 트롤리 이용하여 힐튼 하차 홈페이지 www.hilton-guam.co.kr

🍸 클럽

글로브 Globe

괌에서 가장 붐비는 클럽

괌의 클럽 가운데 위치가 좋고 사람이 가장 붐비는 곳은 역시 글로브이다. 만 18세 이상 입장이 가능해 반드시 신분증을 지참해야 한다. 확인 후 종이 팔찌를 착용하고 입장해야 하며, 21세 이상의 성인만 알코올 음료를 구입할 수 있다. 보통 23:00 이후에 피크 타임이 시작되며 춤출 수 있는 공간 외에도 시가와 칵테일을 즐길 수 있는 맨하튼 바, 노래방 시설이 있는 벨벳 룸, 포켓볼과 스포츠 중계를 즐길 수 있는 스틱스 빌리어드와 야경을 조망할 수 있는 LA 테라스 등의 시설이 있다. 샌드캐슬에 글로브가 포함돼 있는 플랜이 있어 두 곳을 함께 이용할 수도 있다.

주소 1199 Pale San Vitores Rd., Tumon 전화 671-

646-8000 / 649-7263(예약 필수, 예약 시 호텔 송영 서비스) 시간 20:00~02:00, 연중무휴 가격 입장료(음료 포함) $30 위치 T 갤러리아 건너편, 하얏트 리젠시 괌 방면의 플레저 아일랜드 샌드캐슬 내 / 레드 트롤리 또는 레아레아 트롤리 이용하여 샌드캐슬·하얏트 리젠시 하차 홈페이지 kr.guam-bgtours.com

더블유 W Pub

젊은이들의 열기로 가득한 클럽

호텔 로드 중심의 블루 라군 플라자 골목에 위치해 아이리시 스포츠 펍 몰리스(Molly's)와 디스코 라운지 루트 66(Route 66)을 즐길 수 있는 인기 스폿이다. 화려한 미러 볼 장식과 감각적인 사이키 조명 아래 파워풀한 뮤직 사운드에 맞춰 춤을 추는 젊은이들의 열기가 가득하다. 나이트 클럽 겸 펍인 더블유의 진면목은 잠을 잊은 젊은이들이 밀려드는 금요일과 주말 밤이다. 18세 이상의 성인만 입장 가능하며 여권을 비롯한 신분증 검사를 철저히 한다.

주소 Blue Lagoon Plaza, Tumon 전화 671-482-4342 시간 19:00~02:00 가격 맥주 $4~, 칵테일 $5~ 위치 투몬 호텔 로드 중심의 아칸타몰 건너편, 블루 라군 플라자 일대 몰리스와 루트 66 사이

> **Tip 괌에서 술은 트렁크에 보관**
> 괌은 미성년자의 유흥 시설 출입과 주류 구입을 엄격히 통제하고 있다. 심야 영업을 하는 투몬 대부분의 라운지 & 바, 클럽에선 18세 미만 미성년자의 출입을 금하고, 21세 이상 성인만 주류를 구입할 수 있다. 또한 음주 운전은 법으로 엄격히 금지되어 있다. 특히 주류는 차량 내에 두어서는 안 되며 반드시 트렁크에 보관해 이동해야 한다.

Shopping
투몬·타무닝·북부의 쇼핑

T 갤러리아

명품관과 유명 브랜드 숍, 쇼핑몰, 마켓 대부분이 투몬·타무닝에 집중되어 있어 접근성이 좋고 섬 전체가 커다란 면세 구역이기 때문에 대폭 할인된 가격에 쇼핑을 할 수 있어 더욱 매력적이다. 플레저 아일랜드 괌의 중심가 위주로 본다면 도보 이동으로 충분하지만 셔틀버스, 트롤리 버스의 노선을 파악해 동선을 짜면 일정을 효율적으로 관리할 수 있다. 쇼핑의 목적에 맞춰 관심 제품이 입점한 쇼핑 포인트의 영업 시간을 미리 확인해 두자.

쇼핑센터

T 갤러리아 T Galleria by DFS

투몬 중심의 대표 쇼핑몰

세계적인 면세 쇼핑점으로 기존의 DFS 갤러리아 괌에서 'Travel'의 이니셜을 따와 T 갤러리아로 이름을 바꿨다. 투몬 중심에 있지만 공항과 동일하게 면세 혜택을 받고 늦은 시간까지 여유롭게 쇼핑할 수 있다는 장점이 있다. 약 90여 개의 브랜드가 테마에 따라 패션 월드, 부티크 갤러리아, 뷰티 월드, 데스티네이션 월드로 구분돼 에르메스, 샤넬, 루이비통 등의 고가의 명품은 부티크 갤러리아, 캐주얼한 브랜드는 패션 월드, 화장품과 향수는 뷰티 월드, 괌 쿠키와 고디바 초콜릿, 원두처럼 선물하기 좋은 아이템은 데스티네이션 월드에 입점해 있다. 시즌

별로 바뀌는 인테리어와 T 갤러리아에서만 살 수 있는 아이템들은 눈여겨봐야 할 포인트이다. 매장 중

간에 소파를 비치해 쉬엄쉬엄 쇼핑하기에 좋고 호텔에서 T 갤러리아까지의 셔틀버스, 택시비를 무료로 지원한다. 한국어 응대가 가능하며 고객 편의를 위한 다양한 서비스와 프로모션으로 매혹적인 요소가 많은 곳이다.

주소 1296 Pale San Vitores Road, Tumon **전화** 671-646-9640~1, 02-732-0799(서울 사무소) **시간** 10:00~23:00, 연중무휴 **위치** 플레저 아일랜드 내, T 갤러리아 익스프레스, PIC ↔ T 갤러리아 구간 10:00~23:00 무료 셔틀 운행, 편도 택시 무료 / 레드 트롤리(투몬 셔틀, T 갤러리아 ↔ K마트 셔틀) 또는 레아레아 트롤리(호텔, 라운지 코스) 또는 T 갤러리아 익스프레스 이용하여 T 갤러리아 하차 **홈페이지** www.dfs.com/kr/guam

Tip 알아 두면 좋은 T 갤러리아 서비스

딜리버리 서비스 16:00까지 구입한 제품은 고객의 투숙 호텔까지 무료로 배달해 준다. (구입한 면세품을 공항으로 배달하는 서비스는 제공하지 않음)
계산 환전 서비스는 물론, 한화도 사용이 가능하다.
애프터 서비스 구입한 물건에 문제가 생겼을 경우에는 서울 DFS 매장에서 AS를 받을 수 있다.
무료 택시 주요 호텔의 컨시어지, 택시 기사에게 요청해 T 갤러리아까지 무료로 택시를 이용할 수 있다.

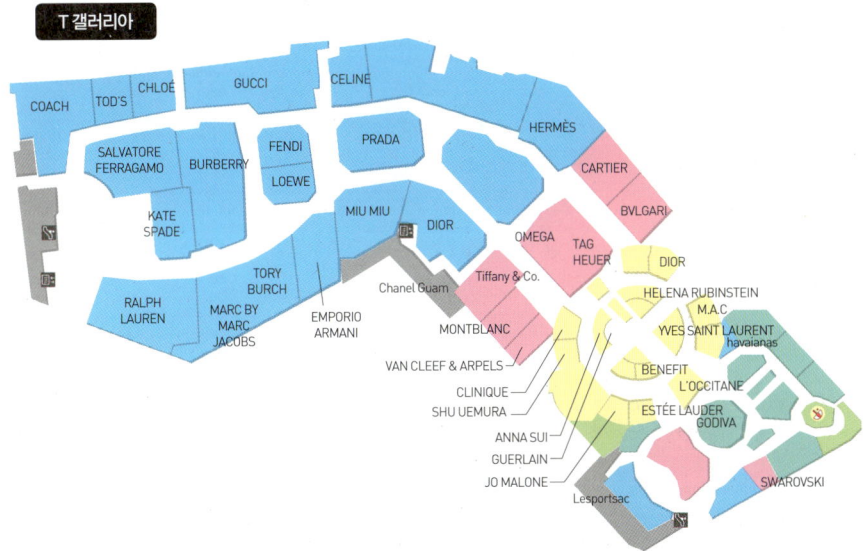

더 플라자 The Plaza

먹고 즐기기 편한 쇼핑센터

2층 규모의 더 플라자는 플레저 아일랜드에서 언더워터 월드와 아웃리거 괌 리조트까지를 연결한다. 언더워터 월드와 만다라 스파 외에는 대부분 먹고 쇼핑하기 좋은 상점으로 채워져 있다. T 갤러리아에 없는 브랜드를 만날 수 있는데, 다양한 패션 잡화 브랜드를 비롯해 스위스 시계 브랜드, 남성화가 유명한 콜한(Cole Haan), 세련되고 편안한 스타일의 독일 샌들 브랜드 버켄스탁(Birkenstock), 캐리어계의 명품 리모와(Rimowa) 등을 만날 수 있다.
또한 ABC 스토어, 아트 박스, 패션 주얼리 숍 등 다양한 품목의 브랜드가 있어 폭넓은 연령대가 공유할 수 있는 쇼핑센터이다. 시그릴 레스토랑과 하드록 카페를 비롯한 레스토랑과 바, 카페까지 약 60여 개의 상점이 입점해 있고, 와이파이가 제공된다.

입점 브랜드

시계 캐로넬 럭셔리 워치 센터(Caronel Luxury Watch Center), 롤렉스(Rolex) **패션 잡화 브랜드** 구찌(Gucci), 보테가 베네타(Bottega Veneta), 훌라(Furla), 폴리폴리(Folli Follie), 코치(Coach), 마크 제이콥스(Marc Jacobs), 마이클 코어스(Michael Kors)

주소 1225-1275 Pale San Vitores Rd., Tumon Bay **전화** 671-649-1275 **시간** 10:00~23:00(레스토랑 & 바, 언더워터 월드 제외) **위치** 투몬 T 갤러리아 건너편 아웃리거 괌 리조트와 연결 / 레드 트롤리 또는 레아레아 트롤리 이용하여 아웃리거 · 더 플라자 하차 **홈페이지** theplazaguam.com

투몬 샌즈 플라자 Tumon Sands Plaza

다양한 브랜드를 갖춘 쾌적한 쇼핑몰

T 갤러리아에서 도보 10분 거리의 면세 쇼핑몰로 알짜배기 브랜드만 모아 놓았다. 비교적 큰 규모의 매장에 독점 브랜드와 괌에서 유일한 플래그십 스토어가 입점해 있다. 독점 브랜드로는 남성에게 인기 많은 폴 스미스, 가죽을 교차시켜 패턴의 일관성을 보이는 보테가 베네타, 꾸준한 인기의 발렌시아가, 지방시와 라코스테 등이 있으며, 티파니, 루이비통, 끌로에, 코치, 마크 바이 마크 제이콥스, BCBG 막스 아즈리아 등이 입점해 있어 합리적인 쇼핑을 즐기는 쇼퍼들이 주목할 만한 최적의 환경이다. 또한 하와이 코나 커피 브랜드 호놀룰루 커피 컴퍼니와 깔끔한 일식 데판야끼 전문점 조이너스 케야키가 있어서 식사만 하러 오는 경우도 많다. 한국 여행객 안내 센터와 유모차 무료 대여 서비스로 쇼핑의 편의를 돕고 있으며 발행일 30일 이내의 유효한 쇼핑 영수증을 지참하면 인포 데스크에서 구매액에 따른 캐시백 쿠폰을 지급해 주는 스탬프 행사를 진행한다.

Check!

타무닝 지역 호텔 투숙자는 BMW 차량 무료 픽업을 인터넷이나 전화로 예약할 수 있다. 투몬 샌즈 플라자 ↔GPO 구간(PIC, 괌 관광청, 힐튼 경유)을 운행하는 노란색 무료 쇼핑 셔틀도 이용 가능하다.

주소 1082 Pale San Vitores Road, Tumon **전화** 671-646-6802 **시간** 10:00~22:00, 연중무휴 **위치** 투몬 하얏트 리젠시에서 대각선 방향 / 레드 트롤리(투몬 셔틀, 하갓냐 셔틀) 또는 레아레아 트롤리 이용하여 투몬 샌즈 플라자 하차 **홈페이지** www.tumonsandsguam.com

퍼시픽 플레이스 Pacific Place

쇼핑과 식사를 가볍게 즐길 수 있는 미니 몰

T 갤러리아에서 북서쪽으로 조금만 올라가면 깜찍한 파란 지붕을 한 쇼핑몰이 보인다. 괌 바다와 잘 어울리는 화려한 수영복 전문점 로코 부티크(LOCO Boutique)와 괌 커피 프랜차이즈 커피 비너리와 한국인이 좋아하는 패밀리 레스토랑 카프리초사, 아웃백도 입점해 있다. 퍼시픽 플레이스 내 ABC 스토어가 괌에서 가장 늦은 시간까지 영업하는 곳이라 투몬에 숙박하는 여행자가 밤 늦게 식료품을 구입하거나 새벽 비행기로 한국에 돌아갈 때 선물을 구입하기 편리하다.

주소 1411 Pale San Vitores Road, Tumon **전화** 671-969-3500 **시간** 로코 부티크 10:00~23:00, ABC 스토어 07:30~01:00, 아웃백 스테이크하우스 17:00~22:00 **위치** 타무닝 웨스틴 리조트 건너편 / 레드 트롤리 또는 레아레아 트롤리 이용하여 퍼시픽 플레이스 앞 하차 **홈페이지** www.pacificplaceguam.com

마이크로네시아몰 Micronesia Mall

괌 최대 규모의 쇼핑몰

1층에는 대형 식료품 마트인 페이레스 슈퍼마켓과 아웃렛 로스 2호점이 있으며 1, 2층 건물 일부에 미국 백화점 계열인 메이시스(Macy's)와 마이크로네시아 멀티 플렉스 극장이 있다. 1층 중앙 로비에는 실내 유원지와 같은 엔터테인먼트 시설인 펀타스틱 파크를 갖추고 있어 관광객 외에도 현지인들이 연인, 가족 단위로 즐겨 찾는다. 메이시스 백화점에는 한국인이 선호하는 캘빈 클라인, 폴로, 카터스, 갭, 랄프로렌 등 캐주얼 브랜드들이 저렴한 가격대로 입점해 있으며 뷰티 & 네일 숍, 주얼리 숍, 비타민 월드 등 120여 개의 점포가 모여 있는 괌 최대 쇼핑센터이다.

Check!

2층 중앙에 괌 최대 규모의 푸드 코트인 피에스타 푸드 코트가 있어 세계 각국의 음식을 취향대로 합리적인 가격에 즐길 수 있다.

주소 1088 West Marine Corps Drive, Dededo **전화** 671-632-8881 **시간** 10:00~21:00, 일요일 10:00~20:00 **위치** 투몬에서 1번 도로를 이용해 북부로 이동하다 16번 도로와 만나는 교차로 인근 / 레드 트롤리 또는 레아레아 트롤리 이용하여 마이크로네시아몰 하차 **홈페이지** www.micronesiamall.com

마이크로네시아몰

투몬·타무닝·북부

[Map labels:]
Ross
North Parking Garage
스시 락 Sushi Rock
Menchies Frozen Yogurt
Game Stop
Cold Stone Creamery
ABC Stores
PAPAYA Clothing
Macy's
JP Superstore
South Parking Garage
Pearl Factory
Foot Locker
LIN'S JEWELRY CO
jeans WAREHOUSE
피에스타 푸드 코트(2F) Fiesta Food Court
I Connect
Vince Jewelers
Flip Flop Shops
Folli Follie
Pay-Less Supermarket
Macy's
ORIGINAL LEVI'S STORE
데니스 Denny's
Dragon Locksmith
GAP
Vitamin World

라구나 비치 진 Laguna Beach Jean

독특하고 화려한 데님 브랜드

2007년 캘리포니아의 발랄함을 담은 고가의 프리미엄 라인으로 론칭되었다. 단기간에 할리우드의 레이디가가, 패리스 힐튼, 브리트니 스피어스 등이 착용해 유명세를 탔다. 전체적으로 스와로브스키 장식이 화려하며 라구나 비치 진의 시그니처로 뒷주머니에 해골, 나무, 독특한 자수 포인트를 활용하고 있어 화려한 비치 진의 대명사로 불리기도 한다. 독특한 디자인에 크리스탈 장식이 시선을 사로잡아 진을 입으면 자신의 신체 단점이 보완돼 최고의 핏으로 바디 라인을 만들어 준다.

전화 671-646-7711 위치 마이크로네시아몰 1F/C4(북쪽 주차장 1층의 센터 4번 출입구에서 매장으로 직결) 홈페이지 www.lagunabeachjc.com

아메리칸 주얼리 American Jewelay

패션 잡화 & 주얼리 전문점

일반적인 패션 잡화만 판매하는 것 같지만 매장에 들어서면 다양한 주얼리에 시선을 빼앗긴다. 가방과 벨트는 굉장히 이색적이고 톡톡 튀는 데 반해 보석은 은은한 디자인이 많다. 예물에 좋은 진주 목걸이, 진주 반지, 이름을 넣어 커플용으로 좋은 이니셜 목걸이, 깜찍한 팬던트의 데일리용 목걸이 등 종류가 다양하며 남성도 관심을 가질 만한 여러 가지 패턴과 디자인을 입은 지포 라이터도 전시돼 있다.

전화 671-637-7711 위치 마이크로네시아몰 1F / CC 센터 코트에서 구내의 메이시스 백화점 방면

케이디 토이즈 KD Toys

큰 사이즈의 장난감이 반겨 주는 곳

이곳과 GPO 트윙클에 비슷한 종류의 장난감이 많은데 각각 진행하는 프로모션에 따라 $10 이상 가격 차이가 나기도 한다. 케이디 토이즈는 피규어 세트가 다양하고 화장대나 주방 조리대 같은 큰 모형의 장난감이 다른 곳보다 저렴하다.

전화 671-632-1704 위치 마이크로네시아몰 2F/C4(북쪽 주차장 2층 센터 4번 출입구에서 매장으로 직결), 메이시스 키즈 앞

Tip 괌에서 장난감 사기

마이크로네시아몰의 케이디 토이즈(KD Toys)와 괌 프리미어 아웃렛(GPO)의 트윙클(Twinkles) 이외에도 K마트, JP 슈퍼스토어에서 장난감을 구매할 수 있다. 같은 장난감이라도 매장별로 종류가 다르고 가격 차이도 있으니 가능한 여러 곳을 둘러보자.

메이시스 괌 Macy's Guam

여성과 아이들의 눈높이를 겨냥한 미국 체인 백화점

마이크로네시아몰 내에 위치한 백화점으로 신관은 여성복 & 리빙관, 구관 1층은 남성복, 2층은 아동복으로 나뉜다. 한국인 여행자가 갭, 게스, 라코스테, 랄프로렌, 폴로 제품을 구입하기 위해 반드시 방문하는 곳인데 폴로를 공략하러 오는 경우가 대부분이다. 폴로는 랄프로렌 폴로, 로렌 바이 랄프로렌, 폴로 베이비 파트로 연령·성별로 나뉘어 있으며 가격은 한국에 비해 여아 의류의 할인율이 가장 크다. 한국의 여느 시장보다도 합리적인 가격을 자랑하는 브랜드 카터스는 우주복이 매우 저렴해서 영유아들의 옷을 모두 책임질 정도이다. 여성관에 다양하게 구비돼 있는 언더웨어의 가격은 미국 공식 홈페이지에서 직구를 할 때보다 오히려 더 비싼 편이지만 일정 금액 이상 구입한 고객에게 온라인몰에서 사용 가능한 금액권을 주는 이벤트를 열기 때문에 다른 옷과 함께 사면 보다 합리적으로 구매할 수 있다. 리빙관에는 마사 스튜어트 리빙 컬렉션, 옥소(OXO) 등의 주방용품과 미국식 팬과 냄비, 대중적인 미국 식기 브랜드 레녹스(Lenox) 등이 준비돼 있다.

전화 671-637-9416 **시간** 일~수 10:00~21:00, 목~토 10:00~21:30 / 크리스마스 휴무, 추수 감사절 18:00 오픈~다음날(블랙프라이데이) 22:00까지 영업 **위치** 마이크로네시아몰 1~2F **홈페이지** www.macys.com

Check!
쇼핑을 시작하기 전에 인포데스크에서 상시 발부하는 메이시스 10% 할인 쿠폰을 확인하자.

JP 슈퍼스토어 JP Superstore

다양한 브랜드가 모인 실속 있는 스토어

백화점과 슈퍼를 합쳐 놓은 형태로 다양한 브랜드가 모인 실속 있는 스토어이다. 대중적인 브랜드만 입점한 다른 쇼핑센터에 반해 이곳은 캐주얼부터 디자이너 브랜드, 유아동복, 장난감과 괌 기념품 코너까지 입점해 있다. 특히 남녀 패션부터 스포츠까지 폭넓은 분야의 상품을 취급해 비교적 다양한 남성 패션 브랜드도 만나 볼 수 있다. 괌 기념품 코너는 다양한 아이템을 갖추고 있으며 독점 판매하는 상품 위주로 구입하는 것이 좋다.

입점 브랜드

여성 의류 브랜드 빌라봉(Billabong), 아드리아노 골드슈미드(Adriano Goldschmied), 러브 모스키노(Love Moschino), 남성 백팩과 신발로 인기 있는 사이코 버니(Psycho Bunny), 디젤(Diesel), 메종 마틴 마르지엘라(MM6), 몽클레어(Moncler) 등

주소 1328 Pale San Vitores Road, Tumon **전화** 671-646-7803~8 **시간** 09:00~23:00, 연중무휴 **위치** T 갤러리아 괌에서 북쪽으로 5분 거리의 괌 플라자 리조트 앤 스파 옆 / 레드 트롤리(투몬 셔틀, T 갤러리아↔K마트 셔틀) 또는 레아레아 트롤리 이용하여 JP 슈퍼스토어 앞 하차 **홈페이지** www.jpshoppingguam.com

Tip 유아용품 구성이 알찬 JP 슈퍼스토어

JP 슈퍼스토어가 매력적인 이유는 바로 유아용품 때문이다. 우리나라 예비 엄마들이 좋아하는 브랜드가 입점해 있고 가격도 무난하다. 아동복은 빌라봉(Billabong), 겐조(Kenzo), 디젤(Diesel), 알마니 주니어(Armani Junior)가 대표적이고 아동용품은 가방을 취급하는 스킵합(Skip Hop), 디즈니 시계(Disney), 장난감 브랜드 멜리사 앤 더그(Melissa & Doug)와 디즈니 프린세스(Disney Princess), 신발 브랜드 록시(Roxy), 미니 멜리사(Mini Melissa) 등 규모는 작지만 알차게 구성돼 있다.

아웃렛

투몬 · 타무닝 · 북부

괌 프리미어 아웃렛 Guam Premier Outlets

괌 최대 규모의 창고형 아웃렛

한국인 관광객이 괌에서 가장 좋아하는 쇼핑 중심지인 괌 프리미어 아웃렛(GPO)은 면세가 적용돼 더욱 저렴하게 쇼핑할 수 있다. 우리가 선호하는 미국 브랜드가 모여 있는데 합리적인 가격의 여성 슈즈 나인 웨스트(NINE WEST)를 비롯해 타미 힐피거, 캘빈 클라인, 리바이스, 나이키 등과 건강 보조 식품 및 화장품을 구입할 수 있는 비타민 월드가 있다. 또한 이곳에서 빼놓지 말고 가 봐야 할 곳은 로스(Ross Dress For Less)다. 미국 브랜드 패션잡화, 생활용품까지 다양하게 판매하는데, 잘 찾아 보면 준 명품 브랜드도 파격적인 가격에 구입할 수 있다. 접근성이 좋은 트롤리와 노란색 무료 쇼핑 셔틀의 GPO 발착 시간을 체크해 두자.

10:00~20:00(극장, 숍, 레스토랑은 운영 시간 별도), 추수감사절 10:00~17:00, 12월 16일~12월 23일 10:00~23:00, 12월 24일 08:00~20:00, 12월 31일 10:00~17:00 **휴무** 크리스마스 **위치** 타무닝 첼런 샌 안토니오 로드, 타무닝 ITC 빌딩 건너편 도보 3분 거리 / 레드 트롤리(투몬 셔틀, 쇼핑 셔틀, GPO↔레오 팔레스 셔틀, 하갓냐 셔틀) 또는 레아레아 트롤리 이용하여 GPO 하차 **홈페이지** www.gpoguam.com

Check!
저렴한 식사가 가능한 푸드 코트와 투몬 샌즈 플라자 ↔GPO, 쉐라톤 무료 셔틀을 활용하자.

주소 199 Chalan San Antonio, Suite 200, Tamuning **전화** 671-647-4032 **시간** 10:00~21:00, 일요일

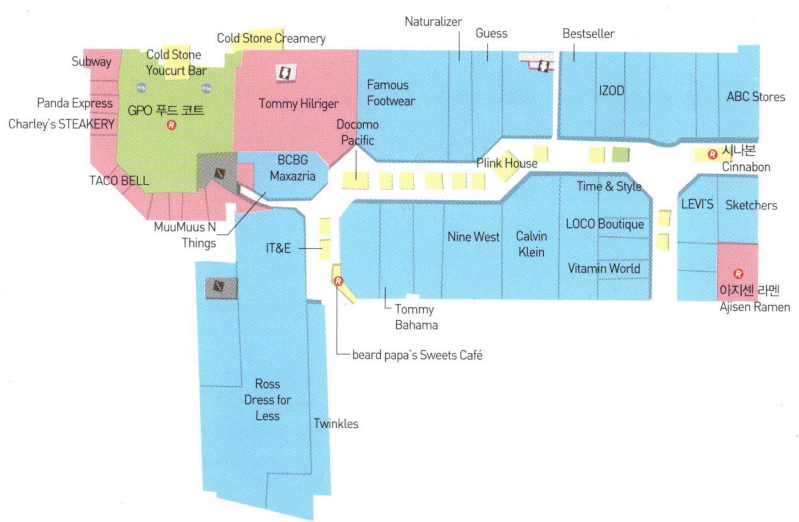

로스 드레스 포 레스 Ross Dress For Less

GPO에서 반드시 들러야 할 아웃렛 매장

인기 패션잡화와 주얼리, 장난감, 캐리어 등 다양한 품목을 섹션별로 분류해 판매한다. 매장 대비 많은 물품이 진열돼 복잡하지만 뜻밖의 행운처럼 좋은 아이템을 구할 수 있는 보물 상자같은 곳이다. 최저가로 득템하기 좋은 품목은 캐리어와 운동화이다. 신발과 일반 옷은 원하는 디자인이라도 맞는 사이즈를 찾기 어려울 수 있다. 하지만 한국보다 크게는 80~90%까지 저렴하게 구입할 수 있으니 핫 딜 아웃렛 매장임은 분명하다. 한국인 관광객에게 인기 있는 유아용품과 패션 브랜드는 물품이 입고되는 평일 심야 시간, 한가한 아침 시간대를 공략해 쇼핑하자. 여권 사본과 영수증을 지참하면 물품의 환불도 가능하다. 마이크로네시아몰에 2호점이 있다.

전화 671-647-7677 **시간** 06:00~01:30 **위치** GPO #29 **홈페이지** www.rossstores.com

타미 힐피거 Tommy Hilfiger

트렌디 스타일 브랜드

1990년대 우리나라에서 유행처럼 큰 인기를 누리다가 한동안 잠잠해지더니 최근에 다시 아동복을 위주로 사랑받기 시작했다. 어른 옷보다는 아이들 옷의 세일 폭이 더 크며 남자아이 옷이 디자인 종류도 많고 예뻐서 쇼핑할 품목이 많다. 타미 힐피거의 해외 직구 경험자는 메일로 받는 매장 할인 쿠폰을 사용하고, GPO 인포 데스크에서 받은 쿠폰을 적용하면 더 저렴하게 쇼핑할 수 있다.

전화 671-969-1310 **위치** GPO #2 (마이크로네시아몰에도 입점)

나인 웨스트 NINE WEST

20~30대 여성들에게 인기 많은 브랜드

기본 디자인의 신발을 선보여 어디서든지 두루두루 신기 편하다. 해외 직구가 일반화됐지만 옷이나 신발은 직접 입고 신어 봐야 자기 것을 찾기가 쉽고 한 켤레씩 살 수도 있다. 미국 공식 홈페이지보다 저렴하게 살 수 있는 여름 슈즈를 중심으로 공략해 보자.

전화 671-647-6463 시간 10:00 ~ 21:00, 크리스마스 정기 휴무 위치 GPO 캘빈 클라인 옆, #25

트윙클 Twinkles

어린이 천국 키즈 잡화점

매장에 들어서면 밖에서 보는 것과 달리 생각보다 큰 규모에 한 번, 취급하는 품목이 다양해 또 한 번 놀라게 되는 곳이다. 입구 앞 장난감 뽑기부터 대부분은 장난감으로 구성돼 있는데 미국 바비 인형, 스폰지 밥, 마블 영화사의 스파이더 맨 등 우리나라 어린이들이 좋아하는 캐릭터가 많다. 유아를 위한 가벼운 유모차, 유아 튜브와 간단한 물놀이용품 등이 있기 때문에 한국에서 미처 챙겨 오지 못한 것들을 구입할 수 있다. 미국 초등부 교재 수준의 영어 책은 영어 공부하는 어린이의 선물로 안성맞춤이다.

전화 671-647-6557 위치 GPO 로스 입구 왼쪽, #29

포에버 21 FOREVER 21

합리적인 가격의 SPA 브랜드

미국 캘리포니아 주 로스앤젤레스에 본사를 두고 세계로 진출한 SPA 브랜드로 창업자 및 경영자가 한국계 미국인으로 잘 알려진 포에버 21은 우리나라보다 오히려 외국에서 더 인기가 많다. 괌에는 2015년 3월 오픈했으며 괌 쇼핑몰 중에 가장 최근에 오픈한 만큼 매장이 넓고 쾌적하다. 휴양지에서 활용하기 좋은 20~30대 여성 패션잡화가 다양하며 맨즈, 키즈 코너도 있다. 세계적으로 유행하는 패션 경향을 빠르게 도입해서 우리나라 지점보다 트렌디한 패션 상품이 많고 가격도 저렴한 편이기 때문에 쇼핑해 볼 만하다.

주소 Forever 21 Clothing Store, Pas St., Tamuning 전화 671-969-7160, 671-969-7162 시간 일~목 10:00~22:00, 금~토 10:00~23:00 위치 괌 프리미어 아웃렛 건너편 파스 스트리트 타무닝, 킹스 옆(GPO와 주차장 공유) 홈페이지 www.forever21.co.kr

> **Tip** 괌에서 종종 마주치는 까라바오(Carabao)
> 괌의 야생 물소 까라바오는 차모로 문화의 중요한 상징이다. 그래서 전통 문화 체험장에서 물소 타기 체험도 많이 진행한다. GPO 앞에는 실물 크기의 까라바오 모형에 다양한 패턴 디자인의 옷을 입혀 놓았으며 괌 공항 롯데 면세점에서도 이러한 까라바오 캐릭터를 만나 볼 수 있다.
>

더 홈 디포 괌 타무닝 The Home Depot Guam

괌 국제공항 주변에 위치한 DIY 인테리어 재료점

집안의 어떤 인테리어 문제도 해결할 수 있는 숍의 내부에는 열쇠점, 도구 대여소와 주방 전시장이 있다. DIY(Do It Yourself) 인테리어 용품의 설치 및 수리 서비스와 점포 내 무료 와이파이 서비스를 제공하며 인테리어 페인트, 수도 꼭지 설치, 기본 전기 기술 등의 실용적인 워크 숍 프로그램도 운영 중이다.

한편, 주택 개선용 건축자재를 제외한 제품들을 면밀히 살펴보면 소품들만 하더라도 우리나라 공구 상가를 집합해 놓은 듯이 모두 갖춰져 있어 보는 재미가 있다.

외부에서는 최근 국내에서도 붐이 일고 있는 가드닝 제품을 저렴한 가격에 만날 수 있다.

주소 295 Chalan Pasaheru, Tamuning 전화 671-648-0440 시간 06:00~22:00, 일요일 07:00~19:00 위치 괌 국제공항 근처이나 렌터카를 이용

로터스 서프 숍 Lotus Surf Shop

서핑 용품의 모든 것

괌에서 유일한 서프 숍으로 한국인이 운영한다. 장비는 현지에서 대여할 수 있지만, 서핑에 관심이 있다면 이곳에서 다양한 제품들을 둘러보자. 주요 장비는 모양별, 사이즈별로 다양한 보드를 비롯해 래쉬가드와 셔츠, 보드와 수트를 연결하는 생명 장비인 리시코드이다. 비치용품도 대부분 준비되어 있다. 전문 강사의 서핑 레슨은 한국에서 해외여행자 보험에 가입한 후 예정일의 1~2일 전에 신청 완료해야 한다. 래쉬가드, 비치 샌들, 타올은 개인이 준비한다.

주소 1010 La Isla Plaza San Vitores Road,Tumon **전화** 671-649-4389 **서핑 레슨 예약** 671-483-1551 **시간** 10:00 ~22:00(호텔 픽업 포함한 서핑 레슨 1일 2회 약 3시간 소요) **가격** 서핑 레슨(호텔 픽업, 장비 대여료 포함) 1인 $110 **위치** 투몬 경찰서 건너편의 그랜드 플라자 호텔과 퍼시픽 베이 호텔 사이 **홈페이지** www.guamsurftrip.com

로코 부티크 LOCO BOUTIQUE

하와이에서 탄생한 여성 수영복 전문점

이효리 씨가 화보 촬영에 입어 입소문을 탄 브랜드로 귀여운 디자인의 수영복과 최신 유행의 비치웨어가 다양하게 구비되어 있어 기존 수영복과 레이어드 스타일로 매치해 보는 재미도 있다. 그 외 래쉬가드와 물 안경 등 수영에 필요한 모든 것들이 있다.

주소 Guam Premier Outlets, 199 Chalan San Antonio, Suite 200, Tamuning 전화 671-649-3667 시간 10:00~21:00 위치 괌 프리미어 아웃렛, 마이크로네시아몰, 투몬 샌즈 플라자, 퍼시픽 플레이스 홈페이지 www.locoboutique.com

내추럴 팩터 Natural Factors

건강한 피부를 위한 스킨 케어 숍

내추럴 팩터는 노니(Noni) 열매를 캡슐, 주스, 비누, 크림 등으로 가공한 제품을 선보인다. 노니 열매는 '기적의 열매', '신의 선물'이라는 애칭이 있는 만큼 항암 효과와 혈액 순환 개선, 면역력 증강, 디톡스, 피부 재생, 통증과 염증 완화 등의 효능이 있다. 노니 함유량이 높은 바디 크림은 특히 건조한 피부에 보습 효과가 탁월해서 선물용으로 인기가 좋다. 알부민, 코코넛을 재료로 한 다양한 상품도 판매하고 있다.

주소 576 Pale San Vitores Road Ste. #103 Tumon 전화 671-989-9674 시간 10:00~21:00 가격 오가닉 노니 로션 $29.99, 코코넛 $6.99 위치 투몬 호텔 로드 퍼시픽 아일랜드 클럽 맞은편 / 레드 트롤리 또는 레아레아 트롤리 이용하여 PIC 건너편 하차 홈페이지 www.naturalfactors.com

마트 & 생활용품

비타민 월드 Vitamin World

건강 보조 식품 집합소

남녀노소 모두를 아우르는 아이템으로 사랑받는 천연 비타민 전문 브랜드이다. 본인은 물론 아이, 부모님에게 선물할 건강 보조 식품을 구입하기에 적합하다. 임신 중 영양제나 엽산, 장 건강에 좋은 유산균, 대표적인 레티놀 크림과 혈액 순환 개선제 오메가 3, 안구 질환 예방 영양제 루테인, 운동 보조 식품과 다이어트 시 식사 대용으로 먹을 수 있는 바, 아이들이 먹기 좋은 비타민 젤리와 겨울철 부족하기 쉬운 비타민 D 등이 인기 있다. 하지만 과다한 건강 보조 식품 섭취는 오히려 해로울 수 있으니 평소 복용하는 약이 있거나 치료할 증상이 있다면 의사나 약사에게 문의하는 것이 좋다. K마트에서도 취급하니 중복되는 영양제는 가격 비교 후 구입하자.

가 상시 열리며 이름과 이메일을 기입하고 멤버십 카드를 만들면 현장에서 바로 회원가에 구입할 수 있다.

마이크로네시아몰 지점
위치 1F/C1 전화 671-633-2547 시간 10:00~21:00
괌 프리미어 아웃렛 지점
위치 #21 전화 671-647-5661 시간 10:00~21:00
홈페이지 www.vitaminworld.com

Check!
2개를 사면 1개는 50% 가격으로 판매하는 행사

괌 페이레스 슈퍼마켓 Pay-Less Supermarkets

현지인들이 즐겨 찾는 대형 슈퍼마켓 체인

미국의 창고형 슈퍼마켓 체인으로 주로 현지인들이 장을 보는 곳이다. 우리나라 대형 마트와 구성이 비슷하며 신선한 유기농 채소와 과일이 유명하다. 마이크로네시아몰을 비롯해 아가냐 쇼핑센터, 오션 퍼시픽 플라자, 데데도에 지점이 있기 때문에 접근성이 좋은 곳을 선택하여 편리하게 쇼핑할 수 있다.

아이를 동반한 여행자가 현지 마트를 찾을 때의 장점이라면 이유식이 준비되지 않아 급하게 만들어야 할 경우 통조림 이유식이나 재료를 사기에 좋다. 다만 지인들의 선물용으로 구입할 공산품들은 K마트가 좀 더 저렴한 편이니 참고하자.

마이크로네시아몰 지점

주소 1088 West Marine Drive Suite 200, Dededo **전화** 671-637-7233~4 **시간** 매일 24시간 오픈 **위치** 데데도 웨스트 마린 드라이브 로드 마이크로네시아몰의 왼쪽 / 레드 트롤리 또는 레아레아 트롤리 이용하여 마이크로

네시아몰 하차 **홈페이지** www.paylessmarkets.com

K마트 K Mart

생활용품은 이곳에서

대형 슈퍼마켓인 K마트는 없는 게 없다고 말할 수 있을 정도로 넓은 창고형 매장에 미국 브랜드 생활용품들이 가득 진열돼 있다. 괌 도착 후 호텔에서 주는 물 한 통으로는 부족하니 보통 이곳에서 물이나 음료수 등 간식을 구입한다.

스노클링 등 물놀이에 필요한 용품은 현지 제품이 기능성도 좋고 가격도 합리적이므로 이곳에서 둘러보는 것을 추천한다. 또한 진통제 에드빌(Advil), 비타민제 센트룸(Centrum), 종합 소화제 텀즈(TUMS), 비염약 베나드릴(Benadry), 상처 치료 연고 네오스포린(Neosporin) 등의 의약품 등이 있다. 영유아 용품이나 아이들 장난감도 토이저러스 등의 전문점보다 훨씬 더 다양하고 가격도 저렴한 편이라 이것만 꼼꼼히 봐도 시간 가는 줄 모를 것이다.

한국에는 없는 짭짤한 미국 간식과 필리핀계 글

로벌 브랜드인 세븐디 망고(7D Mango) 그리고 괌 특산품인 망고 맥주(Guam Mango Beer)도 선물로 좋다. 기대를 너무 많이 하면 의외로 볼 게 없다지만 24시간 영업해 편리하게 이용할 수 있는 마트임은 분명하다.

주소 K Mart #7705 404 N Marine Dr., Tamuning **전화** 671-649-9878 **시간** 24시간, 약국 07:00~23:00 **위치** 타무닝 노스 마린 드라이브 로드, 시내 중심에서 드라이브 5~10분 소요 / 레드 트롤리(쇼핑몰 셔틀, T 갤러리아↔K마트 셔틀) 또는 레아레아 트롤리(쇼핑센터 코스) 이용하여 K마트 하차 **홈페이지** www.kmart.com

투몬·타무닝·북부

코스트 유 레스 Cost U Less

창고형 대형 마트

우리에게 익숙한 코스트코 같은 창고 스타일의 대형 슈퍼마켓 체인으로 타무닝과 데데도에 지점이 있다. 회원권 없이 구매 가능해 1회 방문하는 관광객도 이용에 불편함이 없다.
한국 맥주 등을 만날 수 있는 식료품 코너를 중심으로 인테리어 소품부터 전자 제품, 주방 제품, 장난감, 1인용 카약 등의 스포츠용품까지 다양하게 진열돼 있다.

주소 타무닝 지점 265 Chalan San Antonio Rd., Tamuning **전화** 671-649-4744 **시간** 07:00~24:00 **위치** 괌 프리미어 아웃렛(GPO) 옆 / 레드 트롤리 또는 레

아레아 트롤리 이용하여 GPO 하차 후 도보 5분 **홈페이지** www.costuless.com

ABC스토어 ABC Stores

하와이 거점의 대형 편의점

하와이, 라스베이거스, 사이판과 괌에 70여 지점을 운영 중인 대형 편의점 체인이다. 하와이의 명물 마카다미아 넛을 비롯해 다양한 먹거리와 대형 마트에서 취급하는 품목 대부분을 살 수 있다. 또한 괌에서 입으면 어울릴 만한 비치 웨어, 인기 있는 존 오가닉 마스터스를 포함한 스킨 케어, 바디용품 등도 취급한다. K마트 등에 비해 저렴하지는 않지만 투몬에서 접근성이 가장 좋다는 점이 매력적이다.

아웃 리거 비치 리조트점
주소 ABC Store #506 1255 Pale San Vitores Road, Ste 60 Tamuning 전화 671-646-0911 시간 07:30~23:00, 연중무휴(단, 추수감사절과 크리스마스에 비정기 휴무, 지점별로 영업 시간 변동) 위치 아웃 리거 리조트 로비와 연결된 더 플라자 쇼핑몰 센터 하드록 카페 아래 / T 갤러리아에서 도보 2분 / 레드 트롤리 또는 레아레아 트롤리 이용하여 아웃리거·더 플라자 하차 홈페이지 www.abcstores.com

존 마스터스 오가닉 John Masters Organic

임산부에게 인기 많은 바디 케어 브랜드

우리나라 임산부와 건강을 생각하는 유기농 스킨 케어 애호가들을 중심으로 알려진 브랜드이다. 특히나 제품의 기능 대비 저렴한 가격이 매력적이라 호주 유기농 브랜드 이솝(Aesop)의 대안으로 많이 찾는다. 스킨 케어와 샴푸 모두 자극이 없어 피부가 예민하거나 화학 제품을 멀리해야 하는 임산부에게 적합하다. 우리나라에 비해 약 30% 저렴하며 ABC 스토어에서 대부분 판매하니 간편하게 구매할 수 있다.

홈페이지 www.johnmasters.com

닥터 브로너스 Dr.Bronner's

미국 유기농 바디 케어 브랜드

5대째 가업을 이어오고 있는 유기농 바디 케어 브랜드로 미국 시장 점유율 1위이다. 유기농법으로 재배한 식물성 원료로 제조해 미생물에 의해 무해 분해되는 친환경 제품이다. 우리나라 사람들이 괌에 가면 대량 구매해 오는 쇼핑 아이템 중 하나로 전신 세정이 가능한 매직솝이 가장 인기다. 부부 2인 기준으로 950ml를 사면 2달 정도 사용할 수 있으며 개인별 기호 차이가 있는 헤어를 제외하고 얼굴과 몸에 사용하는 데 적합하다.

홈페이지 www.drbronner.com

캘리포니아 마트 CALIFORNIA MART

괌의 24시 한인 마트

괌의 교민을 비롯해 현지인들도 즐겨 찾는 대형 한인 마트로 한국 관광객들에게 잘 알려져 있다. 김치, 라면 등 다양한 한국 식료품과 연어, 참치 등 저렴한 생선과 신선한 채소가 준비돼 있다. 늦은 오후에 세일을 실시하나 픽업 서비스는 불가하기 때문에 주의해야 한다. 2015년 2월에 괌 프리미어 아웃렛 로스(ROSS) 옆에서 코스트 유 레스 타무닝점 근처의 전 올림피아 마켓 위치로 이전해 리노베이션 오픈했다.

주소 California Mart, Chalan San Antonio Road, Tamuning 전화 671-649-0521 시간 24시간 위치 GPO 맞은편 코스트 유 레스 타무닝점에서 도보 약 3분 /

레드 트롤리 또는 레아레아 트롤리 이용하여 GPO 하차 후 길 건너 도보 약 10분

스타 애플 Star Apple

실속 있는 한국 면세점

한국인이 많이 찾는 퍼시픽 아일랜드 클럽(PIC) 건너편에 있다. 한국 라면과 과자 등 우리 입맛에 맞는 식품과 선물하기 좋은 천연 비타민, 괌 초콜릿, 망고 와인 등이 있다. 소화제, 진통제, 소염제를 비롯한 간단한 구급 약품이 있으며, 자외선 차단 지수가 높은 선크림과 햇빛을 가릴 수 있는 모자, 변압기 등 여행 필수품이 알차게 준비돼 있다.
특히 우리나라에선 벌레 퇴치제로 유명한 뱃져(Badger)의 다양한 기능별(아토피, 발 각질 제거, 관절염, 근육 뭉침) 제품, 여아 슈즈로 유명한 미니 멜리사(Mini Melissa)를 둘러보자.

주소 576 Pale San Vitores Rd #101, Tamuning 전

화 671-649-3380, 휴대폰 671-482-0690 시간 09:00~22:00 위치 투몬 호텔 로드, PIC 호텔의 대각선 방향 / 레드 트롤리 또는 레아레아 트롤리 이용하여 PIC 건너편 하차 홈페이지 www.blog.naver.com/hwkang1118

> **Tip** 자외선 차단제 고르기
> SPF? PA? 많이 들어 봤지만 암호 같은 용어들이다. SPF는 'Sun Protection Factor'의 약자이고 자외선 B(UVB)를, PA는 'Protection Grade of UVA'의 약자로 자외선 A에 연관한다. SPF는 뒤에 붙은 숫자가 클수록 PA는 뒤에 +가 많을수록 자외선 차단 지수가 높다.
> SPF1은 15분 정도 차단이 지속되며 SPF30인 경우 약 7시간 30분 정도 효과가 있다. 하지만 물이나 땀, 피지에 지워질 수 있으므로 덧바르는 것이 중요하다. 사람에 따라 피부 트러블이 일어날 수도 있어 차단 지수가 높다고 반드시 좋은 것은 아니다. 평소 피부가 민감한 사람이나 영유아는 현지에서 구매하는 것보다 한국에서 사용하던 제품을 준비해 가는 것이 좋다.

괌의 역사와 차모로 문화를 느낄 수 있는 곳

하갓냐는 괌의 행정 중심지로 투몬에서 가까워 함께 묶어서 둘러보기 좋고, 정적이어서 관광하기에 좋다. 우리에게 가슴 아픈 역사가 있는 것처럼 괌도 전쟁과 식민지의 아픈 역사가 있는데 하갓냐와 중부에는 스페인 통치 시대를 지내고 남은 건축물과 전쟁 이후 해방을 기리는 곳, 이전부터 괌을 이끌어 온 현지 차모로족의 자취와 문화를 느낄 수 있는 볼거리가 풍부하다. 스페인 광장을 중심으로 스페인의 자취, 차모로 문화를 느끼고 아델럽 곶에서는 탁 트인 하갓냐 만을 본 후 피시 아이로 넘어가 해양 생태계를 보다 가깝게 만나 보자. 수요일이라면 차모로 야시장을 가장 마지막으로 둘러보고, 남부 투어를 한다면 시계 반대 방향으로 내려가면서 둘러보는 것이 좋다.

하갓냐·중부에서 꼭 해 봐야 할 것!

1. 수요일에 열리는 차모로 빌리지 야시장에서 로컬 푸드와 문화에 취해 보기
2. 우리나라 최초로 해외 로케 CF를 찍은 아델럽 곶에서 인생 사진 담기
3. 피시 아이 마린 파크에서 바닷속을 걷는 시워커 체험하기
4. 피셔맨즈 코 옵에서 싱싱한 해산물을 구입해 괌의 바다를 맛보기
5. 아가냐 대성당 앞 코코넛 주스 판매 트럭에서 코코넛 과육 즐기기

하갓냐

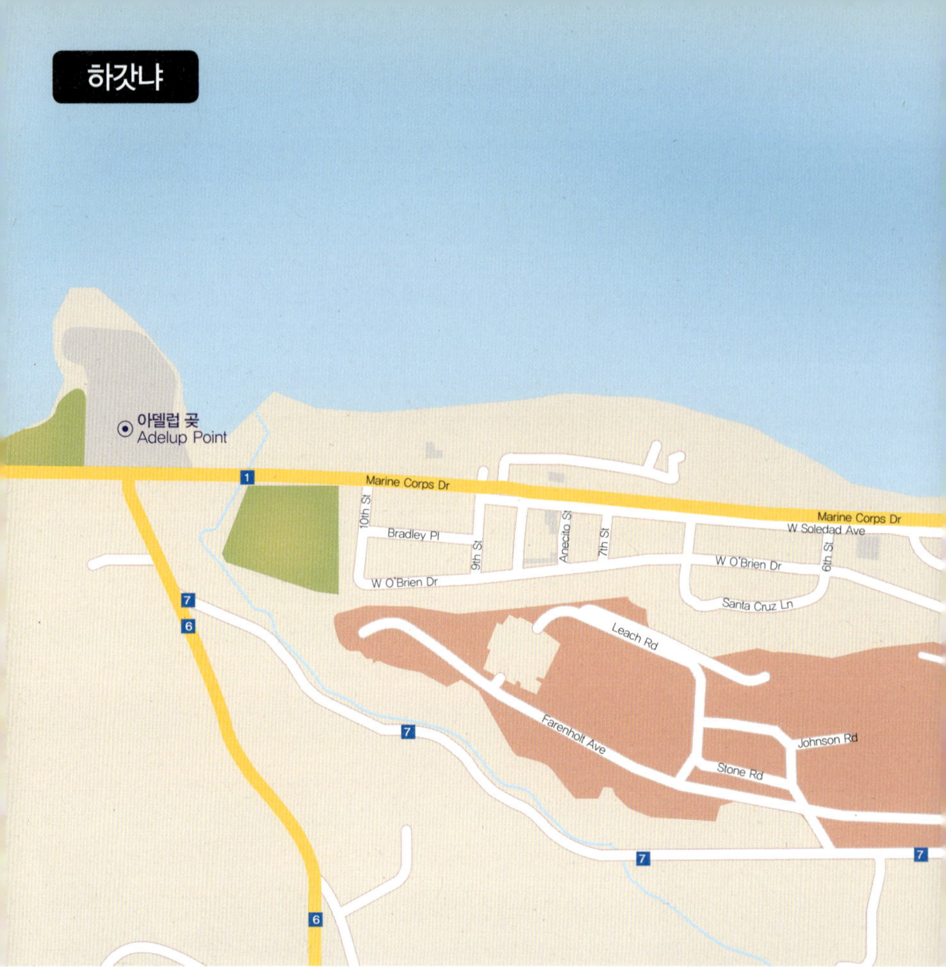

- 아델럽 곶 / Adelup Point
- Marine Corps Dr
- 10th St
- Bradley Pl
- 9th St
- Anacto St
- 7th St
- W O'Brien Dr
- W Soledad Ave
- 6th St
- W O'Brien Dr
- Santa Cruz Ln
- Leach Rd
- Farenholt Ave
- Johnson Rd
- Stone Rd

하갓냐 · 중부

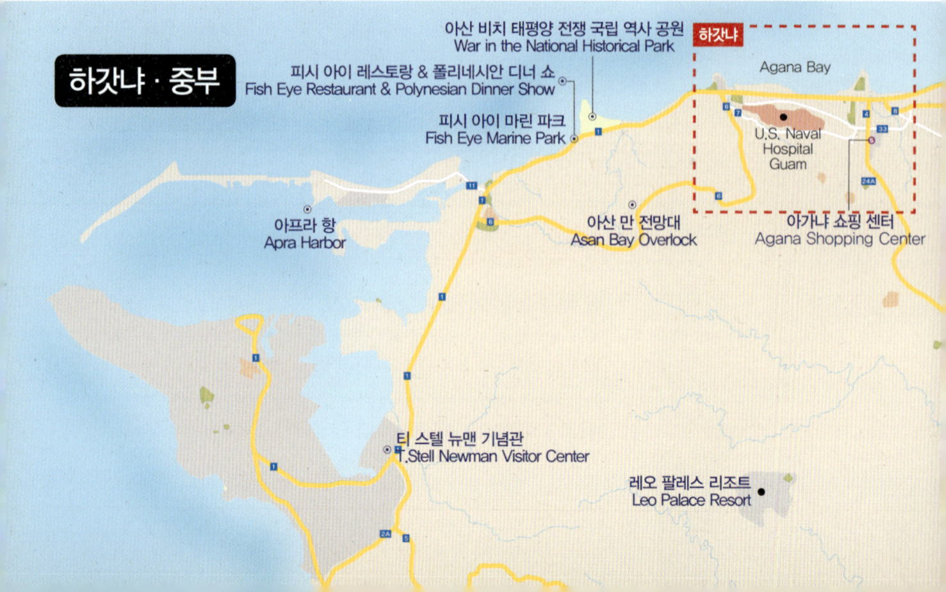

- 아산 비치 태평양 전쟁 국립 역사 공원 / War in the National Historical Park
- 피시 아이 레스토랑 & 폴리네시안 디너 쇼 / Fish Eye Restaurant & Polynesian Dinner Show
- 피시 아이 마린 파크 / Fish Eye Marine Park
- 하갓냐
- Agana Bay
- U.S. Naval Hospital Guam
- 아프라 항 / Apra Harbor
- 아산 만 전망대 / Asan Bay Overlock
- 아가냐 쇼핑 센터 / Agana Shopping Center
- 티 스텔 뉴맨 기념관 / Stell Newman Visitor Center
- 레오 팔레스 리조트 / Leo Palace Resort

아가냐 대성당

Best Tour

하갓냐 · 중부 추천 코스

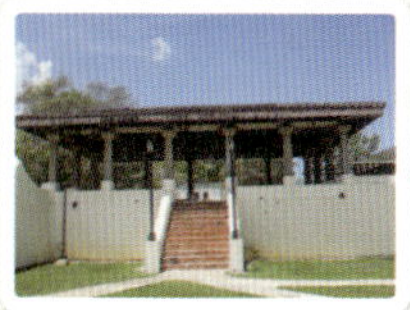

스페인 광장

도보 2분

괌 최초의 성당

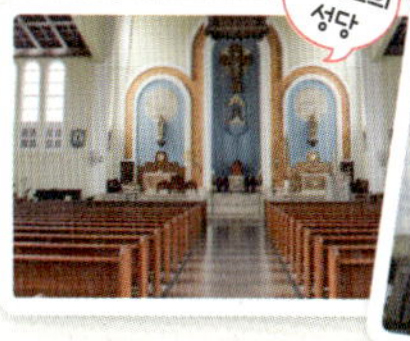

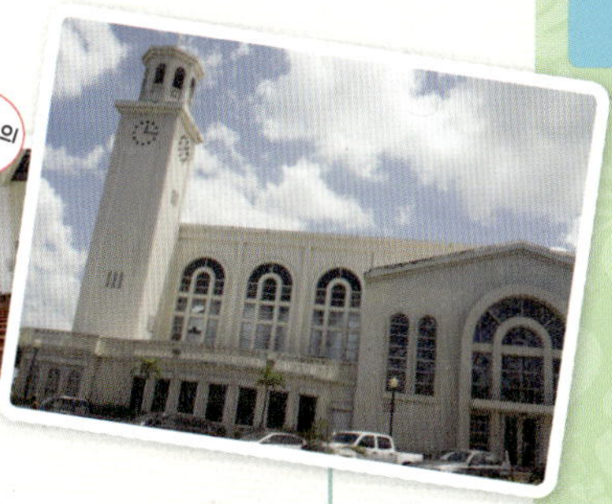

아가냐 대성당

도보 5분

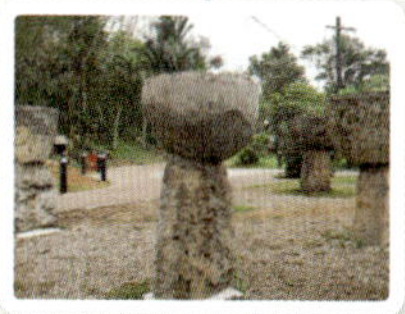

라테 스톤 공원

도보 10분

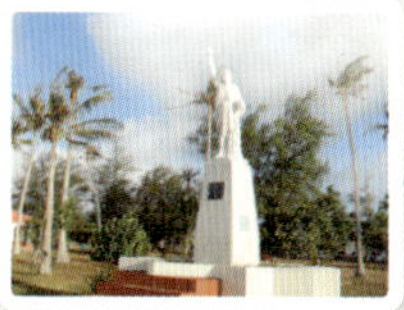

파세오 공원

자동차 5분

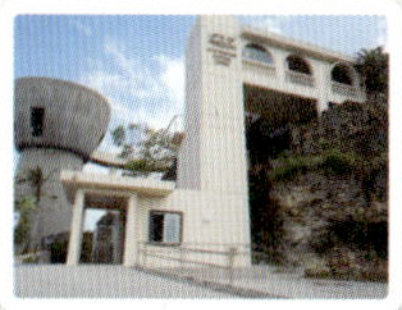

아델럽 곶

자동차 5분

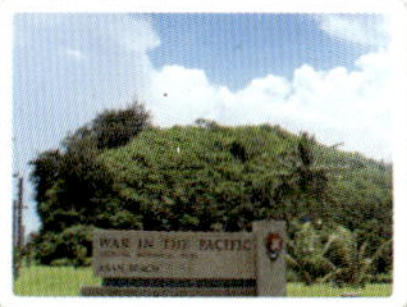

아산 비치 태평양 전쟁 국립 역사 공원

자동차 3분

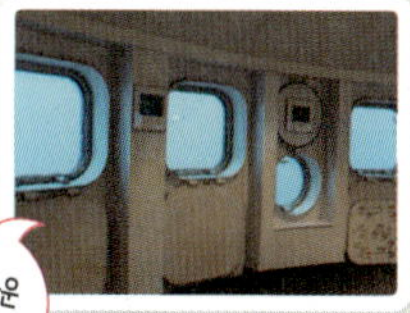

아름다운 해양 세계

피시 아이 마린 파크

자동차 10분

차모로 문화 체험

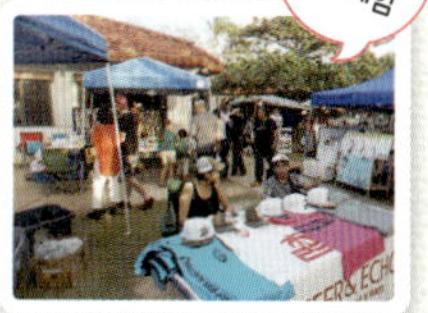

차모로 빌리지

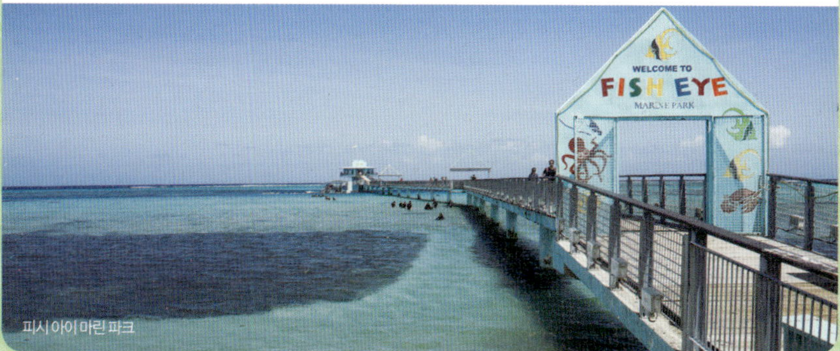

피시 아이 마린 파크

Sightseeing
하갓냐·중부의 볼거리

중심부에서 조금 벗어나면 초록빛 잔디와 커다란 나무들 사이로 바닷바람을 맞으면서 괌의 역사와 함께할 수 있는 큰 광장이 나온다. 광장을 중심으로 우아한 스페인 건축과 차모로 문화 유적인 라테 스톤, 뉴욕 자유의 여신상을 모방한 미니어처 '자유의 여신상'이 자리 잡고 있는 하갓냐는 괌의 과거와 현재가 공존하는 곳이다.

파세오 공원 Paseo De Susana Park

산책로 따라 쉬엄쉬엄 걷기 좋은 공원

제2차 세계 대전 이후 미국이 전쟁의 잔재를 모아 매립한 뒤 그 위에 세운 인공 공원으로 차모로어로 '수사나의 산책로'라는 뜻이다. 공원 가장 안쪽에는 뉴욕의 자유의 여신상을 본떠 만든 5m 높이의 '자유의 여신상'이 서 있다. 1950년 미국 보이스카우트가 창립 40주년 기념으로 괌에 전해 준 것으로 푸른 잔디, 큰 야자수와 함께 사진에 담기에 적당하다. 그늘진 나무 아래 오솔길로 산책하기 좋은 이 공원은 연례 행사로 7월에 괌 광복절 축제와 퍼레이드가 개최된다.

주소 Paseo De Susana Park, Agana **GPS 좌표** 위도 13.479153 (13° 28′ 45.0″ N), 경도 144.752800 (144° 45′ 10.1″ E) **위치** 차모로 빌리지 뒤편, 아가냐 대성당에서 도보 약 5분, 스페인 광장 뒤편으로 도보 약 10분 / 레드 트롤리(하갓냐 셔틀) 또는 레아레아 트롤리(화·목·토 아가냐 쇼핑센터 코스) 이용하여 차모로 빌리지 또는 아가냐 대성당 하차 후 도보 이동

대추장 키푸하 상 Statue Chief Quipuha

차모로 최초의 기독교인 대추장 키푸하

17세기 하갓냐의 늠름하고 훌륭한 지도자였던 키푸하는 차모로인으로는 처음으로 스페인의 성직자 산 비토레스 신부에게 세례를 받았다.
괌 최초의 가톨릭 교회 부지를 제공했던 그의 공로를 기리기 위해 건립한 이 동상은 파세오 공원 입구에 위치한다.

GPS 좌표 위도 13.477323 (13° 28′ 38.4″ N), 경도 144.753821 (144° 45′ 13.8″ E) **위치** 투몬에서 1번(마린 드라이브) 도로를 이용해 남부 하갓냐 방면으로 진행하다 차모로 빌리지 직전 대추장 키푸하상의 원형 교차로 내

차모로 빌리지 Chamorro Village

괌에 대한 모든 것

파세오 공원에 형성된 마을로 매일 오전 9시부터 오후 6시까지 다양한 전통문화와 음식 등을 체험할 수 있다. 지역 예술인과 장인들이 만들어 기념품으로도 손색없는 공예품과 생활용품을 구경할 수 있다. 노점에서는 감칠맛 나는 토속 음식과 아시아, 태평양 제도의 음식을 맛볼 수 있으며, 중앙 광장과 홀에서 펼쳐지는 다채로운 공연도 볼만하다. 매주 수요일 저녁에 야시장이 열리면 활기찬 분위기로 변해 이색적인 차모로 문화 체험이 가능한 관광 명소이다.

주소 Paseo Loop, Agana GPS 좌표 위도 13.477631 (13°28′39.5″N), 경도 144.752088 (144°45′07.5″E) 전화 671-475-0376 시간 09:00~18:00, 수요일 야시장 17:30~21:30 / 일 휴무 위치 투몬에서 1번(마린 드라이브) 도로를 따라 남쪽으로 직진, 하갓냐 원형교차로에

서 우회전해 파세오 공원 내 / 레드 트롤리(하갓냐 셔틀, 수요일 차모로 빌리지 야시장 셔틀) 또는 레아레아 트롤리(화·목·토 아가냐 쇼핑센터 코스, 수요일 차모로 빌리지 익스프레스) 이용하여 차모로 빌리지 하차

괌 본연의 모습을 느낄 수 있는
차모로 문화

한국에서 가장 가까운 미국령이며 천혜의 자연 풍광을 벗삼아 유유자적 지낼 수 있는 휴양지로 유명한 괌에는 오래전부터 원주민이 거주해 왔다.
차모로족이라고 일컫는 이들은 오랜 세월 동안 굴곡의 역사를 거치며 입지가 다소 좁아지기는 했으나, 고유의 문화와 언어를 지키며 현재도 곳곳에 독자적인 커뮤니티를 형성하고 있다. 괌에 한층 더 깊이 다가가고 싶다면 차모로족이라는 키워드에 주목하자.

❋ 차모로의 역사

차모로족은 기원전 2,000~3,000년에 필리핀, 말레이시아, 인도네시아 등을 경유해 건너온 동남아시아계 정착민이라고 전해진다. 1521년 마젤란이 세계 일주 도중 괌을 발견한 것을 계기로 차모로족도 세상에 모습을 드러냈다. 1565년 스페인이 점령한 괌은 1668년부터 약 330년 동안 식민 통치를 받았다. 이후 스페인 전쟁을 거쳐 1898년에 미국이 스페인으로부터 통치권을 넘겨 받고, 미국 해군이 주둔하게 되었다. 그러다가 제2차 세계 대전의 격전지가 된 괌은 1941년 일본군이 점령했었지만 1944년 미국에 반환되었다.

❋ 차모로의 문화

괌은 스페인, 미국, 일본에 거듭 침략을 당하는 과정에서 점령국들의 문화가 유입되어 원주민들의 고유한 문화가 온전히 남아 있지는 않지만 섬 전체가 차모로를 느낄 수 있는 생활 문화 박물관이다.

● **벨렘바오투얀(Belembaotuyan)**
조롱박과 팽팽한 밧줄로 만들어 수려한 음색을 내는 괌의 전통 악기이다. 음악은 원주민들의 삶에서 매우 중요한 역할을 한다.

● **칸탄 차모리타(Kantan Chamorrita)**
차모로인이 낚시, 공예, 옥수수 수확 등 단체 노동을 할 때 일을 즐겁게 하고, 능률을 높이기 위해 수세기 동안 불러 온 전통 노래이다.

● **공예품**
판다누스나 코코넛으로 만든 다양한 크기의 바구니와 지갑을 비롯해 귀걸이와 팔찌 같은 액세서리 및 모자, 양탄자, 벽걸이용 장식품 등이 있다. 목공예 작가들은 가정에 유용한 생활용품과 소품을 제작한다.

✤ 차모로 문화 체험

차모로족이 기원전 500년경부터 버섯 모양의 돌기둥 위에 집을 짓고 살았던 유적이 남아 있는 라테 스톤 공원을 비롯해 괌 역사의 흔적을 간직한 남부 우마탁 마을, 메리조 마을에서 이색적인 차모로 문화를 느껴 볼 수 있다. 차모로 빌리지와 이나라한 마을 일대의 게프 파고 빌리지에서도 원주민의 문화를 다채롭게 경험할 수 있다. 차모로 빌리지가 코스에 포함된 정글 리버 크루즈 투어 프로그램을 이용해도 좋다.

✤ 차모로 음식

전통 음식의 명맥은 유지하되, 수세기에 걸친 굴곡의 역사에 의해 스페인, 일본, 미국, 아시아, 마이크로네시아 등 다양한 국가 문화와 융합하여 독자적인 스타일을 확립한 이색적인 로컬 푸드로 마을 축제와 파티의 기본 메뉴이다. 차모로 빌리지와 데데도 벼룩시장에서도 만날 수 있다.

치킨 켈라구엔

● **치킨 켈라구엔 Chicken Kelaguen**
차모로인의 축제에 빠지지 않는 전통 음식인 치킨 켈라구엔은 다진 닭고기에 간 코코넛과 양파, 매운 붉은 고추를 넣고 새콤한 레몬 즙, 소금 등으로 양념해 무친 음식으로 납작한 피타 빵(Pita Bread)에 싸서 먹기도 한다. 주재료는 닭고기가 대표적이며 소고기, 문어 또는 새우로 요리하기도 한다.

● **차모로 바비큐 Chamorro BBQ**
립 또는 치킨을 짭조름한 감칠맛이 나도록 간장과 식초에 약 서너 시간 재워서 석쇠에 구워 낸다. 파티와 모임에 기본적으로 준비되는 메뉴로, 피나딘 소스와 레드 라이스를 곁들여 먹는다.

차모로 바비큐

● **레드 라이스 Red Rice**
아초떼(Achote)라는 식물의 씨앗인 아나토(Annatto)에서 추출한 색소로 색과 맛을 낸 쌀밥으로, 선명한 붉은색과 찰진 맛이 특징이다. 스페인 점령 이후, 차모로인이 아나토를 우려낸 물로 소금과 오일을 넣은 밥을 짓기 시작한 것에서 비롯된 레드 라이스는 베이컨과 양파, 마늘, 완두콩을 더한 요리로 즐기기도 한다.

레드 라이스

● **판싯 Pancit**
차모로 축제에 빠지지 않는 필리핀 스타일 잡채 요리이며 필리피노 누들(Filipino Noodle)이라 일컫기도 한다. 필리핀 이주민이 정착하면서 현지화된 음식으로 차모로족 모임과 파티의 단골 메뉴이다.

판싯

● **피나딘 소스 Finadenne Sauce**
차모로 음식에 기본적으로 곁들이는 양념 간장이다. 간장을 베이스로 레몬 즙 또는 식초를 넣고 다진 양파와 매운 고추, 후추 가루 등의 재료를 배합해 매운맛이 특징인 소스로, 음식에 뿌려 먹기도 하고 찍어 먹기도 한다.

피나딘 소스

바나나 춘권 튀김

아피기기

● 오이 샐러드 Cucumber Salad
오이와 각종 채소를 매운 피나딘 소스에 버무려 만든다. 차모로의 메인 요리에 곁들여 우리나라의 김치처럼 즐겨 먹는다.

● 바나나 춘권 튀김 Fried Banana Spring Rolls
차모로인이 즐겨 먹는 간식으로, 바나나를 춘권 피에 말아 튀겨 낸다. 전통 시장의 소박한 노점에서 부담 없이 즐기기에 알맞다.

● 아피기기 Apigigi
코코넛에 타피오카(Tapioca) 분말, 설탕 및 코코넛 밀크를 넣고 반죽한 것을 바나나 잎에 잘 싸서 구운 차모로 스타일의 디저트로 한국의 찹쌀떡처럼 쫀득하고 달콤한 맛이 난다.

● 레드 벨벳 케이크 Red Velvet Cake
미국 남부에서 괌에 소개된 레드 벨벳 케이크는 차모로 문화와 융화되어 독자적인 스타일로 변화한 디저트로 많은 이들의 사랑을 받고 있으며, 차모로 축제에 빠지지 않는 메뉴이기도 하다.

● 칼라만시 쿨러 Calamansi Cooler
동남아시아에서 생산되는 라임의 일종으로, 시트러스 향이 감도는 강한 신맛과 쌉싸름한 풍미가 특징인 칼라만시(Calamansi)의 과즙에 슈가 시럽을 가미해 상큼하고 달콤한 음료이다. 맛이 진한 노점 음식이나 향신료를 많이 넣은 요리, 석쇠에 구운 해산물 바비큐 등에 곁들인다. 프로아 레스토랑에서 맛볼 수 있다.

● 튜바 Tuba
아시아와 아프리카의 여러 지역의 일반적인 전통 술로, 괌에는 필리핀 농부들이 제조 방법을 소개했다. 코코넛 나무에서 대나무 용기에 채취한 수액을 수집해 발효시킨 튜바는 달콤하면서 고소한 맛이 나지만, 매우 독한 코코넛 와인이다. 오래 숙성시키면 식초가 되는 이 수액은 증류시켜 생 럼주로도 즐기고, 끓인 코코넛 주스를 배합해 달콤한 칵테일로도 즐긴다.

오이 샐러드

레드 벨벳 케이크

칼라만시 쿨러

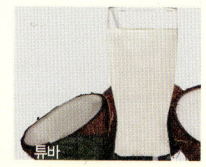

튜바

산 안토니오 브리지 San Antonio Bridge

시레나 인어의 전설이 전해지는 곳

1890년 스페인에 의해 하갓냐 강에 건설되었는데 제2차 세계대전 포격에도 남아 있는 다리이다. 1945년 전쟁 후 마을을 되살리는 동안에는 강물이 가득 차 있었지만 현재는 마른 땅 위에 모양을 유지하고 있다. 시레나 파크(Sirena Park) 내에 위치하며 스페인 다리(Spanish Bridge)라고도 하는 이 다리 아래 재미난 전설을 간직한 시레나 인어상도 놓치지 말자. 물놀이를 정말 좋아했던 소녀 시레나가 집안일을 도우라는 어머니의 잔소리에도 매일 수영을 하느라 정신이 없자, 화가 난 어머니는 그렇게 수영만 하다가는 물고기가 될 거라는 저주의 말을 했고 시레나의 몸이

정말 물고기로 변하게 되었는데, 완전히 변하기 전 소녀의 대모가 저주를 풀어 주어 인어가 되었다는 이야기가 전해온다.

주소 Sirena Park, Aspinall Avenue, Agana **위치** 하갓냐 보트 선착장 건너편 시레나 파크 내, 차모로 빌리지에서 도보 4분 / 레드 트롤리(하갓냐 셔틀) 또는 레아레아 트롤리(화·목·토 아가냐 쇼핑센터 코스) 이용하여 차모로 빌리지 하차 후 도보 이동

스키너 광장 Skinner Plaza

녹음이 우거진 아름다운 공원

스페인 광장 맞은편에 있는 스키너 광장은 괌 최초의 민간 지사였던 칼턴 스키너의 이름을 차용했다. 식물들이 가득한 공원 광장 중앙에는 커다란 분수와 제2차 세계 대전에서 괌 해방을 위해 싸운 군인들의 명복을 비는 기념비가 세워져 있다.
초록빛 잔디 위에서 잠시 쉬어가기 좋은 작은 공원으로 레크레이션과 지역 행사를 개최하기도 한다. 괌의 소소한 일상 같은 공간으로 조경에 관심이 있거나 스페인 광장과 아가냐 대성당을 볼 때 같이 둘러보면 된다.

주소 Skinner Plaza, Murray Boulevard, Agana **GPS 좌표** 위도 13.475529 (13° 28′ 31.9″ N), 경도 144.751706 (144° 45′ 06.1″ E) **위치** 파세오 공원에서 나와 1번(마린 드라이브) 도로 건너 스페인 광장 가기 전. 스페인 광장에서 해변가로 도보 2분 / 레드 트롤리(하갓냐 셔틀) 또는 레아레아 트롤리(화·목·토 아가냐 쇼핑센터 코스) 이용하여 아가냐 대성당 하차

스페인 광장 Plaza De Espana

하갓냐 · 중부

괌의 아픈 역사가 느껴지는 곳

슬픈 식민지 역사의 현장이며 괌의 역사를 대변하고 있는 곳이다. 여행객들에게는 스페인 양식의 오래된 건물을 볼 수 있는 이국적인 광장이지만, 내면의 이야기를 알고 방문하면 숙연해지는 곳이기도 하다. 괌은 1565년부터 1898년까지 약 333년간 스페인의 통치를 받았는데, 1736년부터 1898년 미국과의 전쟁에서 패할 때까지 이 넓은 부지는 스페인 총독의 궁전(관저)으로 사용되었다. 일본으로부터 해방된 1944년에 완전히 붕괴가 되었지만, 1980년 광범위한 복원 사업으로 현재의 모습을 갖추었으며, 옥상을 포함한 기초의 일부를 통해 식민 통치의 흔적을 볼 수 있다. 광장 안에는 총독 부인이 스페인 전통에 따라 방문객에게 다과를 대접했던 초콜릿 하우스라고 하는 붉은색 기둥의 건물, 그리고 연주 무대였던 야외 음악당 키오스크가 있다.

주소 Plaza de Espana, Agana **GPS 좌표** 위도 13.473865 (13°28′25.9″N), 경도 144.751309 (144°45′04.7″E) **위치** 투몬에서 1번 도로를 이용해 중남부 하갓냐 방면으로 직진하다 4번 도로로 진입, 첫 번째 교차로에서 우회전하면 왼쪽에 위치. 아가냐 대성당에서 도보 약 2분 / 레드 트롤리(하갓냐 셔틀) 또는 레아레아 트롤리(화·목·토 아가냐 쇼핑센터 코스) 이용하여 아가냐 대성당 하차 후 도보 이동

아가냐 대성당 Dulce Nombre De Maria Cathedral Basilica

괌 최초의 성당

파드레 산 비토레스 신부가 차모로 추장 키푸하에게 기증받았던 첫 가톨릭 부지에 1669년 건립한 괌의 대표적인 성당으로 정식 명칭은 성모 마리아 대성당이다. 북마리아나 제도 가톨릭 교회의 총본산이기도 한 이곳은 1670년 완공되었지만 제2차 세계 대전 당시 폭격으로 인해 현재 우리가 보는 건물은 1959년에 재건된 것이다. 고풍스러운 성당 내부의 높은 천장은 웅장한 분위기를 자아내고 하얀 벽에 장식된, 성모 마리아와 예수를 모티브로 한 7개의 스테인드글라스는 오후 햇살을 받으면 매우 돋보인다. 괌에 불운이 생길 때마다 눈물을 흘린다고 전해지는 성모 마리아 카마린 상과 가톨릭 역사를 한눈에 볼 수 있는 박물관도 눈여겨보자.

12월 8일의 카마린 성모 대축제(국가 공휴일)를 비롯한 큰 종교 행사가 열릴 때면 마리아나 제도의 수많은 종교인들이 이곳을 찾는다. 대성당 앞에는 교황 요한 바오로 2세의 1981년 첫 방문을 기념한 동상이 세워져 있다. 우아한 분위기가 인상적인 대성당의 새하얀 외벽은 파란 하늘과 잘 어울려 커플들이 기념 사진과 셀프 웨딩 사진을 찍기에 좋다.

주소 207 Archbishop FC Flores St., Agana GPS 좌표 위도 13.474063 (13° 28′ 26.6″ N), 경도 144.752469 (144° 45′ 08.9″ E) 시간 08:00~12:00, 13:00~16:00(일요일 미사 시간 전에 입장이 제한) 요금 $1 전화 671-472-6201 위치 스페인 광장에서 도보 2분. 투몬에서 1번(마린 드라이브) 도로를 타고 남부로 향하다 하갓냐와 만나는 4번 도로로 진입 후 첫 번째 신호등에서 우회전 / 레드 트롤리(하갓냐 셔틀) 또는 레아레아 트롤리(화·목·토 아가냐 쇼핑센터 코스) 이용하여 아가냐 대성당 하차

> **Tip 성당 앞 코코넛 트럭**
> 아가냐 대성당 앞에는 코코넛을 파는 트럭이 수시로 오는데, 과일 주스로 만들기 전에 과육을 먼저 썰어 준다. 고추냉이 간장과 함께 먹으면 쫄깃한 식감이 한치회를 먹는 듯하다. 한국에서 흔히 먹는 늙은 코코넛으로는 절대 맛보기 힘든 진미이니 기회가 된다면 즐겨 보자.

라테 스톤 공원 Latte Stone Park

원시 가옥의 주춧돌을 전시한 공간

라테 스톤은 기원전 500년경 차모로족의 가옥에 기초로 쓰인 돌기둥으로 북마리아나 제도 각지에서 발견된 고대 유물이다. 지주 역할을 하는 할라기 위에 타사라는 반석을 얹은 2개의 기둥으로 이루어져 있다. 할라기는 수킬로 미터 떨어진 남부의 페나 강 근처에서 가져온 석회암이라고 한다.
현재 이 공원에는 고유의 모습을 간직한 높이 1.5~2m의 돌기둥 8개가 2줄로 나란히 서 있는데, 이것은 돌기둥 높이로 사회적 지위를 나타낸 그들의 생활 양식을 전해주는 중요한 근거이다.
한편 이곳에는 라테 스톤을 테마로 한 공예품과 제2차 세계 대전 당시 일본이 차모로족과 한국인들을 강제로 동원해 콘크리트로 진지를 구축한 방공호가 있다.

주소 W O'Brien Dr., Agana **GPS 좌표** 위도 13.472348 (13°28′20.4″N), 경도 144.751773 (144°45′06.4″E) **시간** 24시간 **요금** 무료 **위치** 투몬에서 1번 도로를 따라 남부로 직진, 하갓냐 교차로에서 4번 도로에 진입 후 33번 도로에서 우회전. 아가냐 대성당, 스페인 광장 뒤편에서 도보 약 5분 / 레드 트롤리(하갓냐 셔틀) 또는 레아레아 트롤리(화·목·토 아가냐 쇼핑센터 코스) 이용하여 아가냐 대성당 하차 후 도보

산타 아규에다 요새 Fort Santa Agueda

하갓냐에서 유일하게 살아남은 스페인 요새

1880년대 스페인군이 하갓냐 만과 마을의 방어 목적으로 건립한 군사 거점이다. 스페인에 항거하는 차모로인을 진압하는 한편 무역선들을 해적으로부터 안전하게 지키는데 큰 기여를 했다.
아프간 요새로 더 잘 알려져 있는 이곳은 1960년 공원으로 조성되었는데 탁 트인 사방에서 불어오는 시원한 바람을 맞으며 아름다운 하갓냐, 필리핀 해와 절벽 라인들이 인상적인 북부를 한눈에 담을 수 있는 전망대로 각광받고 있다.

주소 Tutuhan, Agana Heights, Fort Ct., Agana **GPS 좌표** 위도 13.473339 (13°28′24.0″N), 경도 144.747829 (144°44′52.2″E) **위치** 스페인 광장 앞 교차로에서 7번 도로로 진입해 우회전 하거나, 1번 도로를 이용해 남쪽으로 직진하다 4번 도로에 들어선다. 두 번째 교차로에서 우회전으로 웨스트 오브라이언 드라이브에 진입 후 150m 앞의 좌측 언덕길을 오른다. 우측으로 7번 도로를 따라 가다 포르코트 길로 들어서면 약 1분 후 길 우측에 있다. 스페인 광장 앞 교차로에서 드라이브 소요 시간 약 5분, 도보 약 15분

아델럽 곶 Adelup Point

라테 스톤 모양 전망대의 탁트인 뷰가 매력적인 곳

하갓냐의 남부 카시미타 언덕에 위치해 있다. 괌의 미래에 대한 비전을 제시한 훌륭한 지도자였던 주지사 리카르도 J. 보르달로(1975~1978, 1983~1986년 재임)의 이름에서 유래한 주정부 종합청사(Ricardo J.Bordallo Governor's Complex)와 다목적 문화 센터로 이용되는 복합 건물, 안으로는 괌 박물관이 있다.

차모로의 전통 건축양식과 스페인 건축양식이 조화된 독특한 건물 외관과 일대의 아름다운 바다, 해변 덕분에 관광 명소가 되었으며 우리나라 최초의 해외로케 CF 촬영지이기도 하다. 커다란 라테스톤 형태의 자유의 라테(Latte of Freedom) 전망대에서는 하갓냐 만과 멀리 투몬 만에 이르기까지 아름다운 괌 바다를 한눈에 담을 수 있다. 시원한 바람과 평온한 파도 소리, 탁트인 하늘과 야자수를 만날 수 있고 예쁜 꽃과 식물, 작은 라테 스톤이 청사 앞을 감싸고 있어 전망대와 더불어 사진에 담기 멋진 곳이다.

주소 Governor's Office, Marine Corps Dr., Agana **전화** 671-472-8931 **시간** 월~금 09:00~16:00, 주말 · 공휴일 09:00~12:00 **요금** 라테 스톤 전망대 입장료 성인 $3,

아동 $1 **위치** 투몬에서 1번 도로를 따라 남서부 카시미타 언덕까지 직진, 드라이브 약 15분 소요 / 파세오 공원에서 드라이브 약 5분 소요

아산 비치 태평양 전쟁 국립 역사 공원 War in the Pacific National Historical Park

괌의 아픈 역사를 담고 있는 곳

아산 비치는 제2차 세계 대전 당시 일본으로부터 괌을 탈환하기 위해 미 해군이 상륙 작전을 펼쳤던 곳으로, 16만여 명의 전사자들과 희생자의 넋을 기리기 위해 1978년 공원이 조성되었다. 공원 내에는 아직도 일본군 포대와 요새가 남아 있고, 인근 바닷속에도 전쟁 당시의 군사유물들이 잠들어 있다. 해변에서 4km²까지는 보호 구역으로 지정돼 있지만 아산 비치 공원의 아름다운 해변가는 주말이면 현지인들이 가족과 함께 코코넛 나무를 따라 산책겸 피크닉을 즐기는 장소이며 베스트 포토 존으로도 유명하다.

주소 War in the Pacific National Historical Park in Asan Beach, Asan **GPS 좌표** 위도 13.47369 (13° 28′ 25.3″ N), 경도 144.70896 (144° 42′ 32.3″ E) **전화** 671-333-4050 **시간** 24시간 개방 **요금** 무료 **위치** 투몬에서 1번 도로를 이용해 아산 만 남쪽 방면으로 직진, 아델럽 곶을 지나 서쪽으로 약 2.3km 전방의 도로변 우측 해변가. 아델립 곶에서 드라이브 약 2분 **홈페이지** www.nps.gov/wapa

피시 아이 마린 파크 Fish Eye Marine Park

다양한 해양 생태계를 엿볼 수 있는 파크

푸른 하늘과 맞닿은 듯한 에메랄드빛 바다 위 300m 길이의 다리를 걷다보면 괌에서도 아름답기로 손꼽히는 피티 베이가 눈앞에 펼쳐진다. 괌의 5대 해양 보호 공원의 하나인 피티밤 홀(Piti Bomb Holes)은 바닷속에 200여 종이 넘는 열대어와 해양 생물들이 가득해 다이빙과 스노클링 장소로 유명하다. 피시 아이 마린 파크에 견고하게 설계된 '마이크로네시아 최초·유일의 해중 전망대'는 사방에 난 24개의 창을 통해 마치 잠수함 속에 있는 기분으로 아름다운 산호와 열대어들은 물론 스노클링, 시 워커를 즐기는 모습까지 볼 수 있어 특히 해양 생태계에 관심이 많은 아이에게 좋은 공간이다. 아침부터 낮까지 푸른 바다 빛은 그 안을 들여다보기 좋고 해질 녘에는 바다 위 다리에서 로맨틱한 선셋을 만끽할 수 있다.

주소 818 North Marine Corps Drive, Piti **GPS 좌표** 위도 13.471090 (13° 28′ 15.9″ N), 경도 144.704010 (144° 42′ 14.4″ E) **전화** 671-475-7777 **시간** 08:00~17:00(관람시간 3시간 소요) **요금** 해중 전망대 입장료 성인 $14, 6~11세 어린이 $7, 5세 미만 어린이 무료 (피시 아이 홈페이지 또는 여행사를 통해 다수의 투어 프로그램 선택 가능) **위치** 1번 도로(마린 드라이브)를 따라 남서부로 직진, 아산 비치 파크를 지나 곧 피시 아이 마린 파크 간판이 보인다. 드라이브로는 투몬에서 약 20분, 하갓냐에서 약 10분 소요 **홈페이지** www.fisheyeguam.com

피시 아이 레스토랑 & 폴리네시안 디너 쇼 Fish Eye Restaurant & Polynesian Dinner Show

피시 아이 마린 파크 내 극장식 레스토랑과 쇼

해중 전망대 맞은편의 비지터 센터(Visitor Center) 내에 있는 극장식 레스토랑이다. 트로피컬 아일랜드 분위기를 물씬 풍기는 인공 산호 연못과 아름다운 정원, 분수, 절벽으로 꾸민 야외 무대도 아름답다. 가벼운 옷차림으로 점심에는 괌 지역의 전통 음식 뷔페를 즐기고, 저녁에는 아름다운 선셋을 배경으로 해산물 뷔페와 일본 요리, 프랑스 요리 등을 음미하며 화려하고 역동적인 폴리네시안 디너 쇼를 감상할 수 있다.

공식 홈페이지 또는 제휴 여행사의 다양한 투어 프로그램을 선택해 신청하면, 호텔↔피시 아이 마린 파크 구간 왕복 셔틀과 해중 전망대 관람(선택 사항), 해산물 디너 뷔페, 폴리네시안 댄스 쇼를 편리하게 즐길 수 있다. 투어 전날 오후 5시 이후 투어 프로그램 취소 시, 투어 비용 100%를 취소 비용으로 부과하니 유의한다.

주소 818 North Marine Corps Dr., Piti **전화** 671-475-7777 **시간** 매일 운영(시설 보수일 제외) **요금** 해중 전망대 관람 & 해산물 디너 뷔페 & 폴리네시안 디너 쇼 투어 패키지(음료 제외) 성인 $96, 6~11세 어린이 $48, 5세 이하 무료, 8명 이상 시 성인 $84 / 해산물 디너 뷔페 & 폴리네시안 댄스 쇼 투어 패키지(음료 제외) 성인 $92, 어린이 $46, 8명 이상 시 할인가 적용, 5세 이하 무료 **위치** 투몬에서 1번 도로(마린 드라이브) 남서쪽으로 아산 비치 파크를 지나 바로 오른쪽의 피티 베이 해양 보호구역 내 피시 아이 마린 파크 해중 전망대가 보인다. 왼쪽에는 비지터 센터가 위치한다. 투어 프로그램 신청 시, 호텔 픽업 샌딩 서비스 이용. 투몬에서 약 20분, 하갓냐에서 약 10분 소요 **홈페이지** www.fisheyeguam.com

아산 만 전망대 Asan Bay Overlook

가슴 아픈 기억의 장소

괌 해방 50주년을 기념해 1994년에 완성된 아산 만 전망대는 제2차 세계 대전 당시 상륙 작전과 교전이 있었던 전적지 중 한 곳이다. 전망대에 오르면 아산의 해안과 아프라 항이 한눈에 들어온다. 한쪽의 벽(The Memorial Wall of Names)에는 1941년 일본 무장 세력에 대항한 미군들, 1944년 괌의 탈환전에서 희생된 괌 주민에 이르기까지 전쟁에서 죽은 14,721명의 이름이 새겨져 있다. 한편 이곳은 1997년 대한 항공 여객기가 추락한 사고 지역이어서 우리에게는 가슴이 시린 장소이기도 하다. 아름다운 경관에 상반되는 전쟁과 사고에 상흔이 깊어 여러모로 마음을 울리는 곳이다.

주소 Asan Bay Overlook, 6, Asan **GPS 좌표** 위도 13.460194(13° 27´ 36.7˝ N), 경도 144.715453(144° 42´ 55.6˝ E) **위치** 아델럽곶 앞 1번 도로에서 6번 도로를 경유해남쪽 1km 지점에서 우회전, 전방 1.3km 우회전 후 니미츠 힐을 지나 도로변 오른쪽으로 진입. 차로 약 5분 소요

아프라 항 Apra Harbor

깊은 바닷속 난파선이 잠들어 있는 괌 유일의 항구

차모로어로 'apapa(낮은 곳)'라는 이름으로 불리다 스페인 통치 시대를 거쳐 산 루이스 아프라 항(Port of San Luis de Apra)이 되었다. 제2차 세계대전 동안 일본의 통제하에 잠수함과 전함의 연료 보급용으로 쓰이다가, 해방 이후에는 미군을 지원하며 민간 선박과 관광, 레저 낚시용으로도 사용하게 됐다. 마이크로네시아 최대의 상업 항구로 현재 해안의 남쪽은 해군 기지이고 북쪽은 약 2만 톤의 화물이 오고 가는데 우리나라 회사의 이름도 쉽게 찾을 수 있다. 태평양에서 가장 아름다운 천연 항구 중 하나이며, 제1차 세계 대전 시대의 독일 상선 코모란호, 제2차 세계 대전 시대의 일본 화물선 카츠가와 마루와 토카이 마루가 해저에 침몰되어 있어

스쿠버 다이버들이 열광하는 다이빙 포인트다. 일부러 갈 만한 곳은 아니나 잠수함 투어나 라이드 덕 투어를 하면 가깝게 볼 수 있다.

주소 Apra Harbor, Piti **GPS 좌표** 위도 13.451004 (13°27′03.6″N), 경도 144.655113 (144°39′18.4″E) **위치** 투몬에서 1번 도로(마린 드라이브)를 이용해 남서부로 직진, 미 해군 기지 옆

티 스텔 뉴맨 기념관 T. Stell Newman Visitor Center

제2차 세계 대전의 모습을 전시해 놓은 역사 기념관

2012년 해군 기지 일대에 문을 연 전쟁 기념관으로 제2차 세계 대전 당시 괌의 전투와 천연 자원에 대해 각종 멀티미디어 자료로 소개한다. 전투 시 해군이 사용한 군복과 무기를 비롯해 참전국의 정보와 전쟁 과정 등을 사진과 그림으로 쉽게 풀어 놓아 방문객의 이해를 돕고 있다. 구내 서점의 모든 판매 수익금은 공원 운영비로 환원된다.

Check!

괌 해군 기지 정문 바로 바깥쪽 방문자 센터 극장에서 4개국의 언어(영어, 일어, 중국어, 한국어)로 약 10분짜리 괌의 전쟁 영화를 상영한다.

주소 1657-B, Santa Rita **GPS 좌표** 위도 13.422234 (13°25′20.0″N), 경도 144.675543 (144°40′31.9″E) **시간** 09:00~16:30 **휴무** 추수감사절, 크리스마스, 1월 1일 **요금** 무료 **위치** 태평양 전쟁 역사 공원 안. 투몬에서 1번 도로(마린 드라이브)를 경유해 남서쪽으로 직진해군 기지 정문 바로 앞에서 우회전하면 일본 소형 잠수함과 인접한 곳에 있다. 피시 아이 마린 파크에서 드라이브 소요 시간 약 7분, 투몬 호텔 로드나 공항에서 드라이브 약 30분 소요 **홈페이지** www.nps.gov/wapa/t-stell-newman-visitor-center.htm

Food & Restaurant
하갓냐·중부의 먹을거리

투레 카페

오래된 레스토랑과 현지인들의 단골 맛집이 많아 그들의 삶에 한걸음 더 다가갈 수 있다. 맛있는 브런치 레스토랑, 해변을 바라보며 한가롭게 쉬기 좋은 카페, 묵직하고 달콤한 아메리칸 스타일 디저트를 선보이는 곳과 아가냐 대성당 근처 맛집들을 잘 살펴보자.

로컬 브런치 카페

투레 카페 Tu Re' Cafe

하갓냐 만의 바닷가에 위치한 로컬 카페

스페인 광장과 대성당을 비롯한 남부 투어가 시작되는 지점에 위치하고 이른 시간부터 오픈하기 때문에 간단하게 아침을 먹거나 간식과 커피를 구입하기 좋은 곳이다. $10 내외로 다양한 브런치와 디저트를 즐길 수 있으며 일리(illy) 커피 원두를 사용한 커피 메뉴를 선보인다. 아침 식사로 인기 있는 메뉴는 베이글 위에 담백한 훈제 연어와 수란, 토마토와 네덜란드 스타일의 퓨전 소스로 풍미를 더한 훈제 연어 베네딕트, 시금치와 바삭하게 구운 베이컨을 메인으로 하는 스피니치 앤 베이컨 샌드위치이다. 신선한 샐러드에 소이 버터 소스를 곁들여 먹는 연어 스테이크와 주재료를 다양하게 선택할 있는

투레 파스타, 스위스 버거라고도 불리는 베이사이드 버거는 맛도 좋고 푸짐한 양으로 제공되어 만족스럽다. 투레는 선명한 레드 컬러가 인상적인 외관

과 달리 실내는 모던하고 안정적인 분위기를 풍기며 브런치와 커피를 즐기러 오는 현지인들이 대부분이기 때문에 한가롭고 조용하다. 별 좋은 낮에는 야외 테라스에서 하갓냐 만의 에메랄드빛 해변가에서 패러세일링이나 제트 스키 같은 해양 스포츠를 즐기는 모습을 볼 수도 있다. 일몰 무렵에는 오렌지빛으로 물든 수평선을 감상할 수 있다.

주소 349 Marine Corps Drive, Agana **전화** 671-479-8873 **시간** 조식 월~금 06:30~10:30, 주말 06:30~11:30 / 런치 메뉴 제공 시간 월~금 10:30~20:00, 주말 11:30~15:00 **가격** **〈인기〉** 훈제 연어 베네딕트 $9.99, 시금치 앤 베이컨 샌드위치 $8.75 / **〈추천〉** 투레 파스타 $11.25~, 연어 스테이크 $13.25, 베이사이드 버거 $11.25 / 조식 $6.25~, 런치 $8.95~, 망고 스무디 $5.25 **위치** 투몬 시내에서 1번 도로를 따라 하갓냐 방향으로 직진하다 알루팡 비치 타워 지나면 바로, 씨티 뱅크 건너편 / 레아레아 트롤리(화·목·토 아가냐 쇼핑센터 코스) 이용하여 투레 카페 하차 **홈페이지** www.turecafeguam.com

컵 앤 소서 Cup'n Saucer Bakery & Cafe

작지만 브런치와 디저트 종류가 다양한 카페

온통 하얀색으로 칠한 2층의 건물과 초록의 창, 그 앞의 커다란 야자수 한 그루가 하와이를 연상시키는 건물 안에 들어서면 오른쪽 한 켠에 컵 앤 소서가 아담하게 자리하고 있다. 카페 안에 머무를 만한 자리는 없어도 테라스 테크와 1층 중앙의 테이블을 이용하면 된다. 1996년 이후 괌에서 트랜스 지방이 없는 시나몬 롤과 케이크가 맛있기로 유명한 곳인 만큼, 여행의 피로가 싹 달아날 것 같은 달콤한 아메리칸 스타일의 디저트라 하면 컵 앤 소서가 제격이다. 쇼케이스 안의 다양한 디저트들이 시선을 끄는데 최고의 인기 메뉴로는 가장 먼저 품절되곤 하는 생크림을 듬뿍 넣은 시나몬 롤과 달콤한 초콜릿 케이크, 새콤한 당근 케이크 등이 있다. 달지 않은 메뉴를 좋아한다면 샌드위치와 크레이프를 추천한다. 매달 비행기로 공수해 오는 유기농 아라비카 원두를 블랜딩하기 때문에 항상 신선한 커피를 즐길 수 있고, 비건

바나나 스무디, 요거트 스무디와 제철 과일 셰이크도 재충전하는 데 도움이 되는 음료이다. 요일별 다양한 런치 메뉴가 있으며 먹기 아까울 만큼 알록달록 예쁜 홈메이드 쿠키와 비스코티, 마카롱 등의 간식을 포장해 판매한다.

주소 138 Martyr St., Agana **전화** 671-477-2585 **시간** 월~토 06:30~18:00, 일 07:30~13:30 **가격** 시나몬 롤 $2.25~27, 크레페 $ 4.95~, 샌드위치 $5.95 **위치** 차모로 빌리지 정문 건너편 프로아 하갓냐점 옆의 뱅크 오브 하와이 골목 더 칼보 빌딩(The Calvo Building) 내. 스페인 광장에서 도보 4분, 아가냐 대성당에서 도보 3분 / 레드 트롤리(하갓냐 셔틀) 또는 레아레아 트롤리(화·목·토 아가냐 쇼핑센터 코스) 이용하여 아가냐 대성당 하차 후 도보 약 3분

Tip 미트로프란 무엇일까?

미트로프(Meat Loaf)는 다진 고기에 달걀과 채소를 섞어 덩어리로 구운 후 얇게 저며서 내놓는 음식을 의미한다. 버터를 바른 오븐의 철판 위에 어묵 또는 식빵 모양으로 만들어 올린 후 주위에 녹인 버터나 달걀 푼 것을 바르고 오븐에서 중불로 굽는다. 버터에 볶은 스파게티·매시드포테이토, 익히거나 버터에 볶은 채소들을 적당히 곁들이고, 토마토 소스나 브라운 소스를 얹는다.

로컬 레스토랑

프로아 레스토랑 PROA Restaurant

괌에서 손꼽히는 베스트 레스토랑

마리아나 제도를 항해하던 전통적인 쾌속선의 의미를 지닌 프로아는 파란색 배 그림의 간판을 찾으면 된다. 성수기에는 여행 1개월 전에 예약하고 방문하는 경우도 많을 만큼 현지인들은 물론이고, 한국인과 일본인 관광객들의 취향까지 사로잡은 로컬 레스토랑이다. 하와이에 본점이 있고, 괌에는 두 곳의 지점이 있는데, 대중적인 분위기의 투몬점은 대기 시간이 기본 1시간이기 때문에 대기자 리스트에 이름을 남기고 니코, 롯데, 아웃리거 호텔 경관을 한눈에 담을 수 있는 도보 5분 거리의 비치 공원을 산책하는 것도 좋다. 오픈 시간이나 오후 5시 해피 아워가 시작되기 조금 전에 방문하면 입장 대기의 수고를 줄일 수 있다. 하갓냐점은 규모도 크고 한층 더 지역 특색을 담고 있는 편이다. 추천 메뉴는 단연 육즙이 살아있는 바비큐인데 차모로 스타일의 피나딘 소스와 새콤달콤한 드레싱을 곁들인 샐러드는 고기와 함께 먹기에 알맞고 밥은 레드 라이스 또는 플레인 라이스를 선택할 수 있다. 음료는 별도 주문하고, 시원한 아이스티와 $10의 맥주는 무한 제공된다. 합리적인 가격으로 디너를 즐길 수 있는 오후 5시부터 7시까지 해피 아워에 방문하기를 추천하고, 괌의 수제 맥주, 코코넛 바나나 프리터와 같은 프로아만의 오리지널 메뉴와 지점 한정 메뉴도 체크해 보자. 다양한 베이커리와 디저트의 스포장 서비스 공간이 따로 마련되어 있다.

주소 하갓냐점 178 West Soledad Avenue, Agana **투몬점** Ypao Beach 429 Pale San Vitores Road, Tumon **전화 하갓냐점** 671-477-7762 **투몬점** 671-646-7762 **시간 하갓냐점** 런치 11:00~15:00, 디너 18:00~22:00, 바 17:00~ **투몬점** 11:00~22:00 **가격** <추천> 빅 펠러 트리오(갈비, 립, 치킨) $18.95 / <인기> 쇼트 립 $16.95 / 메인 $16.95~, 어린이 메뉴 $7.95, 아이스 티 $2.75(부가세 별도, 무한 리필) **위치 하갓냐점** 시내에서 1번 도로(마린 드라이브)를 타고 남부로 드라이브 약 10분, 차모로 빌리지 정문 건너편의 스페인 광장 근처 / 레드 트롤리(하갓냐 셔틀, 수요일 차모로 빌리지 야시장 셔틀) 또는 레아레아 트롤리(화·목·토 아가냐 쇼핑센터 코스) 이용하여 차모로 빌리지 또는 아가냐 대성당 하차 후 도보 약 10분 **투몬점** 호텔 로드 힐튼 괌 리조트 & 스파 방면의 이파오 비치 파크 입구. PIC에서 힐튼 호텔 방향으로 도보 약 10분, 힐튼 호텔에서 도보 약 5분 / 레드 트롤리 또는 레아레아 트롤리 이용하여 이파오 비치·GVB 하차

셜리스 Shirley's Coffee Shop

현지인에게 인기 많은 패밀리 레스토랑

1983년에 문을 연 패밀리 레스토랑으로, 다운타운을 포함한 하갓냐 지역 일대에서 시작된 로컬 브랜드 중 꾸준한 인기를 끌고 있는 곳이다. 동서양의 음식 문화를 결합한 퓨전 요리를 선보이는 셜리스의 메뉴를 주변에서 많이 모방했을 정도였다니 그 유명세를 가늠할 수 있다. 이른 아침 식사는 오믈렛, 스크램블과 같이 주로 달걀을 사용하는 카페 메뉴와 아침 식사 스페셜이 제공된다. 브런치로 골든 프렌치 프라이를 곁들인 샌드위치와 푸짐한 버거, 두툼한 팬케이크를 비롯해, 스페인 스타일의 수제 소시지 초리조(Chorizo)와 포크 또는 치킨이 제공되는 토시노 콤보도 이색적인 메뉴이다. 런치와 디너 식사로는 차모로 볶음밥을 기본으로 하고, 간단히 식사하기 좋은 다양한 스페셜 메뉴를 신선한 샐러드와 함께 제공한다. 추천 메뉴는 점보 새우를 곁들인 뉴욕 스테이크(New York Steak with Jumbo Prawns)와 시나몬향의 차와 커피의 퓨전으로 선보이는 차이 라테(Chai Latte)이다. 메뉴에 따라 포함된 흰밥은 볶음밥 또는 갈릭 라이스, 브라운 라이스로 교체할 수 있고 커피는 리필이 가능하다. 디저트로 달콤하고 부드러운 식감의 케이크와 크림 크레페 및 아이스크림을 즐길 수 있으며 어린이 메뉴에는 아동용 펩시 또는 차모로 펀치가 1회 제공된다. 현재 하갓냐와 타무닝, 공항, 하몬에 지점을 운영 중이다.

주소 하갓냐점 302 South Route 4 Suite 100, Agana **타무닝점** 388 Gov Carlos G Camacho Rd., Tamuning **전화**

하갓냐점 671-472-8383 **타무닝점** 671-649-6622/33 **시간 하갓냐점** 06:30~22:00 **타무닝점** 06:00~24:00 **가격** <추천> 점보 새우를 곁들인 뉴욕 스테이크(New York Steak with Jumbo Prawns) $27.95 / **조식** 메인 $8.75~, 샌드위치 $7.45~ / 볶음밥 $9.25~, 스테이크 $19.95~, 시푸드 스페셜 $22.95 **위치 하갓냐점** 아가냐 쇼핑센터 옆 / 레드 트롤리(하갓냐 셔틀) 또는 레아레아 트롤리(화·목·토 아가냐 쇼핑센터 코스) 이용하여 아가냐 쇼핑센터 하차 **타무닝점** 타무닝의 온 워드 리조트에서 오른쪽으로 약 3분 거리의 산타페 호텔 근처 / 레아레아 트롤리 이용하여 산타페 하차 **홈페이지** www.shirleysguam.com

카르멘스 차차차 Carmen's Cha Cha Cha

현지인들이 즐겨 찾는 멕시칸 레스토랑

멕시칸 요리를 즐기는 현지인들에게 꾸준하게 사랑을 받아 온 로컬 레스토랑이다. 주문 후 바로 나오는 삼색 나초와 소스가 입맛을 돋우고, 취향에 따라 다양한 선택이 가능한 메인 요리와 샐러드는 맛도 좋고 양도 넉넉하다. 치킨, 스테이크 중 하나를 고르고, 양파와 피망 구이, 멕시칸 라이스, 콩에 살사 소스를 곁들여 수제 토티야와 즐기는 파히타(Fajitas)는 물론, 치즈에 따뜻한 수제 토티야, 살사 소스와 양상추를 곁들이는 케사디아(Quesadilla) 그리고 멕시칸 라이스, 콩, 아보카도 소스와 샤워 크림, 살사 소스를 취향에 맞게 즐길 수 있는 브리토(Burrito)와 같은 단품 메뉴를 취향대로 다양하게 즐길 수 있다. 한편, 평일 오후 4시부터 7까지 해피 아워에 방문하면 합리적인 가격의 식사를 할 수 있고, 금요일 저녁에는 흥겨운 밴드 공연이 펼쳐진다. 최근에는 한국인 관광객들에게도 알려져 조금씩 발길이 늘고 있다. 여행지에서 이국적인 분위기의 편

안한 식사를 원한다면 괜찮은 선택이 될 것이다.

주소 Carmen's, 192 Archbishop F.C. Flores Street 1st Floor, Perez Bldg., Agana **전화** 671-472-7823 **시간** 월~토 10:00~21:00, 평일 해피 아워 16:00~19:00, 금 18:00부터 밴드 공연, 일 휴무 **가격** 케사디아 $10.50~, 브리토 $12.50~, 망고 랩 $12.50~, 파히타 $25~ 메인 $16.50~ **위치** 아가냐 대성당 바실리카 왼쪽 건너편 PDN 빌딩 근처 / 레드 트롤리(하갓냐 셔틀, GPO ↔ 레오 팔레스 셔틀) 또는 레아레아 트롤리(화·목·토 아가냐 쇼핑센터 코스) 이용하여 아가냐 대성당 하차 **홈페이지** www.carmenschachacha.com

피셔맨즈 코 옵 Fisherman's Co-Op

싱싱한 회를 저렴하고 푸짐하게

항구에 위치한 자그마한 생선 가게로 허름한 컨테이너지만 현지인들은 물론 관광객까지 많이 찾는 곳이다. 연어, 바닷가재, 오징어, 참치 등 싱싱한 해산물을 저렴한 가격에 구입할 수 있다. 한 마리를 통째로 구입할 수 있는 것은 물론 부위별, 사이즈별, 또 회로 바로 먹을 수 있도록 $20, $10, $5 가격으로 소포장해 판매한다. 진열대와 냉장고에 원하는 생선이나 구성이 없을 때는 따로 주문하면 바로 썰어 준다. 미리 초장을 챙겨 가면 좋고, 가게에서 와사비 간장과 젓가락을 제공하니 챙기도록 하자. 냉동이 아닌 싱싱한 회를 한입 먹는 순간 사르르 녹아 점포가 허름해도 사람들이 왜 찾아오는지 그 이유를 알 수 있다. 오픈 시간부터 사람들의 발길이 끊이지 않아 늦은 시간에 방문한다면 원하는 해산물을 맛보지 못할 수도 있으니 참고하자.

주소 Fisherman's Co-Op, Agana **전화** 671-472-6323 **시간** 10:00~19:00 **가격** 참치 & 연어회 1팩당 $5~20 **위치** 차모로 빌리지 바라보고 왼쪽 끝 건너편

Shopping
하갓냐 중부의 쇼핑

괌 분위기가 물씬 나는 제품을 원한다면 하갓냐와 중부를 방문하자. 렌터카를 이용하면 보다 자유롭게 둘러볼 수 있다. 이곳은 현지인들이 애용하는 이색적인 숍과 로컬 브랜드, 전문점이 즐비해 구경하는 재미가 있다. 대규모 시장과 아기자기한 단독 점포 등 다양한 스타일의 공간을 한가로이 걸으며 쇼핑을 즐긴 후 인근의 바닷가와 공원, 조용한 카페에서 잠시 휴식을 취하기 좋다.

차모로 빌리지 야시장 Chamorro Village Night Market

여행지 쇼핑의 진정한 맛, 야시장

매주 수요일 저녁이면 차모로 빌리지에 야시장이 열려 현지인과 관광객들로 발 디딜 틈이 없다. 기념품점은 더 활기를 띠고 포장마차에서는 레드 라이스, 새우 파이, 필리핀식 국수, 코코넛 가루를 뿌려 구운 닭고기, 바비큐 등 맛있는 괌의 로컬 음식들을 판매한다. 다들 엇비슷한 음식과 물건을 파는 것 같지만 인기 있는 가게들은 길게 줄을 서야 하기 때문에 일행과 방문하면 구입할 아이템을 나눠 사고, 앉을 만한 자리를 빠르게 찾아야 한다. 해가 지기 시작하면 물소 타기 체험을 비롯해 민속 공연, 차차 댄스, 악기 연주와 노래를 부르는 등 상시 공연을 하기 때문에 눈과 귀가 즐겁다. 이곳을 구경하는 것 만으로도 괌의 일상적인 분위기를 물씬 느껴 볼 수 있어서 여행을 계획할 때 수요일을 넣으라고 추천하고

싶을 정도이니 꼭 방문해 보자. 야시장이 열리는 수요일에는 주차장이 부족하므로 대중교통을 이용하거나 서둘러 움직이는 것이 좋다. 돗자리를 챙겨가면 요긴하다.

주소 Paseo Loop, Agana 전화 671-475-0376 시간 야시장 매주 수 17:30~21:30 요금 무료, 차모로 바비큐 $9(메인 3개, 사이드 3개) 위치 아가냐 대성당 인근의 파세오 공원 내 / 레드 트롤리(수요일 차모로 빌리지 야시장 셔틀) 또는 레아레아 트롤리(수요일 차모로 빌리지 익스프레스) 이용하여 차모로 빌리지 하차

Tip 택시로 차모로 빌리지 야시장 가기
투몬 등에서 택시를 이용해 차모로 빌리지 야시장에 다녀올 수 있다. 야시장을 돌아보는 시간(약 30분~1시간)을 염두에 두고 택시 왕복 이용 시간과 비용을 택시 기사와 사전 합의한 후 출발한다.

아가냐 쇼핑센터 Agana Shopping Center

하갓냐의 로컬 쇼핑센터

괌에서 가장 오래된 쇼핑센터로 2005년 리노베이션을 거쳐 새롭게 오픈했다. 괌 자체 지역 브랜드와 미국 브랜드 약 100여 개가 혼합된 다양한 스타일의 숍에서 실용적인 패션 잡화와 수상 스포츠용품 등의 쇼핑은 물론 편안하게 레스토랑에서 여유를 즐길 수 있다. 1층에는 비타민월드를 비롯한 패션 잡화점, 주얼리 숍과 레스토랑이 입점해 있고, 2층에는 신선한 식재료와 간식을 합리적인 가격에 구입할 수 있는 페이레스 슈퍼마켓과 키즈 파크, 전시장과 극장 같은 문화 시설 등이 있다. 쇼핑센터 부지 내에는 토니 로마스 하갓냐점과 카프리초사를 비롯해 웬디스, 설리스 커피숍, 타코벨, 피자헛, 요거트 랜드와 같이 부담 없는 식사를 하기에 괜찮은 곳들이 많아 가족과 함께 시간을 보내려는 현지인들에게도 인기이다. 한쪽에 위치한 SM 스토어는 필리핀 로컬 분위기의 차별화된 판매 전략을 선보이고 있어서 아가냐 쇼핑센터와 함께 둘러봐도 좋은 곳이다.

1번 도로를 이용해 남부 하갓냐 방향으로 진행하다, 교차로에서 왼쪽 4번 도로로 진입해 이스트 오브라이언 드라이브 변에 위치 / 레드 트롤리(하갓냐 셔틀, GPO ↔ 레오팔레스 셔틀) 또는 레아레아 트롤리(화 · 목 · 토 아가냐 쇼핑센터 코스) 이용하여 아가냐 쇼핑센터 하차 홈페이지 www.aganacenter.com

주소 302 South Route 4 O'Brien Drive 4, Agana 전화 쇼핑센터 671-472-5027, 페이레스 671-477-7006 시간 아가냐 쇼핑센터 월~토 10:00~20:00, 일 10:00~18:00 / 페이레스 매일 24시간 오픈 / SM 스토어 월~토 10:00~21:00, 일 10:00~18:00 위치 투몬에서

자연 그대로의 아름다움을 간직한 지역

남부는 열대의 정글과 폭포, 포르투갈의 모험가 마젤란의 이야기, 태평양 전쟁의 흔적을 모두 만나 볼 수 있는 흥미로운 지역이다. 반나절이면 충분히 돌아볼 수 있으나 대중교통이 불편해 렌터카를 이용하는 것이 좋다. 다행히 길이 매우 단순해 초행자도 손쉽게 이동할 수 있다. 바다와 전망대, 절벽의 자연 경관을 감상하며 최남단 해안가에 도착하면 우마탁과 메리조와 같은 스페인 시대의 유적들을 엿볼 수 있는 아담한 마을이 흩어져 있다. 남부에는 음식점이 거의 없으니 먹을거리는 챙겨 가는 것이 좋다.

남부에서 꼭 해 봐야 할 것!

❶ 여유롭게 드라이빙하면서 지역 명소 찾아보기
❷ 곰 바위를 배경으로 기념 사진 찍기
❸ 과일 가게 노점상에 들러 스타 애플 같은 신기한 과일 맛보기
❹ 괌에서 가장 유명한 수제 버거집 가기
❺ 코코스 섬 새하얀 모래 위에서 간식을 먹고 자전거 타기

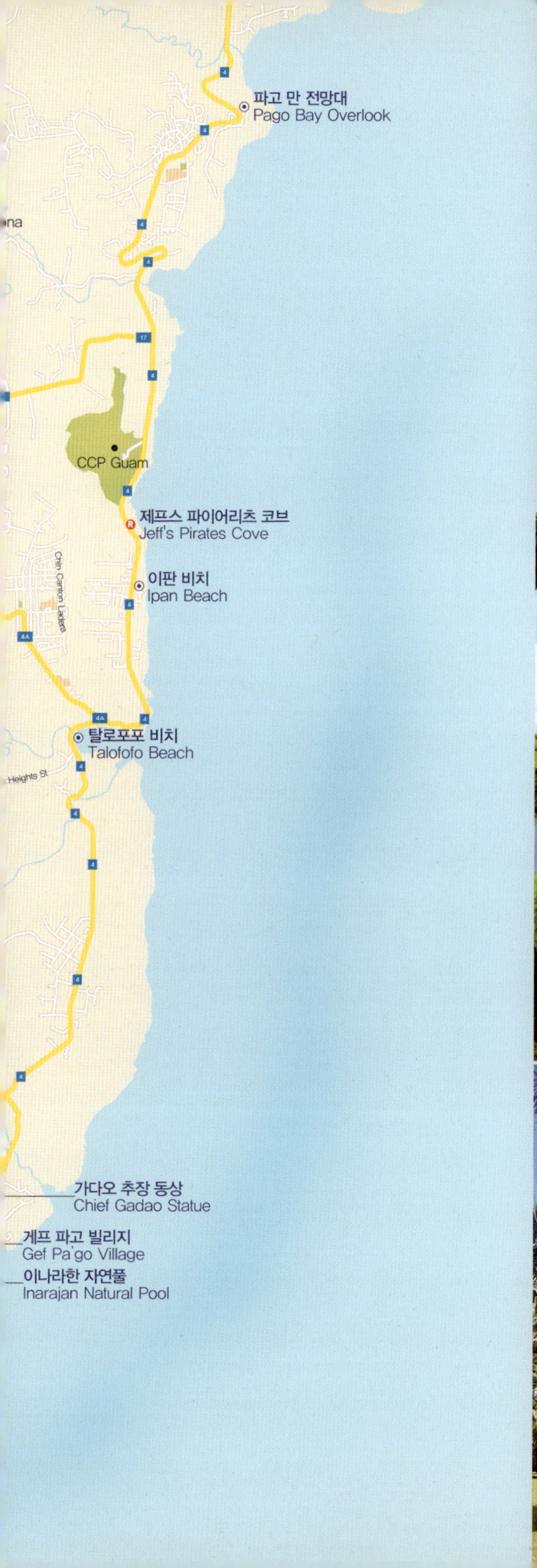
파고 만 전망대
Pago Bay Overlook
CCP Guam
제프스 파이어리츠 코브
Jeff's Pirates Cove
Chin Canton Ladera
이판 비치
Ipan Beach
탈로포포 비치
Talofofo Beach
Heights St
가다오 추장 동상
Chief Gadao Statue
게프 파고 빌리지
Gef Pa'go Village
이나라한 자연풀
Inarajan Natural Pool

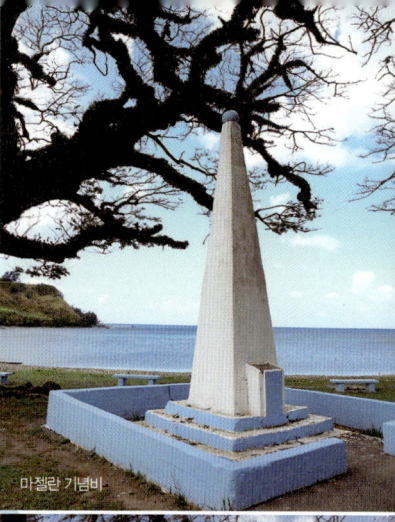

마젤란 기념비

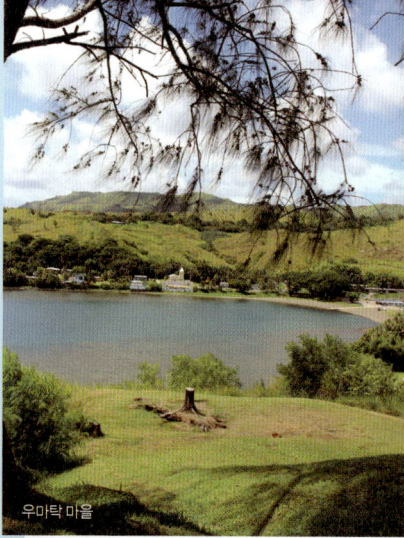

우마탁 마을

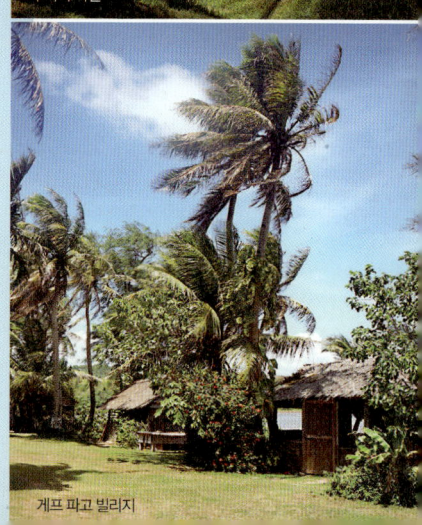

게프 파고 빌리지

곰바위

남부 추천 코스

남부

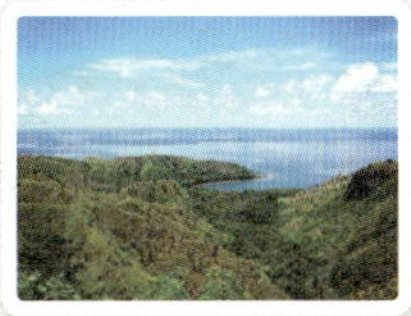

세티 만 전망대 — 자동차 7분 → 우마탁 마을 (마젤란과 스페인의 흔적 찾아보기) — 자동차 5분 → 솔레다드 요새

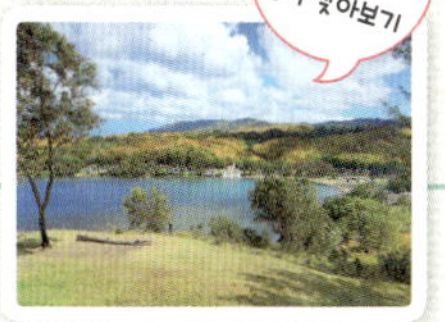

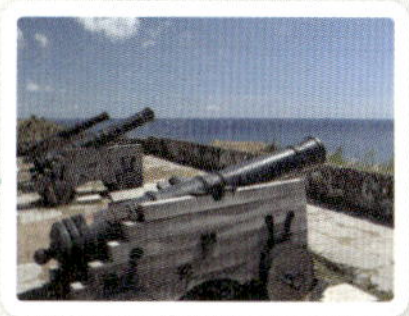

— 자동차 5분 →

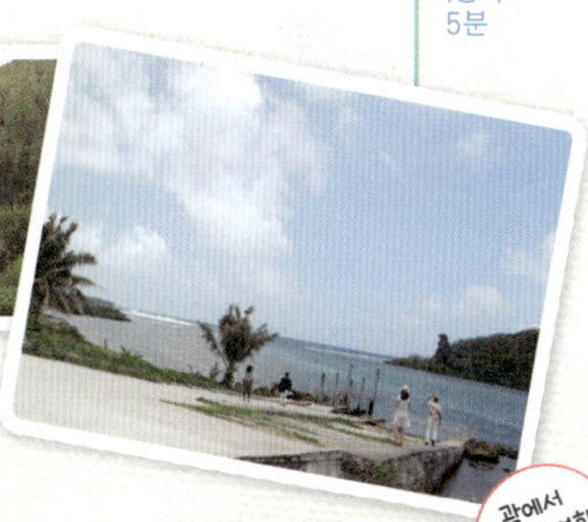

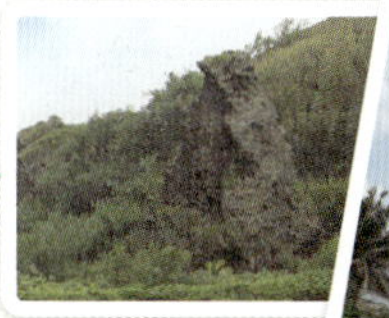

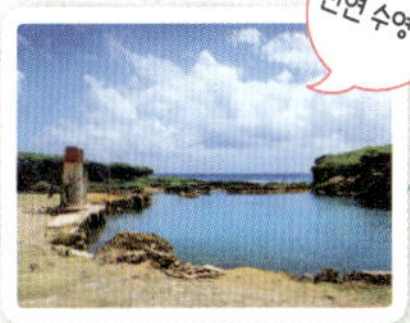

이나라한 자연풀 (천연 수영장) — 자동차 7분 → 곰 바위 — 자동차 7분 →

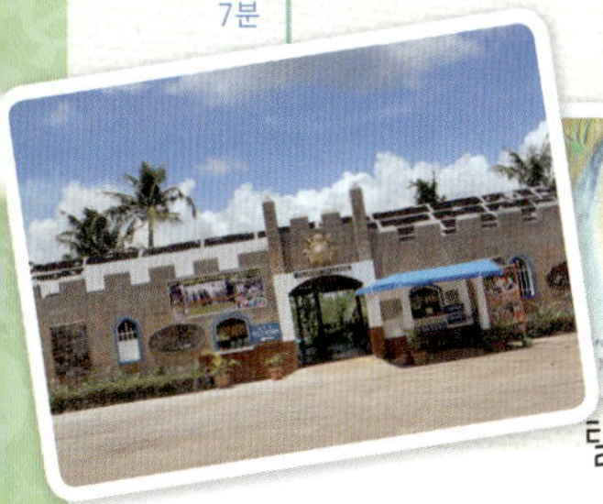

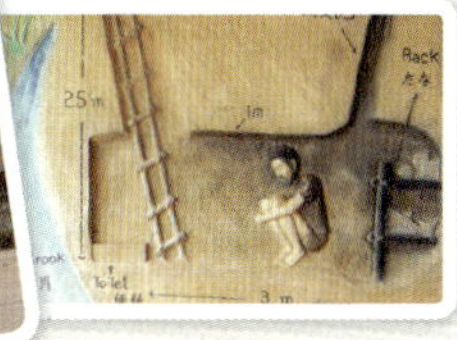

탈로포포 폭포 & 요코이 동굴과 탈로포포 비치 — 자동차 10분 → 제프스 파이어리츠 코브 (괌에서 가장 유명한 수제 버거)

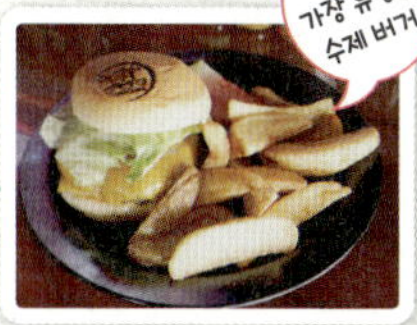

이나라한 자연풀

Sightseeing
남부의 볼거리

괌의 가장 높은 산, 자연 풀장, 요코이 동굴 등 천연의 자연과 유적을 찾을 수 있다. 괌의 역사가 정확히 언제부터 시작됐는지는 모른다. 하지만 이 지역을 둘러보면 괌이 세상에 어떻게 알려졌는지는 정확히 알 수 있다. 포르투갈의 탐험가 페르디난드 마젤란의 항해, 그리고 시작된 괌의 어두운 과거까지. 자연 경관을 즐기며 괌의 과거로 다가가 보자.

아갓 마리나 Agat Marina

다양한 투어 프로그램에 참여할 수 있는 선착장

선셋 크루즈, 돌핀 크루즈 투어 프로그램을 신청하면 방문하게 되는 선착장이다. 청명한 날 푸른 바다에 높은 하늘과 돛을 단 선박들의 모습은 한 폭의 그림과 같다.

주소 Agat Marina, Agat **GPS 좌표** 위도 13.368996 (13° 22′ 08.4″ N), 경도 144.650273 (144° 39′ 01.0″ E) **위치** 투몬에서 1번 도로를 이용해 남서부 해군 기지 앞 교차로에서 2A, 2번 도로를 경유하면 아갓 만 오른쪽에 위치. 공항이나 투몬에서 차로 약 30분 소요

탈리팍 다리 Talifak Spanish Bridge

괌의 18세기 흔적을 엿볼 수 있는 다리

스페인 점령 시기인 1785년 니미츠 해변에 축조된 하갓냐와 우마탁 마을을 잇는 해안 도로 엘 카미오 리아르의 아치형 다리 중 하나이다. 원래는 나무 다리였지만 파손된 후 1800년대 중반에 지금과 같은 석조 다리로 복원되었다. 수풀에 가려져 있고 이끼가 잔뜩 낀 작은 다리여서 잘 안 보일 수 있으니 사진을 보고 찾아보자. 괌의 18세기 흔적을 엿볼 수 있는 의미 있는 다리이다.

GPS 좌표 위도 13.361524 (13° 21′ 41.5″ N), 경도 144.649479 (144° 38′ 58.1″ E) **위치** 투몬에서 1번 도로를 이용해 남서부 해군 기지 앞 교차로에서 2A, 2번 도로 진입 후, 아갓 마리나를 지나 남쪽으로 내려가면 오션사이드 마켓 옆 'Tollai Talaifak-Talaifak Bridge' 표지판이 보인다. 투몬에서 드라이브 약 30분 소요

람람 산 Mount Lamlam

괌에서 가장 높은 산

'람람(Lamlam)'은 차모로어로 번개를 뜻한다. 시내에서 람람 버스를 봤다면 이미 익숙한 이름일 것이다. 해발 406m의 작은 언덕 정도로 보이는 화산이지만 해저부터 측정하면 에베레스트보다 높아 세계에서 가장 높은 산이라고 한다. 전망대에서 내려다보면 초록빛 나무와 푸른 바다가 연출하는 장관이 펼쳐진다.

대표적인 휴양지인 괌에서 편하게 쉬며 쇼핑, 식도락을 즐기는 것도 좋지만 색다른 경험을 해 보고 싶다면 람람 산을 오르는 간단한 트레킹을 즐기는 것은 어떨까. 억새 길을 따라 걷다 보면 십자가 하나가 보이는 곳부터 람람 산 정상이다. 세티 만 전망대에서 정상까지는 약 30여 분 소요된다.

주소 Mount Lamlam, Agat **GPS 좌표** 위도 13.335924 (13° 20′ 09.3″ N), 경도 144.663634 (144° 39′ 49.1″ E) **위치** 투몬에서 1번 도로를 이용해 차례로 2A, 2번 도로에 진입. 아갓 마리나를 기점으로 남서부 4.4km 전방의 좌측에 보임. 투몬에서 드라이브로 40분 소요.

괌 남부 투어

괌에선 대부분 물놀이나 액티비티 중심으로 일정을 짜고 나머지 시간은 쇼핑에 집중하는데, 괌과 더 친밀해지고 싶다면 남부 투어가 대안이 될 수 있다.

✽ 남부 투어 버스

남부 관광지를 편안하게 돌아보고 싶은 사람들에게 잘 맞는 프로그램이다. T 갤러리아나 괌 프리미어 아웃렛(GPO)에서 출발해 아가냐 성당, 아산 만 전망대, 세티 만 전망대, 메리조 만, 곰 바위, 게프 파고 빌리지를 돌아 마이크로네시아몰, T 갤러리아, GPO로 돌아오는 코스이다.

현지 여행사인 람람 투어(Lam Lam Tours & Transportation)에서 운영하는 남부 관광 버스(Let's Go South)로 해안선을 따라 이색적인 관광 코스를 둘러볼 수 있다. 이용 당일 티켓 예약 시 희망한 투몬의 픽업 장소로 이동해 구입 증명서를 제시하고 출발 시간에 맞춰 투어 버스에 탑승하면 된다. 픽업을 포함해 약 3시간 30분이 소요되고, 마이크로네시아몰을 포함한 쇼핑몰을 경유해 쇼핑도 함께 즐길 수 있다. 매일 1회, 최소 2인 이상의 인원이 모이면 가이드 없이 출발하며 국내의 하나 투어를 비롯한 제휴 여행사를 통해서도 사전 예약이 가능해 간편하게 이용할 수 있다.

전화 671-649-5314/5(현지 문의처), 02-701-9717(괌 트롤리 버스 한국 사무소) **운영 시간** 한국 사무소 월~금 09:00~18:00, 주말·공휴일 휴무 **소요 시간** 매일 1회, 최소 2인 이상 출발, 픽업 포함해 약 3시간 30분 소요 **픽업 시간** T 갤러리아 버스 승차장 10:00, GPO 정문 10:15 **요금** 성인 $45, 어린이(만 6~11세) $35 (픽업 장소로 이동 시 교통비 별도, 와이파이 서비스 포함되지 않음) **홈페이지** www.tbusmall.com(한국 사무소 티켓 쇼핑몰), www.hanatour.com(하나 투어)

투어 코스

매일 T 갤러리아(10:00) 또는 GPO(10:15) 출발 → 아가냐 대성당 → 아산 전망대 → 아산 해변 → 세티 만 전망대 → 메리조 항구 → 곰 바위(베어 록) → 게프 파고 빌리지 → 마이크로네시아몰 → T 갤러리아 → GPO 도착

> **Tip** 한국에서 람람 투어 남부 관광 티켓을 예매하는 방법
> ❶ 괌 트롤리 버스 한국 티켓 쇼핑몰(www.tbusmall.com)이나 제휴 여행사를 통해 티켓을 사전 예약해야 한다. 티켓 예약 시 이용 날짜와 희망 픽업 장소를 선택해 배송 메시지 칸에 입력한다.
> ❷ 이메일의 주문 번호와 상품명이 포함된 구매 내역을 출력해 둔다.
> ❸ 괌 도착 전날 한국 시간 오후 12시까지 결제 완료해야 한다.
> ❹ 남부 관광 티켓을 단독 이용하는 경우는 당일 시간에 맞춰 픽업 장소로 이동해 기사에게 구입 내역을 제시하고 승차한다.
> ❺ 다른 관광지와의 결합 상품 구입 시 실물 티켓은 공항에서 수령하면 되고, 남부 투어 당일에도 받을 수 있다.
> ❻ 운행 시간은 현지 교통 사정 및 날씨에 의해 지연될 수 있다.
> ❼ 이용 당일 현지에서는 티켓의 주문 취소가 불가하며 한국에서 출발 전에 취소해야 한다.
> ❽ 남부 관광 상품만 단독 이용 시 어린이 요금은 만 2~11세에 적용된다. 결합 상품 이용 시 어린이 요금은 만 6~11세에 적용되며 만 2~5세 유아는 오퍼레이션(여행사 수수료) 비용만 부담하면 된다.

✿ 남부 투어 택시

시내 호텔과 주요 쇼핑센터, 레스토랑 등에서 한인 택시를 호출해 이용할 수 있다. 남부 투어만 약 4시간, 중부와 남부를 모두 일주하면 약 6시간이 소요된다. 개인 스케줄에 맞추기 편할 뿐만 아니라 오랜 경력을 지닌 택시 기사에게 생생한 괌 여행 가이드를 받을 수 있다는 장점도 있다. 중·남부 또는 남부 코스를 선택해 둘러보고 돌아오는 길에 쇼핑몰을 경유하는 것까지 코스로 묶을 수 있으니 기사와 조율해 보자. 예약 시 총비용의 일부를 선불로 결제하고 나머지는 괌 현지에서 현찰로 결제한다.

친구 택시 전화 671-747-5522(콜 센터), 671-888-1588(문의), guam5004(카카오톡)
미키 택시 전화 671-646-2444 홈페이지 www.guamairporttaxi.com

요금 (친구 택시 4인 기준) 남부 투어 약 $220, 중·남부 투어 약 $250, 4인 이상 인원은 추가 요금 지불(현금)

우머탁 마을

이판비치

셀라 만 전망대 Sella Bay Overlook

평화로운 느낌의 전망대

'Sella Bay' 표지판을 따라가다 보면 만날 수 있는 전망대로 계단을 오르면 앞에는 코코스 섬을, 뒤로 람람 산을 등져 탁 트인 시원함을 느낄 수 있다. 스페인이 괌을 통치하던 시절에는 환자들을 격리하는 수용소가 있던 자리였다. 전망대부터 해안선까지 산책로가 조성돼 있어 시간적 여유가 있다면 천천히 걸어 보기에 좋다. 산책로를 돌아보는 데에는 약 40분 정도가 소요된다.

주소 Sella Bay Overlook, 2, Umatac　**GPS 좌표** 위도 13.331436 (13°19′53.2″N), 경도 144.661210 (144°39′40.4″E)　**위치** 투몬에서 1번 도로를 이용해 남부로 진행하다가, 2A 도로를 경유해 2번 도로에 진입한다. 아갓 마리나와 람람 산을 지나 남부로 직진하면 도로변 오른쪽

세티 만 전망대 Cetti Bay Overlook

괌의 바다와 산을 한눈에

세티 만 전망대는 별다른 표지판이 없어 그냥 지나치기 쉬우니 주의해야 한다. 1층과 2층의 전망대로 구성돼 계단이 많지만 쉬엄쉬엄 오르면 된다. 꼭대기에 오르면 고대 화산 분출이 만들어 낸 천여 개의 작은 언덕들이 꼬리에 꼬리를 물고 만들어 내는 완만한 구릉 지대가 펼쳐지는데 가슴이 뻥 뚫리는 상쾌함을 느낄 수 있다.

세티 만은 과거 스페인 상선이 해적선의 습격을 피하려고 잠시 기항했던 곳이자 고대 차모로인들이 살던 지역으로 미국 국립 역사 상징지로 지정돼 있다. 날씨가 좋다면 이곳에서 최남단 코코스 섬까지 도 볼 수 있고 저녁에 방문하면 아름다운 일몰도 만날 수 있다.

주소 Cetti Bay Overlook, 2, Umatac　**GPS 좌표** 위도 13.326248 (13°19′34.5″N), 경도 144.665142 (144°39′54.5″E)　**위치** 투몬에서 1번 도로를 이용해 남서부로 직진하다 2A 도로를 경유해 2번 도로로 진입한다. 8km 전방의 아갓 마을을 지나 남쪽으로 조금 더 가서 언덕길을 약 5분 오르다 우측에 붉은색 담장이 보이면 하차

 Tip 셀라 만, 세티 만 전망대를 모두 둘러볼 시간이 없다면 시설이 잘 갖춰져 있고 규모가 있는 세티 만 전망대를 추천한다.

파라 이 라라히타 기념 공원 Memorias Para I Lalahi Ta Park

베트남 참전 용사를 추모하는 공원

우마탁 마을이 한눈에 들어오는 곳에 베트남전에 참전해 희생된 괌 출신 군인 74명을 추모하기 위해 조성되었다. 굉장히 아담한 편이어서 자연과 시원한 바람을 느끼며 조용히 훑고 지나가는 장소 정도로 생각하자. 앞에 보이는 우마탁 마을을 등지고 사진 찍기에 좋다.

주소 Para I Lalahi Ta Park, 2, Umatac GPS 좌표 위도 13.302966 (13°18′10.7″N), 경도 144.668416 (144°40′06.3″E) 위치 투몬에서 1번 도로를 이용해 남서부로 직진한다. 2번 도로를 경유해 우마탁 마을 진입 전의 도로변 왼쪽

우마탁 마을 Umatac Village

괌이 세상에 알려지게 된 마을

1521년 3월 6일 우연히 포르투갈의 탐험가 페르디난드 마젤란이 이 마을에 도착하면서 괌이 세상에 알려지게 되었다. 차모로어로 3월이 'Umatalaf' 또는 'To Catch Guatafi'인 것을 봤을 때 발견된 달을 어원으로 우마탁 마을이란 이름을 갖게 된 것으로 짐작된다. 그로부터 44년 후 미구엘 로페즈가 1565년에 방문하면서 공식적으로 괌을 스페인령이라고 주장했다. 1680년 들어 스페인인들이 본격적으로 정착하기 시작했고 우마탁 만은 멕시코와 필리핀을 연결하는 중요한 교역점이 되었다. 기념일인 3월 6일을 제외하고는 굉장히 조용한 마을이지만, 곳곳에서 스페인이 지배했던 시대의 흔적을 느낄 수 있다. 마젤란 기념비, 산 디오니시오 성당, 우마탁 다리 등을 가뿐히 둘러보면서 괌의 역사를 느껴 보자.

GPS 좌표 위도 13.299531 (13°17′58.3″N), 경도 144.663219 (144°39′47.6″E) 위치 투몬, 하갓냐에서 1번 도로를 이용해 남서쪽으로 직진하다 해군 기지 정문 앞 교차로에서 2번 도로로 진입한다. 아갓 마리나를 지나 도로 끝에 이어진 우마탁 만 해변 4번 도로변의 초입. 투몬에서 드라이브 약 50분 소요

산 디오니시오 성당 San Dionisio Church

스페인 양식의 성당

1681년 건설되었지만 1684년 스페인을 반대하는 차모로인이 불태워 버렸다. 태풍과 지진으로 인해 무너지고 세워지기를 반복하다가 1939년 재건 후 지금까지는 이 자리에 당당히 남아 우마탁 마을의 스페인 양식의 마스코트 건물로 자리 잡고 있다. 인근에 산책하기 좋은 공원이 있으며 3월 13일에는 마을의 수호성인을 기리는 산 디오니시오 축제가 열린다.

주소 San Dionisio Church, 2, Umatac GPS 좌표 위도 13.299445 (13°17′58.0″N), 경도 144.661916 (144°39′42.9″E)

우마탁 다리 Umatac Bay Bridge

스페인 통치 시대를 대표하는 건축물

2번 도로를 통해 우마탁 마을에 들어서면 가장 먼저 마주하는 다리로 두 개의 쌍둥이 유럽식 건물과 빨간색 테두리의 뾰족 지붕이 특징이다. 스페인 통치 시절 괌의 수도였던 우마탁 마을에서는 현재까지 스페인 양식의 교회와 다리, 집들을 볼 수 있는데 그 중 우마탁 다리를 대표로 꼽는다.

주소 Umatac Bay Bridge, 2, Umatac GPS 좌표 위도 13.298000 (13°17′52.8″N), 경도 144.664584 (144°39′52.5″E)

마젤란 기념비 Monument Magellan

마젤란의 흔적

세계 일주 중이던 포르투갈 탐험가 페르디난드 마젤란이 서구인으론 처음 괌을 발견하고 우마탁 만에 상륙한 것을 기념해 세운 기념비이다. 매년 3월 6일에는 마젤란 상륙을 기념하는 선박 퍼레이드를 개최한다.

주소 Monument Magellan, 2, Umatac GPS 좌표 위도 13.298850 (13°17′55.9″N), 경도 144.662967 (144°39′46.7″E)

솔레다드 요새 Fort Soledad

우마탁 마을을 한눈에 볼 수 있는 곳

19세기 초 스페인 시대에 해적으로부터 교역선을 지키기 위해 세운 곳으로 현재는 괌에 유일하게 남은 요새이다. 예전 모습대로 복원된 대포 3문이 있고, 우측에는 그 당시 중요한 역할을 했던 감시 탑이 위치하고 있다. 시원하게 트인 전망에서 짙푸른 필리핀 해와 우마탁 만, 해안 마을의 모습을 한눈에 담을 수 있다. 중간에 있는 의자에서 잠시 쉬어가며 사진 찍기에도 좋다.

주소 Fort Nuestra Senora de la Soledad, 2, Umatac **GPS 좌표** 위도 13.294957 (13° 17′ 41.9″ N), 경도 144.660072 (144° 39′ 36.3″ E) **위치** 투몬에서 1번 도로의 남쪽 끝까지 가서 2A 도로를 경유해 2번 도로로 직진한다. 우마탁 마을을 끼고 우회전하면 도착

메리조 마을 Merizo Village

낚시하기 좋은 평온한 마을

우마탁 마을과 함께 스페인 점령기 시절 많은 수난을 당했던 마을이었으며 제2차 세계 대전에서도 일본군에게 많은 마을 주민들이 학살당한 슬픈 역사가 있는 곳이다. 메리조라는 이름이 '작은 물고기'를 뜻하는 차모로어에서 유래한 만큼 현재는 낚시하기 좋은 장소로 알려져 있다. 마을에 있는 스페인과 북아프리카 스타일의 새하얀 산 디마스 성당(San Dimas Catholic Church)에서는 매해 4월 셋째 주말마다 마을 수호성인 산 디마스를 기리는 축제가 열린다. 그 외에도 마을의 기타 연례 행사로는 3월 중 구팟 차모로·게 축제와 5월 중 코코스 횡단 이벤트, 11월 중 다채로운 해양 스포츠 대회가 펼쳐지는 워터 페스티벌이 있다. 마을을 걷다 보면 낡아버린 메리조 종탑(Merizo Belltower), 19세기에 세워진 이후 복원된 모습을 유지하고 있는 괌에서 가장 오래된 민간인 주택인 메리조 콘벤토(Malesso Convento), 성모 카말렌 성모상이 있는 산타 마리안 카말렌 공원(Santa Marian Kamalen Park) 등을 볼 수 있다.

주소 Pier Park 4, Merizo **GPS 좌표** 위도 13.270951 (13° 16′ 15.4″ N), 경도 144.664385 (144° 39′ 51.8″ E) **위치** 투몬에서 1번 도로를 이용해 남부로 주행하며 2A, 2번 도로를 차례로 경유해 4번 도로에 진입한다. 우마탁 마을을 지나 4km 진행하면 오른쪽에 메리조 부두 공원이 보임

메리조 종탑 Kampanayan Malesso

마을의 행사를 알리는 종

크리스토발 데 카날스 신부에 의해 세워진 종탑으로 1975년 국가 역사 유적지로 지정되었다. 미사나 마을의 각종 행사 등을 알리기 위한 수단으로 이용되었다.

주소 Merizo Belltower, Merizo Pier Park 4, Merizo **GPS 좌표** 위도 13.271209 (13° 16′ 16.4″ N), 경도 144.662816 (144° 39′ 46.1″ E) **위치** 최남단 메리조 마을 초입, 메리조 부두 공원에서 도보 약 2분

코코스 섬 Cocos Island

물놀이하며 조용히 쉬기 좋은 작은 섬

남부 메리조의 암초 라인을 따라 약 1마일 가량 떨어져 있는 작은 섬이다. 메리조 선착장에서 페리를 타고 15분 정도 이동하면 도착한다. 폭이 200m로 좁고 남서, 북동 방향으로 1600m 길이밖에 안 되는 길쭉한 모양의 무인도이며 동쪽은 괌 정부 소유의 공공 공원이다. 새하얀 산호모래 해변에서 여유를 만끽하거나, 자전거를 타고 섬 한 바퀴를 돌아보아도 좋고 다른 곳보다 해양 스포츠 가격이 높은 편이지만 다이빙, 카약, 패러 세일링, 제트 스키를 즐기기에 적합하다. 바닷속 가득한 산호와 열대어를 볼 수 있는 스노클링 포인트이기도 하다.

주소 Cocos Island, Guam **GPS 좌표** 위도 13.239430 (13° 14′ 21.9″ N), 경도 144.654318 (144° 39′ 15.4″ E) **시간** **페리** 메리조 선착장 10:00, 10:45, 11:45, 13:15 / 코코스섬 13:30, 14:30, 15:30, 16:30 **요금** **페리** 성인 $40, 어린이 $20 (코코스 섬 입장료와 페리 승선료 포함, 페리 운항 시간은 자주 변경되니 주의할 것, 패키지 요금은 투어사마다 상이할 수 있음) / 해양 스포츠는 한 종목당 $20~30을 추가로 지불해야 한다. 투몬부터 픽업 가능한 코코스 섬 투어도 수시로 운영 중이며 날씨 상황을 고려해 현지에서 예약하는 것이 좋다. **위치** 최남단 메리조 마을 부두 선착장에서 페리 탑승 후 약 15분

곰 바위 (베어 록) Bear Rock

곰이 생각나는 듬직한 모습의 바위

시계 반대 방향으로 남부 투어를 하면서 메리조 마을을 지나 이나라한 마을로 향해 도로를 달리다 보면 오른쪽 해안가 너머에 보이는 커다란 바위이다. 곰 바위는 이름 그대로 곰을 닮은 바위가 바다를 향해 앉아 있는 모습을 하고 있다. 차 안에서 보며 지나가거나 잠깐 내려 아그파얀 만 건너편에서 기념사진 한 장 찍고 가는 장소라고 생각하면 된다.

주소 Bear Rock Lane, Inarajan GPS 좌표 위도 13.266456 (13° 15′ 59.2″ N), 경도 144.739511 (144° 44′ 22.2″ E) 위치 우마탁, 메리조 마을에서 4번 도로를 타고 남동부 해안 도로를 따라 이나라한 마을에 진입하기 전의 아그파얀 만(Agfayan Bay)에 있음(별도 표지판 없음)

이나라한 자연풀 Inarajan Natural Pool

자연이 만들어 낸 수영장

1977년 역사 유적지로 지정된 이나라한 마을의 최고 명소이다. 이나라한 자연풀은 화산 활동과 해수의 침식 작용으로 파인 곳에 물이 들어오고 암석이 파도를 막아 자연적으로 형성된 해수 수영장이다. 물이 맑고 투명해 헤엄치는 물고기와 돌이 다 들여다보일 정도여서 얕아 보이지만 실제 깊이는 성인 키를 훌쩍 넘는다. 수영복을 입은 채 간단히 샤워를 할 수 있는 시설도 갖추고 있다. 자연풀 왼쪽에는 낡아 보이는 다이빙대가 있어 자유롭게 뛰어내리는 모습을 구경하는 것도 재미있다.

오른쪽에 보이는 사다리와 계단을 올라가면 자연 풀장을 비롯해 계단식 논처럼 독특하게 형성된 지대와 멋진 바다 풍경을 볼 수 있으니 놓치지 말자. 단, 바닥이 미끄럽고 돌, 조개 껍데기가 있어 샌들을 신었을 경우에는 주의해서 걸어야 한다.

자연풀 맞은편에는 한국인이 운영하는 이나라한 마켓이 자리하고 있다. 미리 빵이나 과자를 준비해 물고기밥을 주는 것도 하나의 재밋거리가 될 것이다.

주소 Inarajan Natural Pool, Route 4, Inarajan GPS 좌표 위도 13.271253 (13° 16′ 16.5″ N), 경도 144.747744

(144° 44′ 51.9″ E) 시간 09:00~18:00 위치 투몬 시내에서 1번 도로의 남쪽 끝까지 직진해, 해군기지 앞 교차로에서 좌회전 후 2A 도로로 진입한다. 2번, 4번 도로를 경유해 최남단 메리조 마을에서 이나라한 마을로 진입 후 도로변 오른쪽

가다오 추장 동상 Chief Gadao Statue

힘센 두 지도자의 힘 겨루기 결과물

가다오 추장이 반쪽 카누를 타고 있는 모습이 인상적인 이 동상에는 전해 내려오는 이야기가 있다. 힘이 센 것이 최고이던 시절, 북쪽의 추장이 남쪽 이나라한 추장 가다오가 힘이 세다는 소문을 듣고 그를 보러 건너 왔다. 가다오 추장은 신분을 우선 숨긴 뒤 친근하게 북쪽 추장을 맞이했다. '먼 길을 오시느라고 목이 마르셨을 테니, 코코넛 주스를 대접하겠다'고 한 후, 코코넛 나무를 강하게 흔들어서 떨어뜨린 열매를 맨손으로 쪼갰다. 북쪽 추장은 평범한 사람도 이렇게나 힘이 센데 이 부족의 추장이라면 얼마나 더 셀지를 생각하다 패배 위험을 느끼고 자신의 마을로 돌아가려 했다. 그러자 미안한 마음에 가다오 추장은 자신의 신분을 밝히며 카누를 제공하고 함께 탔는데, 두 사람이 양쪽 끝에서 반대 방향으로 노를 젓다가, 배가 반으로 찢어졌다고 한다.

위치 최남단 메리조 마을에서 4번 도로를 이용해 이나라한 게프파고 빌리지를 지나 북서쪽으로 120m 전방 도로변 오른쪽

게프 파고 빌리지 Gef Pa'go Village

차모로 원주민 문화를 다채롭게 경험할 수 있는 마을

작은 민속촌 같은 곳에서 각 가옥마다 다른 주제로 차모로인들의 생활을 체험할 수 있다. 입장하면 간단하게 이곳에 대한 전반적인 설명을 들은 후 첫 번째 집으로 이동해 코코넛 열매 껍질을 벗기는 모습을 보는데 과즙과 과육을 맛볼 수 있어 흥미롭다. 코코넛 오일과 사탕 제작 방법, 바닷물로 소금을 만드는 방법, 손으로 밧줄 짜기와 열매 껍질로 만든 생활용품, 그리고 나뭇잎으로 만드는 다양한 공예품들도 선보인다. 오전 9시부터 정오까지 투어에 참여할 수 있으며, 약 1시간 30분간 영어 설명으로 진행되지만 관람 위주의 체험이어서 아이들도 수월하게 참여할 수 있다.

주소 HC1 17365, Inarajan **GPS 좌표** 위도 13.275783 (13° 16′ 32.8″ N), 경도 144.748305 (144° 44′ 53.9″ E) **전화** 671-828-1671 **시간** 09:00~12:00 (부정기 휴무) **가격** 성인 $6, 어린이 $3 **위치** 최남단 메리조 마을에서 4번 도로를 이용해 이나라한 마을로 진입한다. 이나라한 자연풀에서 북동쪽 500m 전방의 해안 도로변 오른쪽. 메리조 마을에서 드라이브 약 20분 소요

탈로포포 폭포 & 요코이 동굴 Talofofo Falls & Yokoi's Cave

괌 최대 규모의 폭포와 요코이가 28년 동안 살았던 동굴

언덕 위의 마을 탈로포포에는 우검 강과 탈로포포 강이 있다. 그중에 우검 강 중류로 시원하게 떨어지며 만들어 내는 물보라가 장관인 탈로포포 폭포가 유명하다. 입구를 기준으로 우측으로 올라가면 케이블카(로프웨이)를 타는 곳이 나온다. 약 200m를 내려가는 동안 울창한 정글과 웅장한 폭포를 하늘에서 감상할 수 있다는 점이 좋다. 대신 숲 속에 물 가여서 모기가 있기 때문에 소매가 긴 옷이나 모기약을 미리 준비해 가는 것이 좋다.

탈로포포 폭포는 폭 30m, 높이 20m의 제1폭포와 그 아래 폭 50m, 높이 20m로 비교적 완만한 경사의 제2폭포 총 2개의 폭포로 이뤄져 있다. 제1 폭포 아래에는 작은 풀장이 있어 수영을 즐기고 있는 아이들의 모습을 볼 수 있고 흔들 다리를 건너는 경험도 할 수 있다. 이곳에서 빼놓지 말고 보아야 할 명물은 괌 역사 박물관, 제2폭포에서 참여 가능한 정글 트레킹, 모노레일을 타고 약 10분 정도 들어가면 있는 요코이 동굴인데 제2차 세계 대전 당시 일본군 병장 요코이가 괌을 탈환하기 위한 미국, 일본간의 전쟁이 끝난 줄 모르고 28년 동안이나 잠복해 살았던 곳이다. 현재 그대로 보존돼 있으며 1972년 원주민에 의해 발견되기 전까지 그가 사용했던 물건들은 괌 박물관에서 확인할 수 있다.

폭포로 가는 길엔 회전 의자, 범퍼카, 귀신의 집, 미니 기차, 석고 조각상이 있는 테마 파크인 러브 랜드가 있으니 참고하자. 야생 멧돼지, 오리, 사슴 등의 동물들도 볼 수 있다.

주소 Talofofo falls, Inarajan **GPS 좌표** 위도 13.322151 (13° 19′ 19.7″ N), 경도 144.736918 (144° 44′ 12.9″ E) **전화** 671-828-1150~1 **시간** 09:00~17:30 **가격** 성인 $20, 어린이(4~11세) $8, 3세 이하 무료, 모노레일 왕복 $2 **위치** 최남단 메리조, 이나라한 마을에서 4번 도로를 타고 북부로 직진하다 탈로포포 폭포 리조트 파크 표지판이 있는 진입로에 접어든다. 이나라한 자연풀에서 드라이브 약 10분 소요 **홈페이지** www.guamtalofofo.co.kr

탈로포포 비치 Talofofo Beach

흑사장으로 이뤄진 비치

괌 비치는 대부분 산호초가 부서져 눈부신 백사장을 이루고 있는데, 이곳은 화산재가 부서져서 만들어진 검은 모래로 돼 있다. 해변이 굉장히 작은 편이고 바로 식물들과 맞닿아 있어서 해수욕을 하기에 적합하지 않기 때문에 썬베드나 수영 시설이 갖춰져 있지 않다. 해변가로 진입을 가로막는 장애물이 없고 파도가 해안까지 밀려오기 때문에 서핑에 적당하지만, 이곳이 낯선 초보 서퍼들이 즐기기는 위험해서 전문 서퍼와 꼭 동행해야 한다.

주소 Talofofo Beach, Talofofo GPS 좌표 위도 13.337436 (13° 20′ 14.8″ N), 경도 144.762206 (144° 45′ 43.9″ E) 위치 최남단 메리조 마을에서 4번 도로를 이용 이나라한 마을로 진입. 게프 파고 빌리지를 기점으로 8.1km 전방에 해안가를 따라 탈로포포 비치가 펼쳐진다.

이판 비치 Ipan Beach

잔잔하고 조용한 바닷가

고대 차모로족의 거주지였으며 벤치, 테이블, 바비큐 시설, 화장실 등의 편의 시설이 갖춰져 있다. 평일에는 인적이 드물지만, 주말에는 현지인들이 가족들과 휴식을 취하러 찾는다. 잔잔하고 다양한 해양 생물이 많아 스노클링을 즐기는 사람들도 많다. 근처의 수제 버거 맛집인 제프스 파이어리츠 코브가 있어 도중에 식사하기에 괜찮다.

GPS 좌표 위도 13.322151 (13° 19′ 19.7″ N), 경도 144.736918 (144° 44′ 12.9″ E) 위치 최남단 메리조, 이나라한 마을에서 4번 도로를 타고 동북부로 직진하다 탈로포포 지역에 이르면 왼쪽에 표지판이 보인다.

파고 만 전망대 Pago Bay Overlook

요나 마을의 아름다운 항구를 볼 수 있는 전망대

작은 언덕 내리막길에 있는 계단 몇 개가 전부이기 때문에 지나치기 쉽지만, 괌 동부 해안에서 가장 아름다운 곳 중 하나인 광활한 파고 만을 볼 수 있는 곳이니 꼭 들러 보도록 하자.

더운 날씨에 수많은 계단을 오르지 않고도 이런 전망을 볼 수 있다는 것에 오히려 감사할 뿐이다. 전망대에 오르면 바로 앞의 괌 대학과 깊고 짙푸른 바다와 새하얀 거품을 만들어 내는 파도가 시원함을 안겨 준다. 이곳은 아름다운 일출로도 유명하므로 이른 아침 남부 투어를 시작했다면 한번 도전해 보자.

주소 Pago Bay Overlook, Yona **GPS 좌표** 위도 13.4144422 (13° 24′ 52.6″ N), 경도 144.783437 (144° 47′ 00.8″ E) **위치** 최남단 메리조 마을에서 4번 도로를 이용해 이나라한 마을을 통과한다. 해안 도로변을 따라 북상하다가 파고 만 다리를 지나 언덕 길에 오르면 나오는 빌라 데 카르멘(Villa del Carmen)의 연두색 철문에서 내리막이 시작되는 곳에 위치

Food & Restaurant
남부의 먹을거리

제프스 파이어리츠 코브

남부 지역은 맛집이 드문 편이라 여행사의 투어 프로그램을 예약하지 않은 경우에는 숙소에서 밥을 든든히 먹은 후 간식을 챙겨 가는 것을 추천한다. 괌의 수제 버거 맛집으로 소문난 제프스 파이어리츠 코브와 아시안 퓨전 레스토랑 자이(JAI), 이나라한 현지인들이 즐겨 찾는 도이치 레스토랑 맥크라우츠(McKraut's) 등이 있다.

제프스 파이어리츠 코브 Jeff's Pirates Cove

유쾌한 해적 할아버지의 햄버거 집

이니셜로 JPC 또는 간단히 제프 버거라고 불리는 곳으로 스스로를 해적이라 칭하는 할아버지가 운영하는 해변 레스토랑이다. 샌드위치, 버거, 치킨 윙, 샐러드와 맥주를 판매하는데 그중에서도 고급 육류와 소스를 이용해 육즙이 풍부하고 식감도 부드러운 특제 패티의 홈메이드 치즈 버거가 최고의 인기 메뉴이다.

제프 버거를 맛보기 위해 찾는 이들이 끊이지 않아 매달 2,500개 이상이 판매될 정도이다. 포테이토가 곁들여 나오고 버거 번 위에 해적 마크가 새겨져 있어 재미있다. 할아버지의 딸 세라 양이 요리하는 그리스 스타일의 특제 메뉴인 자이로 플래터(Gyro Platter)와 프로즌 요거트도 입소문이 난 메뉴이다. 가게 내부에는 해적 관련 기념품 숍이 있고 뒤쪽으로는 탈로포포 비치가 펼쳐진다.

제프 버거를 지나가면 'Come Back To JEFF's'라

고 써 있는 이정표를 만날 수 있는데, 할아버지의 재치를 엿볼 수 있다.

주소 111 Route 4, Talofofo **전화** 671-789-2683 **시간** 월~토 08:00~18:00, 일 08:00~19:00, 아침식사 08:00~10:30, 샌드위치 메뉴 제공 11:00~, 기프트 숍과 시사이드 뮤지엄 08:00~18:00, 연중무휴 **가격** 괌 대표 버거 $15.50, 파이어리츠 더블 1/4 1b 치즈 버거 또는 햄버거 $14, 어린이 메뉴 $13, 애피타이저(치킨 윙, 치킨 너겟 등) $12~, 드링크 $3~, 맥주 $4~ **위치** 남동부 4번 도로의 이판 비치와 탈로포포 비치 일대. 탈로포포 비치 파크에서 남쪽으로 진행하다 단단 로드(Dandan Rd)와 4번 도로가 만나는 교차로에서 좌회전한다. 동북부 방면의 해안가를 따라 이판 비치를 지나면 도로변 오른쪽에 있다. 탈로포포 비치 파크에서 약 15분 소요 **홈페이지** www.jeffspiratescove.com

Hotel & Resort
괌의 호텔과 리조트

괌, 어디서 잘까? 괌의 숙소는 다른 나라에 비해 선택의 폭이 좁은 편이다. 게스트 하우스나 호스텔은 물론 호텔이 적고 대부분 투몬과 타무닝 지역에 밀집해 있기 때문이다. 최근 오픈한 두짓 타니 괌 리조트와 리노베이션한 몇 호텔을 제외하면 오래된 편이나 휴양지에 걸맞는 수영장이나 아이들을 위한 시설, 서비스 등은 잘 갖춰져 있다. 또한 대부분의 호텔에서 목적지까지 이동이 편리해서 룸 컨디션이 여정에 큰 영향을 주지 않고, 호텔에 따라 다양한 서비스를 제공한다.

괌의 숙소 종류

편리하고 시설도 특급인 리조트 호텔
괌에는 리조트 수준의 수영장과 다양한 부대시설, 호텔 수준의 룸 컨디션을 갖춘 특급 브랜드 호텔이 많이 있다. 가격이 다소 높지만 편의성과 접근성이 좋아 괌의 많은 여행자들이 가장 염두에 두는 숙소 형태이다. 수영장이나 각종 서비스를 비롯해 아이를 동반한 가족이라면 유용한 프로그램들을 잘 살펴보자.

규모는 작지만 있을 건 다 있는 일반 호텔
수영장을 갖춘 곳도 있지만 리조트 호텔보다 규모나 부대시설, 서비스 등 모든 면에서 간소화된 합리적인 가격의 호텔을 말한다. 숙소 내에서 즐길 거리를 찾는 것보다 쇼핑이나 레포츠, 투어 등을 선호하는 여행자에게 알맞다. 또한 투몬 중심에서 벗어난 곳도 있어 렌터카 여행자에게 적합하다.

음식을 만들어 먹을 수 있는 콘도미니엄
주방과 거실, 방이 있는 콘도식 숙소이다. 취사가 가능해서 부모님을 동반하거나 아이까지 3대가 함께하는 대가족에게 적합하다. 수영장이나 부대시설보다 한국과 비슷한 환경을 선호하거나 장기 여행자에게 추천한다.

친근한 한인 게스트 하우스
투몬, 타무닝 중심과 거리감이 있어 렌터카를 이용해야 하지만 예약 등을 우리말로 해결할 수 있어 편리하다. 주인의 도움으로 투어 등을 간편하게 예약하고, 괌 여행에 유용한 팁을 얻을 수 있다는 장점이 있다.

Tip
괌 공항에서 대부분의 호텔까지 차로 약 10분이 소요된다. 호텔 픽업 리무진(송영 차량) 서비스는 인원수대로 비용이 추가되므로 택시 이용료가 훨씬 저렴하다. 이 책에서는 날짜를 지정하여 가장 저렴한 트윈룸을 기준으로 가격을 비교했지만 여행 날짜, 인원에 따라 변화가 크다는 것을 유의한다.

오션뷰 호텔

괌 자자 하우스

힐튼 괌 리조트 앤 스파

나에게 어떤 숙소가 좋을까?

룸 조망, 수용 인원, 수영장의 크기, 키즈 풀의 유무, 접근성 등을 고려한다. 영어가 불편한 경우는 한국어 가능 직원이 있는지 확인하고 해양 스포츠 연계 프로그램, 골프 패키지 등을 비교해 가격이 합리적인 곳을 선택한다. 대표적인 괌 호텔의 부대시설을 비교해 보았다.

괌의 호텔 부대시설 비교

구분	가격대	도보접근성	오션 뷰	와이파이	주방	유아 침대	유모차 대여	키즈 클럽	스파	피트니스센터	수영장	키즈 풀	인피니티 풀	해양 스포츠 장비 대여	디너 쇼	한국어 가능 직원
괌 리프 앤 올리브 스파 리조트	20만 원대	도보 약 5분	V	V		V	V	V	V	V	V		V		V	V
괌 플라자 리조트 앤 스파	10만 원대	도보 약 5분		V						V	V	V				
더 웨스틴 리조트 괌	20만 원대	도보 약 5분	V	V		V	V	V	V	V	V					V
두짓 타니 괌 리조트	40만 원대	도보 약 3분	V	V		V	V	V	V	V	V					V
레오 팔레스 리조트 괌	20만 원대	자동차 약 30분	V	V	V				(골프)	V	V			V		
롯데 호텔 괌	30만 원대	도보 약 10분	V	V	(일부)					V	V					V
베로나 리조트 앤 스파	10만원 전후	자동차 약 5분		V							V					
쉐라톤 라구나 괌 리조트	20만 원대	자동차 약 10분	V	V		V	V	V	V	V	V					V
스타트 괌 리조트 호텔	10만 원대	자동차 약 20분	V	V		V (유료)			(골프)	V						
아웃리거 괌 비치 리조트	20만 원대	중심	V	V		V	V	V	V	V	V			V		V
알루팡 비치 타워	40만 원대	자동차 약 12분	V	V	V						V					
온워드 비치 리조트	30만 원대	자동차 약 10분	V	V		V	V	V	V	V	V			V		V
퍼시픽 스타 리조트 앤 스파	10만 원대	자동차 약 7분	V	V (유료)		V				V	V					V
퍼시픽 아일랜드 클럽	문의	자동차 약 7분	V	V		V	V	V		V	V	V		V		V
피에스타 리조트 괌	20만 원대	자동차 약 7분	V	V		V	V	V		V	V			V		V
하얏트 리젠시 괌	30만 원대	도보 약 5분	V	V		V	V	V	V	V	V					V
호텔 니코 괌	20만 원대	도보 약 7분	V	V		V	V	V	V	V	V					V
홀리데이 리조트 앤 스파 괌	10만 원대	자동차 약 5분	V	V		V				V	V					V
힐튼 괌 리조트 앤 스파	20만 원대	자동차 약 8분	V	V		V	V	V	V	V	V	V		V		V

*유료 공항 픽업 서비스는 모두 제공. 호텔 사정에 따라 서비스 제공 유무 변동될 수 있음.
한국어 가능 직원의 상주 여부도 때에 따라 다를 수 있음.

가족 모두가 즐겁게 지내다 갈 수 있는 특급 호텔

수영장, 레스토랑, 스파 등 누가 가도 쾌적한 특급 호텔로서 다양한 키즈 프로그램이 준비돼 있어 아이를 둔 가족 여행객이 참고할 만한 호텔이다. 또한 투몬 중심에 있어 쇼핑하기 편하고 해변이 가까워 물놀이를 즐기거나 태교 여행을 온 부부에게도 만족도가 높은 편이다.

하얏트 리젠시 괌 Hyatt Regency Guam

다양한 체험을 할 수 있어 실속 있는 호텔

하얏트 리젠시 괌의 바다 조망을 할 수 있는 총 450여 객실은 스탠다드, 오션 뷰, 리젠시 클럽, 스위트룸(주니어, 이그제큐티브, 프레지덴셜) 등이 있다. 클럽 룸 이상에 투숙하면 조식과 해피 아워에 간단한 음식과 주류, 상시 커피와 차를 제공하는 12층 클럽 라운지를 이용할 수 있다.

또한 키즈 프로그램인 캠프 하얏트(Camp Hayatt)에 참가한 4~14세의 어린이는 가이드와 하루를 보내며 미술과 수영을 배우고 풀장에서 함께 게임을 즐길 수 있다. 캠프에는 점심 식사와 오후 간식까지 포함되어 있다. 이 서비스를 신청한 부모는 아이를 지켜보거나, 관광과 쇼핑을 여유롭게 즐길 수 있다.

호텔 내에는 참나무 숯을 태워 정통 이태리식 피자를 선보이는 레스토랑 알덴테(Al Dente Ristorante), 일식 레스토랑 니지(Niji), 바비큐 전문 브리지스 선셋 바비큐(Breezes Sunset BBQ), 달콤한 케이크가 있는 더 델리(The Deli), 정원과 야외 풀장이 한눈에 들어오는 더 라운지(The Lounge) 등의 레스토랑과 바가 있다. 또한 24시간 오픈하는 피트니스 센터, 지친 몸에 생기를 불어넣어 줄 아일랜드 시레나 에스테틱 살롱(Island Sirena Aesthetic

Salon)과 테니스 코트를 포함해 3개의 수영장과 2개의 워터 슬라이드가 있다. 요나 지역의 퍼시픽 컨트리 클럽은 투숙객을 위해 프로모션 가격으로 패키지를 선보여 골프 애호가에게 반가운 혜택도 준비되어 있다.

주소 1155 Pale San Vitores Road, Tumon **전화** 671-647-1234 **시간** 체크 인 15:00, 체크 아웃 12:00 **요금** 30만 원대, 픽업 1인 편도 $25 **위치** 투몬 중심의 호텔 로드 아웃리거 리조트 괌 옆. 공항에서 렌터카로 약 5분 소요 / 레드 트롤리 또는 레아레아 트롤리 이용하여 샌드캐슬 · 하얏트 리젠시 하차 **홈페이지** guam.regency.hyatt.com

힐튼 괌 리조트 앤 스파 Hilton Guam Resort & Spa

아이를 둔 가족 단위 여행객에게 사랑받는 호텔

힐튼 괌 리조트 앤 스파는 총 659개의 객실을 보유하고 키즈 프로그램, 워터 파크 등 다양한 부대시설을 갖추고 있다. 바다 조망이 가능한 메인 타워와 가든 뷰, 파샬 오션 뷰가 있는 프리미어 타워와 더 타시(더 타시 투숙객만을 위한 별도의 프론트 데스크와 열대 우림의 독특한 건축 양식으로 웅장한 클럽 라운지 운영) 등 3동이 있으며 2014년 7월에 보수를 해서 깔끔하게 단장했다.

실버, 골드, 다이아몬드의 등급으로 나뉜 힐튼 다이닝 카드로 이용할 수 있는 6개의 레스토랑은 각각 차별화된 식사를 제공해 입맛을 자극한다. 이는 호텔에서 모든 것을 해결할 수 있는 올 인클루시브(All Inclusive) 개념으로 객실 예약 시 함께 구매할 수 있다. 기타 부대시설로는 괌 최대 규모의 피트니스 센터와 농구 코트, 인도네시아어로 자연, 아름다움을 뜻하는 스파 아유알람(SPA ayualam) 등이 있다. 1층에 키즈 클럽을 비롯해 아이들이 즐길 수 있는 다양한 프로그램들이 마련돼 있다.

주소 202 Hilton Road, Tamuning 전화 671-646-1835 시간 체크 인 15:00, 체크 아웃 12:00 요금 20만원대, 픽업 1인 편도 $20 위치 투몬에서 하갓냐 방향으로 호텔 로드를 타고 직진하면 이파오 비치 공원 지나 오른쪽 / 레드 트롤리 또는 레아레아 트롤리 이용하여 힐튼 하차 홈페이지 www.hilton-guam.co.kr

Tip 온 가족이 즐거운 힐튼 괌 리조트 앤 스파의 부대시설

만 5~11세 어린이만 이용할 수 있는 힐튼 괌 리조트의 키즈 클럽은 쿠키 만들기, 미술 & 공예, 풍선 아트 등의 무료 프로그램과 오전, 오후반으로 나눠 피구, 배드민턴, 보물 찾기 등을 할 수 있는 유료 프로그램(사전 예약 필수)으로 구성돼 있다.

힐튼의 워터 파크는 바다와 수평선을 이루는 인피니티 풀, 수중 배구와 농구를 즐기기 좋은 액티비티 풀, 메인 풀, 키즈 풀, 워터 슬라이드와 자쿠지가 있다. 그리고 호텔에서 보기 드물게 설치된 짚 괌(Zip Guam)을 타면 레일에 의지한 채 하늘을 가뿐히 날아 힐튼 괌의 북서쪽으로 이동할 수 있다.

이외에도 한 폭의 그림 같은 새하얀 성을 배경으로 신혼의 모습을 카메라에 담을 수 있는 아쿠아 스텔라 채플 앤 시사이드 스위트와 사랑의 절벽이 한눈에 담기는 로맨틱한 장소에 새롭게 리노베이션 오픈한 세인트 프로버스 홀리 채플이 있어 힐튼 괌 리조트 앤 스파의 특별함을 돋보이게 한다.

더 웨스틴 리조트 괌 The Westin Resort Guam

위치, 서비스, 시설 모두 더할 나위 없이 괜찮은 호텔

더 웨스틴 리조트 괌에선 선 베드에서 여유를 부리거나 파도가 잔잔한 해변에서 해양 스포츠를 즐기기 좋다. 2006년 리노베이션했으며 총 432개의 객실은 스탠다드 룸, 스페셜 룸, 럭셔리 스위트 룸으로 구성돼 있다. 로얄 비치 클럽 룸(19층) 이상 객실의 고객은 조식, 스낵, 칵테일을 제공하는 로얄 비치 클럽 라운지를 이용할 수 있다.

시설은 새것의 느낌은 아니지만 전체적으로 쾌적하며 방이 크고 트윈 침대는 한 침대에 2명이 자도 될 만큼 넉넉하다. 호텔 로비는 위에서 보면 전 층이 보이도록 시원하게 설계돼 있고 스타벅스 원두로 만든 커피가 제공되는 카페가 있다. 또한 조식당으로 이용되며 중식으로 데판야끼를 즐길 수 있는 테이스트(Taste)와 이탈리안 레스토랑 프레고(Prego), 일식당 잇신(Issin), 차모로 민속 쇼를 보면서 바비큐도 즐길 수 있는 스타라잇 바비큐(Starlight BBQ)가 있어 다양한 식성의 여행자를 만족시킨다.

웨스틴 키즈 클럽은 부모가 예약 접수하고 자녀와 함께 오리엔테이션을 받은 경우에 한해, 만 3~11세의 어린이들이 다양한 놀이 프로그램과 스포츠 강습을 체험할 수 있다. 또한, 피트니스 센터에서 각종 운동 기구를 이용할 수 있으며 전 세계 14개국 체인점에서 피곤한 심신을 달래 주는 만다라 스파(Mandara Spa)의 서비스를 객실에서도 받을 수 있다.

주소 105 Gun Beach Road, Tumon **전화** 671-647-1020 **시간** 체크 인 15:00, 체크 아웃 12:00 **요금** 20만 원대, 픽업(룸마다 요금이 다르니 문의할 것) **위치** 투몬 건 비치 로드 퍼시픽 플레이스 건너편 / 레드 트롤리 또는 레아레아 트롤리 이용하여 웨스틴 앞 하차 **홈페이지** www.westinguam.com/ko

> ## 물놀이에 최적화된 리조트 호텔
>
> 물놀이를 보다 신나게 즐기고 싶은 여행자들에게 어울리는 호텔이다. 다른 해양 스포츠와 투어 프로그램이 적더라도 다양한 풀장이 있는 호텔에서의 물놀이에 빠져 보자. 키즈 클럽도 제대로 갖추고 있으니 어린아이를 둔 가족들에게 추천한다.

퍼시픽 아일랜드 클럽 PIC(Pacific Islands Club)

안에서 모든 것이 해결 가능한 호텔

퍼시픽 아일랜드 클럽은 올 인클루시브(All Inclusiv) 서비스를 제공하고 있다. 올 인클루시브는 말 그대로 숙박을 비롯해 식사와 레포츠 시설의 이용, 스포츠 강습과 장비 대여까지 모두 제공하는 서비스를 말한다. 총 770개의 객실을 갖춘 PIC는 6종류의 전 객실 바다 조망이 가능한 로얄 타워와 3종류의 객실로 구분된 오세아니아 A, 오세아니아 B로 구성돼 있다.

올 인클루시브 리조트인 만큼 하루를 PIC에서만 보내도 지루하지 않을 만큼의 워터 파크와 액티비티가 준비돼 있다. 워터 슬라이드와 자쿠지가 있는 메인 풀, 수중 스포츠를 할 수 있는 게임 풀, 실내 수영 장치처럼 라인이 있어 경주하기 좋은 랩 풀, 동물 모형이 떠 있는 키즈 풀, 수심 30cm의 유아 풀 등이 갖춰져 있다. 또한 호텔 주위의 바다에서 가족끼리, 클럽 메이트와 함께 윈드 서핑, 카약, 세일링도 즐길 수 있다. 키즈 클럽에 참가하면 클럽 메이트의 지도하에 전세계에서 온 만 4세 이상 11세 이하 어린이가 친구들과 어울려 체험 학습, 스포츠, 게임 등을 함께할 수 있다. PIC의 배지를 달고 있으면 직원들이 영어로 대화를 시도하기 때문에 유치원 이상 초등학교 저학년 아이를 둔 부모들은 이 점을 장점으로 뽑기도 한다.

호텔 내 레스토랑은 스카이라이트(Skylight), 비스트로(Bistro), 하나기(Hanagi), 카페 록 앤 누들(Cafe Rock & Noodle), 선셋 바비큐(Sunset BBQ), 퍼시픽 판타지 디너쇼(Pacific Fantasy

Dinner Show), 풀 바(Pool Bar), 카페 에스프레스(Cafe Espress) 등이 있다. 골드 카드를 소지하면 레스토랑을 맘껏 이용할 수 있고(만11세 이하 자녀 2명 무료), 실버 카드 소지자는 조식만 제공받는다.

Check!
15:00~23:00 사이에 예약 없이 이용 가능한 PIC↔T 갤러리아 구간 미니 셔틀과 T 갤러리아 익스프레스를 무료로 이용해 T 갤러리아에서 편리한 쇼핑을 즐길 수 있다.

주소 210 Pale San Vitores Road, Tumon **전화** 671-646-9171 **시간** 체크 인 15:00, 체크 아웃 12:00 **요금** 식사 여부에 따른 다양한 요금 제시 **위치** 투몬에서 하갓냐 방향으로 호텔 로드를 타다가 홀리데이 리조트를 지나 오른쪽 / 레드 트롤리 또는 레아레아 트롤리 이용하여 퍼시픽 아일랜드 클럽 앞 하차 **홈페이지** www.pic.co.kr

온워드 비치 리조트 Onward Beach Resort

어른들이 즐길 만한 워터 파크가 있는 호텔

어른들도 좋아할 만한 워터 파크를 자랑하는 온워드 비치 리조트는 총 430개의 객실을 보유하고 있으며 윙관과 타워관으로 나눠져 있다. 윙에는 시티뷰, 오션 뷰, 주니어 스위트, 로얄 스위트가 있으며 타워는 룸 컨디션이 뛰어나고 오션 뷰 욕실을 구비한 스탠다드, 디럭스, 이그제큐티브 룸으로 구성돼 있다. 로얄 스위트를 제외한 전 객실에 2개의 큰 트윈 침대가 준비돼 있어 가족 여행을 온 경우에도 편하게 휴식을 취할 수 있다.

타워 라운지는 본관의 주니어 스위트 룸과 신관의 투숙자만 이용 가능하며 조식 뷔페와 해피 아워의 음료 및 주류를 즐길 수 있다. 레스토랑 & 바는 7곳으로 중식 뷔페 메인 레스토랑 르 프리미에(Le Premier), 이탈리안 레스토랑 카라발(Caraval), 일식 레스토랑 사가노(Sagano), 카페 테라스 플라자(Plaza), 로비 라운지 베이 뷰(Bay View), 주류와 음료가 있는 풀 사이드 바인 슬리피 라군(Sleepy Lagoon), 바비큐와 차모로 전통의 댄스 쇼가 어우러진 바비큐 앤 폴리네시안 디너 쇼(BBQ & Polynesian Dinner Show)가 있다. 또한 작은 면세점과 코인 세탁, 피트니스 클럽을 비롯해서 윙 3층에는 사우나와 마사지, 윙 16층에는 사바이 타이 스파(Sabai Thai Spa)도 위치하고 있다. 리조트 앞 비치에는 온워드 마린 클럽이 운영 중이다. 패러세일링, 제트스키 등의 유료 액티비티와 알루팟 섬까지 이동할 수 있는 카약을 무료로 이용할 수 있다.

Check!
온워드 비치 리조트 앞에서 토~일 1일 2회 운행하는 레드 트롤리 벼룩 시장 셔틀 버스를 이용해 데데도 벼룩 시장을 둘러볼 수 있다.

주소 445 Governor Carlos G. Camacho Road, Tamuning **전화** 671-647-7777(괌), 02-392-2626(한국) **시간** 체크 인 14:00, 체크 아웃 12:00 **요금** $217~, 픽업 1인 편도 $15 **위치** 투몬에서 하갓냐 방향의 호텔 로드를 이용해 14번 도로로 진입. 플로레스 대주교 동상의 원형 교차로를 돌아 30A 도로로 우회전 후 다시 30번 도로로 좌회전하면 오른쪽 / 레드 트롤리 또는 레아레아 트롤리 이용하여 온워드 비치 리조트 하차 **홈페이지** www.onwardkorea.co.kr

Tip 괌에서 가장 짜릿한 워터 슬라이드

온워드 비치 리조트를 선택하는 가장 큰 이유 중 하나는 바로 다양한 슬라이드와 풀장이 있기 때문인데, 파도 풀, 리버 풀, 실내 풀, 라운드 풀, 어린이 풀의 5곳과 자쿠지가 있다. 슬라이드는 터널 A, 시원하게 쭉 뻗은 오픈 B, 가족과 함께할 수 있는 3인용 오픈 슬라이드 C, 최장 거리 터널형 D로 구성돼 있다. 괌에 유일무이한 만타 슬라이더(Manta Slider)는 튜브를 타고 12m 높이에서 아래쪽으로 미끄러져 아찔한 스피드에 어른들이 가장 환호하는 액티비티이다. 한편 리조트 앞에서는 패러세일링, 제트 스키, 바나나 보트 등의 해양 스포츠도 즐길 수 있다.

호텔 니코 괌 Hotel Nikko Guam

괌에서 가장 긴 워터 슬라이드가 있는 호텔

한적하고 고요한 공간에 새가 날개 짓을 하듯 부드러운 곡선 모양을 한 호텔 니코 괌은 총 492개의 객실로 구성돼 있다. 전 객실에서 투몬 비치와 건 비치 전망이 가능하며 룸 크기는 가족 여행에도 넉넉한 편이다. 건 비치를 조망할 수 있는 객실에선 호텔 수영장과 사랑의 절벽도 한눈에 들어온다.

실내와 야외에 아이들을 위한 놀이터가 있고, 아유알람 스파, 테니스 코트, 골프 코스가 있다. 수영장은 패밀리 풀 1곳과 어린이 풀 1곳, 아담한 유아 풀이 1곳 있고, 호텔 니코 괌의 자랑이자 괌에서 가장 긴 72m의 워터 슬라이드가 수영장을 감싸고 있다. 올라가는 시간은 좀 걸리지만 한 번 타고 나면 빠른 속도로 굽이굽이 돌아 전진하는 워터 슬라이드의 매력에 빠질 것이다. 한편 호텔 앞에는 프라이빗 비치가 있어 여유롭게 스노클링, 카약 등 해양 스포츠를 즐길 수 있다.

호텔 내 프리미어 라운지는 오션 프론트 프리미어 룸과 스위트 룸의 고객이 이용할 수 있으며 조식과 티 타임, 해피 아워에는 칵테일과 맛있는 애피타이저도 함께할 수 있다. 레스토랑은 총 7개로 세계 각국 요리를 뷔페로 만나는 마젤란(Magellan), 100% 고시히카리 쌀을 사용하는 일식 레스토랑 벤케이(Benkay), 중국 요리를 맛볼 수 있는 토리(Toh-Lee), BBQ 뷔페인 니코 선셋 비치 바비큐(Nikko Sunset Beach BBQ), 환상적인 마술 쇼와 함께하는 니코 매직 디너 쇼(Magic Dinner Show), 풀 사이드 바 부겐빌리아(Bougainvillea), 로비라운지 마운틴(Mountain)이 있다. 1층에는 피로를 풀 수 있는 스파 아유아람이 있다.

주소 245 Gun Beach Road, Tamuning **전화** 671-649-8815 **시간** 체크 인 15:00, 체크 아웃 12:00 **요금** 20만 원대. 픽업 1인 편도 $35(외부 투숙객의 수영장 이용은 성인 $10, 어린이 $6) **위치** 투몬에서 건 비치 로드를 따라가다 롯데 호텔 지나 왼쪽 / 레드 트롤리 또는 레아레아 트롤리 이용하여 니코 괌 하차 **홈페이지** www.nikkoguam.co.kr

태교 여행으로 적합한 호텔

임산부들이 선호하는 요가, 스파 등 다양한 프로그램이 있고 다른 호텔에 비해 조용해서 산모와 태아 모두 안정을 취할 수 있다.

쉐라톤 라구나 괌 리조트 Sheraton Laguna Guam Resort

선셋 오션 뷰가 인상적인 특급 리조트

인피니티 풀에 몸을 담그고 바다로 떨어지는 황홀한 일몰을 감상할 수 있는 쉐라톤 라구나 괌 리조트는 전 객실에서 바다 전망이 가능하고 약 30%의 객실은 스위트 룸으로 구성돼 있어 허니무너의 선호도가 높다. 1층에는 스타 벅스 커피를 판매하는 로비 라운지 카페를 비롯한 6개의 레스토랑과 바, 한국인들이 좋아하는 괌 스파의 하나인 앙사나 스파가 있다.

또한 24시간 오픈하는 피트니스 센터, 비즈니스 센터와 클럽 룸의 이용자를 위한 10층 쉐라톤 클럽 라운지를 비롯해 많은 인원을 수용하고도 불편하지 않을 만큼 거대한 규모의 수영장을 보유하고 있다. 어린이 풀과 수영장에서 사용할 수 있는 타올, 구명조끼, 튜브는 숙박객에게 무료로 대여해 준다.

호텔 수영장을 배경으로 한 아름다운 채플에선 조용히 예식을 올리기 좋아 특히 일본인들이 선호한다. 또한 모던한 스타일의 건축 양식은 과하지 않은 심플한 셀프 웨딩 촬영에 잘 어울린다.

주소 470 Fahrenholt Ave., Tamuning 전화 671-646-2222 시간 체크 인 15:00, 체크 아웃 12:00 요금 20만 원대, 픽업 1인 편도 $20 위치 투몬에서 호텔 로드를 따라 하갓냐 방향의 14번 도로로 진입해 플로레스 대주교 동상의 원형 교차로를 돈다. 30A 도로로 우회전 후 직진하면 왼쪽 / 레드 트롤리 또는 레아레아 트롤리 이용하여 쉐라톤 라구나 괌 리조트 하차 홈페이지 www.sheratonguam.co.kr

Tip 쉐라톤 라구나 괌 리조트의 무료 체험 프로그램

여유롭게 휴식을 취하고 싶은 여행자들이 묵기 좋은 쉐라톤 라구나 괌 리조트의 최고 강점은 여러 가지 체험을 무료로 할 수 있다는 것이다. 강습으론 태교 요가, 낚시, 스노클링, 테니스, 서핑 등이 있다. 무료 서핑 강습은 간단히 하는데, 온종일 실습을 하려면 1인 $50를 내면 된다. 괌에서 유일하게 호텔 내에서 즐길 수 있으며 합리적인 예산으로 가능해 서핑 초보자들이 참여하기 좋다. 또한 스노클링에 필요한 아쿠아 슈즈와 구명 조끼를 무료로 대여해 주니 이용에 참고하자.

롯데 호텔 괌 Lotte Hotel Guam

다른 체인 호텔에 비해 한국인에게 친숙한 호텔

투몬 만의 건 비치를 앞에 두고 투몬 중심과 도보 15분 거리에 위치한 롯데 호텔은 리모델링을 통해 쾌적하게 탈바꿈한 호텔로 시설이 깔끔하다.

객실은 타워 윙과 아일랜드 윙으로 나뉜다. 타워 윙은 오션 프론트 디럭스 룸을 제외한 나머지 8개의 룸이 클럽 플로어로 전용 조식 뷔페가 있는 프라이빗 라운지 클럽 라운지를 이용할 수 있다.

아일랜드 윙의 오션 디럭스 룸은 객실과 리빙 룸이 나뉘져 있고, 프리미어 룸과 오션 프리미어 룸은 주방을 갖추고 있어 가족 여행자에게 인기가 좋다. 레스토랑은 우리나라 롯데 호텔에도 있어 친근한 뷔페 라세느(La Seine)가 있고 더 라운지 & 델리(The Lounge & Deli)와 수영장에서 짜릿한 칵테일 한잔으로 여유를 더해 줄 호라이즌 카페 풀 바(Horizon Cafe Pool Bar)가 있다.

호텔 편의 시설로는 24시간 이용 가능한 피트니스 센터와 세탁실, 어린이가 즐길 수 있는 키즈 룸 등이 있다. 수영장은 바다와 수평선을 이루는 듯한 적당한 규모의 인피니티 풀이 있는데 선 베드에 누워서 바다를 조망하기에 좋다. 호텔 투숙객에게 무료 제

공되는 카바나는 햇빛을 피하면서 휴식을 취하기에 안성맞춤이다.

주소 185 Gun Beach Road, Barrigada **전화** 671-646-6811(괌), 02-318-0673(한국) **시간** 체크 인 15:00, 체크 아웃 12:00 **요금** 30만 원대 **위치** 투몬에서 건 비치 로드를 따라가다 보면 왼쪽 / 레드 트롤리 또는 레아레아 트롤리 이용하여 롯데 호텔 앞 하차 **홈페이지** www.lottehotel.com/guam

피에스타 리조트 괌 Fiesta Resort Guam

조용하고 한적하게 쉴 수 있는 호텔

투몬 만과 접하고 투몬 중심과도 가깝지만 비교적 조용하게 쉬다 올 수 있는 호텔이다. 피에스타 괌의 총 318개의 객실은 크게 노스 윙(North Wing)과 사우스 윙(South Wing)으로 구분되며 람람 산이 보이는 마운틴 뷰 룸, 바다 조망의 오션 프론트 룸과 디럭스 룸, 6명까지 수용 가능해 가족끼리 묵기 좋은 패밀리 룸, 각 1개의 객실만 준비된 스위트 룸과 로얄 스위트 룸으로 이뤄져 있다.

스킨 스쿠버 연습을 할 수 있는 기본 수영장이 노스 윙(North Wing)에 한 곳 있고, 사우스 윙(South Wing)에 있는 또 다른 하나의 수영장에서 피에스타 리조트만의 액티비티를 진행한다. 물에서 이뤄지는 스노클링과 워터 에어로빅 등이 있어 어른과 아이 모두에게 무료하지 않은 시간을 제공한다. 리조

트 앞에 펼쳐진 투몬 비치에 프라이빗 비치와 마린 센터가 있어 스노클링, 카누, 카약 등의 무동력 해양 스포츠에서부터 추가 요금을 지불하고 제트 스키, 바나나 보트, 스킨 스쿠버, 보트 투어에 이르는 전문 레포츠까지 즐길 수 있다.

일부러 찾아오는 외부 고객이 많을 만큼 인기가 많은 레스토랑은 따뜻한 조명 아래서 세계 요리를 만날 수 있는 메인 레스토랑 월드 카페(World Cafe), 폴리네시안 원주민의 현란하고 다채로운 쇼를 즐길 수 있는 바비큐 비치사이드(BBQ Beachside), 괌의 유명한 데판야끼 전문점 사무라이 시포트 스테이크(Samurai Seaport Steak), 달콤한 아이스크림 전문점 하겐다즈 카페(Hagen-Dazs Cafe), 상큼한 칵테일이 있는 초초 풀사이드 바(Cho Cho Poolside Bar) 등이 있다.

주소 801 Pale San Vitores Road, Tumon **전화** 671-646-5881 **시간** 체크 인 15:00, 체크 아웃 12:00 **요금** 20만 원대 **위치** 투몬에서 하갓냐 방향으로 호텔 로드를 타다가 홀리데이 리조트를 지나 오른쪽 / 레드 트롤리 또는 레아레아 트롤리 이용하여 홀리데이 리조트 · 피에스타 리조트 앞 하차 **홈페이지** www.fiestaguam.com

퍼시픽 스타 리조트 앤 스파 (구 메리어트) Pacific Star Resort & Spa

편안한 서비스의 4성급 리조트

레스토랑과 부대시설이 적은 편이지만 투몬 중심에서 벗어나 한적하게 휴식을 즐기고 싶은 이에게 잘 맞는다. 19층 총 326개의 일반 객실과 30개의 스위트 룸으로 구성돼 있다.

어린이를 동반한 가족이 이용할 키즈 클럽은 따로 없어, 영유아 아이가 있거나 태교 여행 온 가족, 커플이 선호하는 편이다. 아담한 크기의 수영장은 여유롭게 이용 가능하며, 바다로 나가는 방면에서 스노클링 장비를 무료로 대여해준다.

K 마트에 도보 이동이 가능하고 T 갤러리아 셔틀버스가 운행돼 쇼핑하기에 좋다. 무엇보다 모든 투어 프로그램의 출발점이기도 한 PIC가 바로 옆에 있어 편리하다.

주소 627 B Pale San Vitores Road, Tumon **전화** 671-649-7827 **시간** 체크 인 15:00, 체크 아웃 12:00 **요금** 10만 원대 **위치** 투몬 호텔 로드의 퍼시픽 아일랜드 클럽(PIC) 바로 옆 / T 갤러리아 익스프레스(B 코스) 이용하여 퍼시픽 스타 리조트 하차 **홈페이지** pacificstarresort.co.kr

투몬 중심에 위치한 호텔

플레저 아일랜드 괌을 도보로 이동하기 좋아 입지 조건 면에서 별 5개를 줄 수 있는 호텔이다. 가장 최근에 생긴 두짓 타니 괌 리조트는 새 호텔이라는 장점 하나로도 인기 요소가 충분하다. 아웃리거 괌 비치 리조트는 투몬 가장 중심에 있으며 엔터테인먼트와 쇼핑이 결합돼 있다. 리프 앤 올리브 리조트는 수영장이 아담하긴 하지만 시설 면에서 뒤지지 않는다.

두짓 타니 괌 리조트 Dusit Thani Guam Resort

괌에서 가장 최근에 오픈한 호텔

태국을 비롯한 중국, 몰디브 등의 특급 호텔 체인 브랜드인 두짓 타니가 지난 2015년 괌에 오픈한 5성급 호텔이다. 한동안 정체돼 있던 괌 호텔 업계에 새로운 불씨를 피운 것은 분명하며 최고의 호텔 컨디션을 제공해 여행객에게는 특히 반가운 소식이다. 호텔 로드 중심의 아웃리거 괌 비치 리조트와 하얏트 리젠시 괌 사이에 위치해 어디나 접근성이 용이하다.

다양한 종류의 객실을 갖추고 있는데 특히 5층에 위치한 총 6채의 빌라 스위트는 허니무너에게 인기가 많으며, 24~30층을 이용하는 클럽 룸 고객은 29~30층에 위치한 클럽 라운지에서 조식, 다과, 티, 이브닝 칵테일, 카나페를 즐길 수 있다.

세계적인 데바나 스파 센터가 있고, 비치 액티비티와 24시간 피트니스 센터, 키즈 클럽과 키즈 풀을 갖추고 있으며 풀 서비스 스파, 야외 수영장, 공용 장소에서의 무료 와이파이 및 무료 주차 대행을 제공하는 3개의 바, 라운지 등으로 다양한 연령층의 취향을 존중한 서비스가 엿보인다.

호텔 안에는 태국계 호텔답게 타이 레스토랑 쏘이 (Soi)를 비롯해 투몬 베이가 한눈에 보이는 다이닝 카페 아쿠아(Aqua), 이탈리안 스테이크하우스인 알프레도 스테이크하우스(Alfredo's Steakhouse), 비치사이드 그릴 레스토랑 타시 그릴(Tasi Grill), 캐주얼 카페 로비라운지 두짓 고메(Dusit Gourmet)가 오감을 자극한다.

주소 1227 Pale San Vitores Road, Tumon **전화** 671-648-8000 **시간** 체크 인 15:00, 체크 아웃 12:00 **요금** 40만 원대, 픽업 1인 편도 $20 **위치** 투몬 중심의 호텔 로드 아웃리거 괌 비치 리조트와 하얏트 리젠시 괌 사이 **홈페이지** www.dusit.com/dusitthani/guamresort

아웃리거 괌 비치 리조트 Outrigger Guam Beach Resort

투몬 가장 중심에 있는 리조트

아웃리거 괌 비치 리조트는 더 플라자 쇼핑센터와 연결돼 편리할 뿐만 아니라 맞은편에 백화점 T 갤러리아가 있고, 호텔 앞에 괌의 환상적인 메인 비치인 투몬 비치가 펼쳐져 있어 최고의 입지 조건을 갖추고 있다.

총 600개의 객실은 대부분 바다 조망이 가능하며 오션 뷰를 기본으로 8종류의 룸이 20층까지 구성돼 있다. 최고급 객실인 21층 보이져스 클럽 고객은 전용 라운지에서 조식과 해피 아워에는 간단한 안주와 칵테일을 제공받을 수 있다.

레스토랑은 중식 뷔페와 매주 금요일 저녁에 차모로 전통 공연을 함께하는 메인 레스토랑 팜 카페 (Palm Cafe), 매일 저녁 라이브 음악과 술을 즐길 수 있는 뱀부 바(Bambu Bar), 물놀이를 하며 간단한 식사와 스낵을 먹을 수 있는 오하나 비치 클럽 (Ohana Beach Club), 다양한 바비큐를 즐길 수 있는 아웃리거 비치 사이드 바비큐(Outrigger Beach Side BBQ)가 있다.

플래저 아일랜드 괌 내에 있기 때문에 언더워터 월드를 관람 후 시 그릴이나 하드 록 카페 등 쇼핑센터 안의 다양한 카페와 레스토랑에서 식사하기에도 편리하다. 지하 1층에는 고급스럽고 편안한 분위기의 나바사나 스파와 24시간 이용할 수 있는 피트니스 클럽이 있고 만 5~12세의 아이들이 다양한 체험을 할 수 있는 코코 키즈 클럽도 운영하고 있다. 어린이 풀장은 아담하지만 높이가 있는 풀장에서 유아들이 놀 때는 구명 조끼나 튜브를 지참해야 한다. 슬라이드는 보기보다 스피드가 뛰어나 스릴 있으며 몸이 차가울 때 녹일 수 있는 자쿠지와 풀장에 작은 폭포가 있어서 울창한 나무와 함께 뛰어난 조경을 자랑한다.

주소 1255 Pale San Vitores Road, Tumon Bay **전화** 671-649-9000(현지), 02-733-9038(한국) **시간** 체크 인 15:00, 체크 아웃 12:00 **요금** 20만 원대, 픽업 1인 편도 $10 **위치** 투몬 중심의 호텔 로드 T 갤러리아 건너편 더 플라자와 연결 / 레드 트롤리 또는 레아레아 트롤리 이용하여 아웃리거 · 더 플라자 앞 하차 **홈페이지** www.outriggerguam.co.kr

괌 리프 앤 올리브 스파 리조트 Guam Reef & Olive Spa Resort

좋은 위치, 편안한 서비스가 돋보이는 호텔

투몬 중심 아웃리거 리조트와 더 웨스틴 리조트 사이에 있어 시내 어느 곳이든 접근이 용이하며 투몬 비치와 맞닿아 있다. 객실은 총 420개로 비치 타워와 인피니티 타워로 나눠져 있다. 비치 타워에 있는 5개의 룸 타입 중에 재패니스 스위트는 일본식 다다미 방으로 6명까지 수용이 가능해 3대 가족 여행에도 충분하다. 고급스러운 분위기의 인피니티 타워는 트윈, 오션, 코럴 스위트 룸으로 나눠지는데, 여타 다른 호텔처럼 룸 타입에 따른 전용 클럽 라운지가 없어 평등한 서비스를 자랑한다. 또한 객실마다 정수기가 비치돼 있어 식수 공급이 원활하다는 장점이 있다. 차와 커피, 그리고 이유식도 데울 수 있어서 아이와 함께하는 가족 여행 시에도 매우 유용하다.

구내 레스토랑으로는 세계 각국의 요리를 맛볼 수 있는 뷔페 메인 레스토랑(Main)과 바다를 조망하며 깔끔한 일식을 먹을 수 있는 와온(Waon), 18층에 위치해 일몰을 보면서 칵테일 한잔하기 좋은 탑 오브 더 리프(Top of the Reef), 럭셔리 바 겟코(the Gecko)가 있고, 호텔 외부에는 하와이에서 온 유명 팬케이크 전문점 에그 앤 띵스(Egg's n Things)가 위치하고 있다. 2층에는 일본에 20개 이상, 발리에도 지점이 있는 유명한 올리브 스파(Olive Spa)가 위치해 매혹적인 아로마 향과 따뜻한 손길로 여행에 지친 몸을 편안하게 해 준다. 수영장은 바다와 맞닿아 있는 듯한 느낌의 인피니티 풀과 자쿠지로 구성돼 있다.

Check!

리프 호텔에서는 매주 수요일 오후 레아레아 트롤리 차모로 빌리지 익스프레스를 이용해 차모로 빌리지 야시장을 체험할 수 있다.

주소 1317 Pale San Vitores Road, Tamuning **전화** 671-646-6881 **시간** 체크 인 15:00, 체크 아웃 12:00 **요금** 20만 원대, 픽업 1인 편도 $30 **위치** 투몬 중심의 호텔 로드 JP 슈퍼스토어 맞은편 / 레아레아 트롤리 이용하여 리프 호텔 정면 하차 또는 레드 트롤리 이용하여 웨스틴·리프 하차 **홈페이지** guamreefhotel.co.kr

4인 이상의 가족이 묵기 좋은 호텔

4인 이상 가족이 묵기 좋은 숙소는 취사 가능한 주방이 있는 콘도미니엄이나 패밀리 룸이 마련돼 있는 호텔이다. 특히 괌에서 주방을 갖춘 콘도미니엄은 많지는 않으니 밥을 직접 해 먹고 싶은 경우와 4인 이상 가족들이 고려해 볼 만한 숙소이다.

알루팡 비치 타워 Alupang Beach Tower

주방이 있는 콘도 스타일의 리조트

우리나라 콘도와 같은 구조의 숙소라고 할 수 있다. 한 객실에 묵고 싶은 6인 이상의 대가족에게는 서비스가 좋아도 대부분 원룸인 호텔보다는 알루팡 비치 타워 리조트가 최선이다. 괌에서 유일하게 바닷가에 위치한 콘도로 한적한 알루팡 비치에 있다.

객실에는 아파트 형태의 주방 시설, 각종 식기류, 세탁기가 완비돼 있으며 인원과 바다 조망에 따라 다이아몬드 스위트 룸(성인 4명, 아동 2명), 트로피컬 스위트 룸(성인 6명, 아동 2명), 오션 프론트 콘도미니엄(바다 조망, 성인 6명, 아동 2명)과 세 종류의 펜트하우스로 나눠진다. 2층에는 하갓냐 만을 내려다보며 수영할 수 있는 인피니티 풀과 키즈 풀이 있고, 가족끼리 시간을 보낼 수 있는 자쿠지도 준비돼 있다.

주소 999 South Marine Drive, Tamuning **전화** 671-649-9666 **시간** 체크 인 15:00, 체크 아웃 12:00 **요금** 40만 원대, 예약 시 유료 픽업 서비스 신청 가능 **위치** 투몬에서 1번(마린 드라이브) 도로를 따라 하갓냐 방향으로 쭉 내려오면 오른쪽에 위치 **홈페이지** www.abtower.com

홀리데이 리조트 앤 스파 괌 Holiday Resort & Spa Guam

따뜻한 분위기의 정감 있는 리조트

대리석의 로비가 우아하고 고풍스러운 홀리데이 리조트 앤 스파 괌은 파셜 오션뷰, 오션뷰, 주니어 스위트, 성인 4명과 어린이 2명이 숙박할 수 있는 패밀리 스위트, 성인 2명과 어린이 2명이 숙박할 수 있는 홀리데이 스위트와 아파트 스위트, 4인용 객실 쿼드 룸으로 총 252개의 객실이 자리 잡고 있다. 특히 6명을 수용할 수 있는 패밀리 룸은 고급 호텔의 기본 숙박료와 비슷해서 가족끼리 넉넉하게 합리적인 가격으로 숙박할 수 있다. 레스토랑은 뷔페라 브라서리(La Brasserie), 한국인들이 괌에서 한식을 먹고 싶을 때 자주 찾는 서울정, 현지인들에게 인기 있는 캘리포니아 피자 키친(California Pizza Kitchen) 등 3개의 레스토랑으로 알차게 구성돼 있다. 발리식과 스웨덴식 마사지법을 선보이는 스파 발리(Spa Bali)는 여정에 지친 피로를 풀기에 좋으며 호텔 5층에 있는 아담한 수영장보다는 호텔과 이어진 투몬 비치에서의 해수욕이 여유를 즐기기에 좋다. 1층 로비에서 아프라 다이브(Apra Dive)의 프로그램을 신청하면 패러세일링, 제트 스키, 돌고래 다이빙, 전용 스노클링 투어를 체험하면서 괌의 바다와 한층 더 친해질 수 있다.

공식 홈페이지에서 호텔 예약 시 객실을 선택한 뒤에 개선 사항에 공항 픽업, 드롭 오프나 왕복 서비스를 선택해 신청할 수 있다. 공항 셔틀 서비스는 3세 이하 어린이는 무료, 성인은 1인 편도 약 $12에 이용 가능하다. 매일 호텔 앞에서 편리하게 이용 가능한 레드 트롤리 셔틀 버스의 티켓은 프론트 데스크에서 구입할 수 있다.

주소 881 Pale San Vitores Road, Tumon **전화** 671-647-7272 **시간** 체크 인 15:00, 체크 아웃 12:00 **요금** 10만 원대, 예약 시 유료 픽업 서비스 신청 가능 **위치** 투몬에서 하갓냐 방향으로 호텔 로드를 타다가 투몬 샌즈 플라자를 지나 오른쪽. 공항에서 차로 약 10분 소요 / 레드 트롤리 또는 레아레아 트롤리 이용하여 홀리데이 리조트 · 피에스타 리조트 앞 하차 **홈페이지** www.holidayresortguam.com

호텔 · 리조트

가격이 합리적인 호텔

호텔은 투몬 비치 일대에 밀집해 있고, 다양한 서비스를 제공하기 때문에 여행 예산에서 숙박비가 차지하는 비중이 높은 편이다. 특급 서비스나 시설이 아니더라도 잠자리에 불편함이 없고, 예산을 아낄 수 있는 합리적인 호텔을 찾아보자.

괌 플라자 리조트 앤 스파 Guam Plaza Resort & Spa

좋은 위치에 가격이 저렴한 리조트

투몬 중심에 위치하며 객실은 트윈 룸 구조의 스탠다드 룸과 킹·트윈 룸 구조의 디럭스 룸으로 구성돼 있다. 모든 엑스트라 베드는 별다른 패키지 이벤트가 없을 경우에 금액을 추가해야 한다. 인터넷은 로비에서 사용 가능하며 코인 세탁기가 1층에 비치돼 있다.

이곳의 가장 큰 장점은 괌 최대의 워터 파크인 타자(Tarza)이다. 또한 호텔과 JP 슈퍼스토어가 연결돼 있고 T 갤러리아도 맞은편에 위치해 쇼핑하기에 편리하다. 호텔 가격이 저렴한 만큼 특급 호텔에 비해 부족한 점이 있지만 관광과 쇼핑을 위해 호텔에 머무는 시간이 적거나 워터 파크를 좋아하는 여행자에게는 교통도 편리해서 무난한 선택이 될 것이다.

레스토랑은 로비 1층의 조식 뷔페 루츠 힐스 그릴 하우스(Roots Hill's Grill House)와 루츠 힐 카페(Roots Hill Cafe), 2층의 쿠무쿠무 코코넛 바(Kumukumu Coconut Bar), 타자 워터 파크 안의 타자나 레스토랑(Tarzana Restaurant), 외부의 리

프 호텔 옆에 있는 해산물 요리로 유명한 나나스 카페(Nana's Cafe), 그 뒤편으로 투몬 비치와 맞닿아 있는 바비큐 전문 레스토랑 세일즈 바비큐(Sails BBQ)가 있다.

주소 1328 Pale San Vitores Road, Tamuning **전화** 671-646-7803~8 **시간** 체크 인 15:00, 체크 아웃 12:00 **요금** 10만 원대 **위치** 타무닝 호텔 로드 괌 리프 앤 스파 리조트 건너편 JP 슈퍼스토어 뒤 / 레드 트롤리 이용하여 JP 슈퍼스토어 하차 또는 레아레아 트롤리 이용하여 괌 플라자 리조트 앤 스파·JP 슈퍼스토어 앞 하차 **홈페이지** www.guamplaza.com

베로나 리조트 앤 스파 Verona Resort & Spa Guam

저렴한 호텔을 원한다면!

투몬 비치에서 도보 10분 거리에 있는 베로나 리조트 앤 스파의 가장 큰 장점은 저렴한 가격이다. 새벽에 도착하는 항공편을 이용하는 경우 고급 호텔을 예약하기는 부담스러울 수 있다. 이 상황에 베로나 리조트 앤 스파에서 하루를 보낸 후 본인이 원하는 호텔로 옮기면 하루를 합리적인 가격으로 보낼 수 있다.

1층에는 핫 스프링 스파가 있어 우리나라 찜질방처럼 샤워를 하고 수면실에서 잠을 청할 수 있으니 귀국 항공편이 새벽 비행이라면 베로나 리조트와 스파를 활용할 수 있다. 구내에는 작은 수영장이 있고 조식 뷔페 로비 라운지 레스토랑(Lobby Lounge)과 코인 세탁기, 그리고 한국인이 운영하는 미니 편의점이 입점해 있다. 이파오 비치 공원, 투몬 샌즈 플라자, K 마트와 가깝고 샌드캐슬과 슬링 샷 괌(Slingshot Guam)과도 인접해 있다.

주소 188 Tumon Bay Road, Tumon 전화 671-646-8888 시간 체크 인 15:00, 체크 아웃 12:00 요금 10만 원

내외 위치 투몬에서 하갓냐 방향으로 호텔 로드를 타다가 14A로 좌회전 후 왼쪽 위치 / 공항에서 호텔까지는 차로 약 15분 소요 홈페이지 49.212.236.154/verona/en

베이뷰 호텔 괌 Bayview Hotel Guam

최근 리노베이션한 합리적인 가격의 호텔

개별 발코니를 갖춘 148개의 디럭스 객실을 보유하고 있는 베이뷰 호텔은 최근 리노베이션을 해 쾌적함을 느낄 수 있고 객실에 전자레인지가 있어 아이들 이유식을 데우기 좋다.

레스토랑은 조식 뷔페 델모니코 키친 앤 바(Delmonico Kitchen and Bar), 맛있는 빵과 쿠키가 있는 스윗 딜라이츠 베이커리(Sweet Delights Bakery), 커피와 버블티가 있는 더 티 디스트릭(The Tea District) 등이 있다. 부대시설로는 4개의 개별 룸과 자쿠지가 있는 스파, 24시간 운영하는 피트니스 센터, 코인 세탁기, 알맞은 규모의 수영장이 있다.

주소 1475 Pale San Vitores Road, Tamuning 전화 671-646-2300 시간 체크 인 15:00, 체크 아웃 12:00 요금 10만 원대, 픽업 서비스 1인 편도 약 $10(5세 이하 무료) 위치 투몬 중심에서 하갓냐 방향의 호텔 로드를 타다가 퍼시픽 플

레이스 방향으로 우회전 후 왼쪽에 위치 / 교통 체증이 없으면 공항에서 차로 약 10~15분 소요 홈페이지 www.hotel-guam.com

오션뷰 호텔 앤 레지던스 괌 Oceanview Hotel & Residences Guam

위치 좋고 저렴한 3성급 호텔

베이뷰 호텔과 함께 3성급으로 가격 대비 위치도 좋고 서비스도 좋다. 쇼핑과 관광을 목적에 두고 저렴한 가격에 숙박하고 싶은 여행자들에게 환영받는 호텔이다. 총 191개의 객실을 갖췄으며 각 층의 복도 중앙에 전자레인지가 비치되어 있어 여러모로 유용하고, 이그제큐티브 스위트 룸은 큰 주방이 있어 대가족이 함께 숙박하기에 가성비가 뛰어나다. 레스토랑은 괌 현지 음식을 먹을 수 있는 차모루-테이 레스토랑(Chamoru-Tei Restaurant)이 있으며, 부대시설로는 적당한 크기의 수영장과 매점이 있다.

주소 1433 Pale San Vitores Road, Tamuning **전화** 671-646-2400 **시간** 체크 인 15:00, 체크 아웃 12:00 **요금** 30만 원대, 픽업 1인 편도 약 $10(5세 이하 무료) **위치** 투몬 중심에서 하갓냐 방향의 호텔 로드를 타다가 퍼시픽 플레이스 방향으로 우회전 후 왼쪽의 베이뷰 호텔 안쪽으로 직진 / 교통 체증이 없으면 공항에서 렌터카로 약 10~15분 소요 **홈페이지** www.hotel-guam.com

골프 애호가에게 맞춤 호텔

시내와 다소 떨어져 있지만 렌터카를 이용하면 골프를 즐기면서 괌 관광을 하기에도 무리 없는 숙소이다. 다양한 골프 프로그램이 준비돼 있고, 투숙객에게는 이용료를 할인해 주기 때문에 골퍼들에게 여러모로 유리한 호텔이다.

스타트 괌 골프 리조트 Starts Guam Golf Resort

골퍼들을 위한 리조트

투몬 중심가와 떨어져 있지만 복잡한 다운타운에서 벗어나 여유롭게 골프를 즐기고 싶은 여행자에게 적합한 호텔이다. 호텔은 3개의 룸 타입으로 돼 있으며 숙박과 조식, 그리고 골프 패키지를 선보여 호텔 투숙객은 저렴한 가격으로 라운딩에 나갈 수 있다. 홀은 미국 골프 협회(USGA)가 공식 승인한 정통적인 토너먼트 코스로 평탄하고 넓은 27홀로 구성돼 있다. 한국에 비해 저렴한 라운딩 비용으로 골프만 집중적으로 치고 싶은 여행자에게 알맞은 호텔이니 참고하자.

레스토랑은 조식과 중식을 제공하는 폰타나(Fontana)와 저녁 식사를 할 수 있는 일식 레스토랑 센수이(Sensui)가 있다.

주소 2991 RT.3 NCS Road, Dededo 전화 671-632-1111 시간 체크 인 15:00, 체크 아웃 12:00 요금 10만 원대, 예약 시 무료 픽업 신청 가능 위치 1번(마린 드라이브) 도로를 따라 북진하다가 마이크로네시아몰을 지나 첫 번째 신호등에서 좌회전한다. 3번 도로로 진입 약 7분 후 오른쪽 쉘 주유소를 보며 북동부로 가다 오른쪽 커다란 돌고래 조각상을 끼고 우회전하면 도착 홈페이지 www.startsguamgolf.com

Tip 스타트 괌 골프 리조트 무료 픽업 서비스

다른 호텔에 투숙하는 경우 클럽 예약 시 무료로 운행하는 전용 픽업 서비스를 신청할 수 있다. 투몬 호텔에서 스타트 괌 골프 리조트까지의 무료 픽업 서비스는 4~6월, 11월, 12월(07:00~13:00)에는 1일 5회 운행하고, 1~3월, 7~10월 골프 오프 시즌(07:30~12:30)에는 1일 3회 운행한다. 골프 리조트에서 호텔까지 무료로 운행하는 드롭 서비스는 11:30~17:30까지 1일 7회 운행한다. 공식 홈페이지에서 운행 시간표를 확인하자.

레오 팔레스 리조트 괌 Leopalace Resort Guam

광활한 자연과 함께할 수 있는 리조트

괌 시내뿐 아니라 다른 호텔과 거리감이 있다는 것이 장단점이 될 수 있는 호텔이다. 한적하고 조용하기 때문에 관광을 즐기는 이외의 여가 시간을 편안하게 지내고 싶은 사람들이 반길 만한 입지 조건이다. 여의도 2배 크기이며 괌 면적의 1%인 레오 팔레스 리조트는 호텔과 콘도미니엄으로 구성돼 있다. 호텔은 메달리온 룸, 스위트 룸과 디럭스, 슈페리어 트윈으로 돼 있는데 모두 리조트의 평화로운 자연을 조망하기에 충분하다. 콘도미니엄 라쿠에스타 C, D, E는 별장 느낌으로 부엌과 거실이 있고 조리 기구와 식기, 가구 등이 다 구비돼 있어서 가족 여행이나 장기 여행자에게 적합하다.

골프 코스는 부겐빌리아, 플루메리아, 하이비스커스, 오키드의 4코스로 이뤄져 있다. 숙박과 골프 연계 프로그램은 수시로 변경되니 예약할 때 문의해 보자. 그리고 일주일에 세번 천체망원경으로 별을 보며 별자리에 얽힌 이야기를 들을 수 있는 스타 워칭 프로그램도 이색적이니 참고하자.

수영장은 워터 슬라이드가 있는 메인 풀, 자쿠지가 있는 라쿠에스타 풀, 그리고 옆에는 스포츠 트레이닝에 적합한 워킹 풀 & 스위밍 풀이 있다. 리조트 안에는 다운타운과 떨어져 있어도 불편하지 않도록 슈퍼, 레스토랑과 스파 등의 편의 시설이 잘 갖춰져 있다.

주소 221 Lake View Drive, Yona **전화** 671-471-0001, 02-725-9882(한국 지점) **시간** 체크 인 15:00, 체크 아웃 12:00 **요금** 20만 원대, 예약 시 픽업 서비스 신청 가능 **위치** 투몬에서 1번 도로(마린 드라이브)를 타고 하갓냐 방면의 대추장 키쿠한 상이 있는 원형 교차로에서 P턴으로 4번 도로로 진입해 직진하다 선샤인 플라자 표지판을 끼고 우회전, 데로 로드를 따라 남서쪽 850m 지점에서 좌회전해 5.0km 전방 우회전 / 공항 유료 셔틀(공항 셔틀은 한국 공식 홈페이지에서만 신청 가능, 3일 전 사전 예약 필수), 투몬에서 웨스틴 호텔 ↔ 레오 팔레스 리조트 무료 셔틀버스를 운행. 레드 트롤리(괌 프리미어 아웃렛 ↔ 레오 팔레스 셔틀버스) 이용하여 레오 팔레스 리조트 하차 **홈페이지** www.leopalaceresort.com

---

게스트 하우스

개인이나 커플 여행자에게 편리하고 가족 여행의 경우 방을 묶어 전체 예약도 가능해 합리적인 가격으로 이용할 수 있다. 생활 편의 시설을 대부분 갖추고 있어 외국에 사는 친척집에 방문한 듯 편안하다는 장점이 있다. 한국인이 운영해 소통의 어려움이 없고 여행 정보를 얻기에 좋다.

괌 자자 하우스 GUAM JAJA HOUSE

괌 최초의 한인 게스트 하우스

2012년 오픈한 괌 자자 하우스는 괌 관광청에 공식 등록되었고 현재 1, 2호점과 투몬점이 있다. 타운 하우스는 복층 구조로 각 지점마다 방 3개, 화장실 3개, 욕실 2개가 있으며 1층에는 큰 거실과 주방, 바비큐장이 있다. 각 방마다 예약하거나 대가족 여행의 경우 전체 예약도 가능하다.

직접 음식을 조리할 수 있고, 놀이방이 있어 이유식을 준비해야 하는 영유아 또는 아이를 동반한 가족들이 이용하기에 좋다. 투몬점은 투몬가에 위치해 있으며 방 2개, 화장실, 욕실 1개 구조의 아파트로 한 가족이 사용할 수 있다. 욕실과 객실 용품, 쌀과 음료수를 포함한 주방 용품, 세탁실이 구비돼 있으며 스노클링, 돗자리, 구명 튜브 등의 물품도 대여 가능하다. 무료 와이파이를 제공한다.

시간 체크 인 12:00, 체크 아웃 12:00 **홈페이지** www.guamjajahouse.com, www.cafe.naver.com/guamhome(카페)

1, 2호점

주소 Villa isabana CIR 161 Upper Tumon **전화** 671-646-0702 **요금** 큰 방(더블, 싱글 소파 침대, 개별 욕실) 비수기 $85, 성수기 $95, 극성수기 $135 **위치** K마트에서 마이크로네시아몰 방향으로 약 2분 직진 후 우측 닛산 자동차 매장을 지나 뱅크 오브 하와이 단층 건물 뒤편 타운 하우스 'Villa Isabana' 161호, 165호 / 괌 공항에서 렌터카로 6분, 투몬 비치에서 3분, 마이크로네시아몰 도보 5분

투몬점

주소 Villa Gipapa Unit 201, Tumon **전화** 671-646-0702 **요금** 2인실 · 4인실 공통 비수기 $110, 성수기

$130, 극성수기 $180(전체 렌탈 기준, 모든 방은 가능 인원까지 기본 요금 적용, 11세 이상 1인 추가 시 $10 추가) **위치** T 갤러리아와 JP 슈퍼스토어 사이 길로 들어간 후 왼쪽 길로 직진, 괌 플라자 리조트 앤 스파와 타자 워터 파크를 지나 캐피탈 호텔 방향으로 우회전. 캐피탈 호텔 옆 Villa Gipapa'의 3층짜리 두 개의 건물 중 안쪽 201호 / T 갤러리아에서 도보 3분, 타자 워터 파크에서 도보 1분

제이제이 레지던스 JJ RESIDENCE

내 집처럼 편안하게 이용할 수 있는 곳

각 호수마다 방 2개, 욕실 2개, 화장실 2개인 아파트 10채 구조로 2인실(더블, 싱글), 3인실, 4인실로 구분되며 각 방과 전체 예약이 모두 가능하다.
각 방에는 거실과 주방이 있으며 개인 금고도 설치돼 있다. 숙박 시 호텔 수영장, 타자 워터 파크, 렌터카 등 서비스를 특별가로 이용할 수 있으며 쇼핑, 식당 쿠폰도 증정한다.

주소 Sky Gardens Unit 304, 315-MENDIOKA ST. Harmon Dededo **전화** 671-929-3324 **시간** 체크 인 12:00, 체크 아웃 12:00 **요금** 2인실 비성수기 $140, 성수기 $160, 극성수기 $260(11세 이상 1인 추가 시 $10) **위치** 공항에서 나온 후 우회전해 약 1분 직진 후 우측 주유소가 있는 사거리에서 좌회전. 언덕길을 내려가자마자 우측으로 'Today's Reality'라는 간판 사인이 걸린 3층 건물을 끼고 우회전 후 직진하면 나오는 화이트와 민트색 건물 두 동 중 우측 건물 304호 / 렌터카로 공항에서 3분, 마이크로네시아몰에서 3분, 투몬 비치에서 6분 정도 소요 **홈페이지** www.guamjajahouse.com, www.cafe.naver.com/guamhome(카페)

테마 여행

- 바다와 하늘을 아우르는 **괌의 액티비티 즐기기**
- 괌의 자연을 만끽하는 **투어 & 크루즈**
- 해변을 따라 즐기는 **괌의 드라이빙 코스**
- 득템에 목마른 쇼퍼들의 천국 **괌의 면세 쇼핑**
- 매일 축제하기 좋은 날씨 **페스티벌 괌**
- 괌으로 떠나는 **골프 여행**
- 우리 가족 추억 만들기 **태교 여행 · 가족 여행**
- 단 한 번의 특별한 순간 **웨딩 인 괌**

| THEME TRAVEL 01 |

바다와 하늘을 아우르는
괌의 액티비티 즐기기

에메랄드빛 바다는 맑고 투명해 바라보기만 해도 좋지만 스노클링이나 스쿠버 다이빙 등을 통해 괌의 매력을 제대로 체험해 볼 수 있다. 또한 늘 꿈꿔 오던 비행기 조종, 하늘을 날아 보는 것도 모두 실현 가능하다.

Tip 액티비티 이용법

괌의 액티비티는 대부분 호텔 픽업을 포함하고 있다. 이 책에서는 픽업 차량을 이용해 체험 장소까지 이동하는 시간과 체험 소요 시간을 모두 더한 스케줄을 기준으로 정리해 두었다. 하지만 프로그램을 진행하는 회사의 상황에 따라 변경될 수 있으니 사전에 확인하자.

해양 레포츠 & 워터 파크

▶ 스킨 다이빙 / 스노클링 Skin Diving / Snorkeling

수면에서 호흡을 들이마시고 숨을 참은 상태에서 물속으로 내려가 자신이 버틸 수 있는 시간 만큼 머물고 수면으로 올라오는 것이다. 간단히 말해, 산소 탱크 장비 등의 도움 없이 수면에서 스노클(숨대롱)을 사용해 잠수 활동을 하는 것을 스노클링이라고 한다.

> **마스크** : 물과 눈 사이의 공간을 만들어 바다를 볼 수 있도록 해 주는 도구
> **스노클** : 수면에서의 호흡을 원활하게 해 주는 숨대롱
> **핀(아쿠아슈즈)** : 수면과 수중에서 추진력을 높여 주기 위해 사용하는 오리발

▶ 스쿠버 다이빙 Sucuba Diving

호흡 장치(산소 잠수통)를 가지고 물속에 내려가 일정 시간 내 제한된 공기의 양만큼 수중 관람을 즐긴 후에 다이빙을 끝내는 것이다. 해양 스포츠에서 스킨 스쿠버는 대부분 스쿠버 다이빙에 해당한다. 스킨 스쿠버는 스킨 다이빙과 스쿠버 다이빙의 합성어이다.

> **B.C** : 물속에서 공기를 넣었다 뺐다를 반복하며 부력을 조절해 주는 조절기
> **레귤레이터** : 수중에서 가장 큰 힘을 주는 호흡기로서 1단계는 탱크에서 나오는 공기압에 균형을 맞추고 2단계는 그 공기를 다시 숨 쉬기 좋은 환경의 기압으로 바꿔 준다.
> **탱크** : 수중에서 호흡할 수 있는 공기가 들어 있는 곳

▶ 시 워커 Sea Walker

다이빙 헬멧을 얼굴에 착용하고 전문 가이드와 함께 수심 5~7m의 바닷속을 거닌다. 화장을 하고 입수해도 지워지지 않으며 신선한 공기의 유입으로 쾌적한 상태가 유지된다. 어려움 없이 유유히 바닷속을 거닐어 보자.

◉ 스탠드 업 패들 Stand Up Paddle
최신식 서핑 스타일로 서퍼들이 더 긴 거리를 즐길 수 있도록 고안됐다. 주걱 모양의 물갈퀴가 달린 패들을 이용해 물을 헤쳐 바다로 전진한다.

◉ 윈드 서핑 Wind Surfing
요트의 돛과 서핑 보드를 결합해 만들었으며 돛을 잡고 바람의 흐름에 맞추어 균형을 잡는다. 어떤 돛을 선택할지는 바람의 세기뿐 아니라 서퍼의 체중 등 여러 요소를 고려해 결정한다.

◉ 패러세일링 Parasailing
패러글라이딩과 세일링의 합성어다. 특수 제작된 낙하산에 몸을 맡기고, 모터 보트에 긴 줄을 연결해 달리면 낙하산에 공기가 들어가면서 바다 위로 자연스럽게 떠오른다. 사전 교육 필요 없이 운전자의 안내를 따르면 된다.

Tip 해양 스포츠 제대로 즐기기
산호에 의해 발 부상의 위험이 있기 때문에 반드시 비치 슈즈, 아쿠아 슈즈를 신는다.(산호 채취 금지) 선탠용 의자, 해안 시설물은 유료인 경우가 많으니 주의한다. 간단한 레저용품을 미리 준비하면 비용을 절약할 수 있고, 국내에서도 친숙한 바나나보트, 제트 스키, 카약도 있으니 이용에 참고하자.

 해양 스포츠 즐길 수 있는 곳

★알루팡 비치 클럽 ABC Alupang Beach Club
일본인이 운영하는 클럽으로 바나나보트, 제트 스키, 패러세일링, 돌핀 크루즈 등을 체험할 수 있다. 종합 패키지로 신청하면 합리적인 예산으로 다양한 프로그램을 편하게 이용할 수 있다. 클럽이 운영하는 해변에서 아쿠아 슈즈를 대여할 수 있고 스노클링, 카약 등 무동력 액티비티를 무료로 즐길 수 있기 때문에 대기 시간을 알차게 보낼 수 있다.

주소 ABC Alupang Beach Club, 997 S.Marine Corps Dr., Tamuning 전화 671-649-5200 시간 첫 투어 09:00부터 예약 가능, 패키지에 따라 시간 상이 요금 바나나보트+패러세일링 성인 $95 제트 스키+패러세일링 성인 $100 제트 스키+바나나보트+패러세일링 성인 $120 상기 옵션 7~14세 $50, 3~6세 $20 (패키지 신청자에 한해 시 워커 $70, 스쿠버 다이빙 $58) 위치 차모로 빌리지 근처. 08:00~15:00 픽업 버스가 예약자의 호텔로 온다. 홈페이지 www.abcguam.kr

★피시 아이 시 워커 Fish Eye Seawalker

괌의 시 워커는 대부분 피시 아이 마린 파크에서 진행되지만, 업체마다 가격 차이가 많이 나서 꼼꼼히 따져 보고 예약해야 한다. 헬멧은 무게가 약 35kg이지만 바닷속에 들어가면 무게가 느껴지지 않으며 열대어 먹이를 주거나 산호를 구경할 수 있다.

주소 Fish Eye Marine Park, 818 North Marine Corps Dr., Piti 전화 671-475-7777 시간 픽업 07:30~08:15, 시 워커만 신청하면 픽업 포함 약 3시간 소요 요금 성인 $89~130, 어린이(8~11세) $80~105, 어린이(6~7세) $30~45 (요금 차이는 예약과 옵션 차이) 홈페이지 www.fisheyeguam.com

Tip 시 워커 체험 시 주의 사항

가이드가 촬영해 주는 사진은 $30로 비교적 비싼 편이다. 바닷속 자신의 모습을 담고 싶다면 휴대폰을 방수팩에 넣고 셀카봉을 이용해서 사진을 찍어 보자. 여성이라면 물속에서 시야 확보를 위해 헬멧을 쓰기 전 반드시 머리를 묶어야 한다. 또한 바닷속에 들어갈 때 비행기 이착륙 시와 같은 이명이 있는 경우에 침을 꿀꺽 삼키면 도움이 된다.
임산부 또는 심장, 폐 및 호흡기 질환자, 음주 또는 약물 복용자는 체험할 수 없다. 또한 헬멧의 크기와 무게 때문에 만 10세 이상, 키 140cm 이상인 경우에만 체험이 가능하다. 8세 이상, 키 120cm 이상의 어린이는 전용 헬멧을 착용하고 보호자 동반하에 참여가 가능하다.

★피시 아이 스쿠버 다이빙 Fish Eye Scuba Diving

괌에는 스쿠버 다이빙을 할 수 있는 포인트가 다양하게 준비돼 있다. 그 중에서 자연 방파제 안쪽에 위치한 거대한 수중 생물 서식지 피티 범홀(Piti Bomb Hole)은 중심지와 가깝고, 피시 아이 마린 파크가 있는 곳이기 때문에 여러모로 접근하기 좋다.

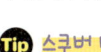

Check !
공식 홈페이지와 제휴 업체에서 모두 예약할 수 있으니 투어 구성과 가격을 비교하여 예약하자.

주소 Fish Eye Marine Park, 818 North Marine Corps Dr., Piti 전화 671-475-7777 시간 픽업 07:30~, 08:30~, 09:30~(업체에 따라 다름), 스쿠버 다이빙만 신청하면 픽업 포함 약 3시간 소요 요금 성인 $36~58, 어린이(6~11세) $21~30(요금 차이는 예약과 옵션 차이) 홈페이지 www.fisheyeguam.com

Tip 스쿠버 다이빙 체험 시 주의 사항

바다에 메고 들어가는 산소통은 매우 무겁기 때문에 몸을 숙이면 물과 함께 받치게 되어 부담이 많이 감소된다. 물고기에게 줄 간식인 소시지는 숨겨 두지 않으면 냄새를 맡고 달려들어 손을 뜯길 수 있다. 살점이 깊게 패일 수 있으니 한 번에 멀리 뿌리고 마무리하는 것이 좋다.

워터파크 즐길 수 있는 곳

★타자 워터 파크 Tarza Water Park

아이들과 함께 하기 좋은 분위기로, 대기 시간이 적고 재입장도 가능해서 부담 없이 물놀이를 마음껏 즐길 수 있다. 같은 높이에서 내려가지만 각도가 다른 '스피드 슈트'와 형형색색 4개의 미끄럼틀인 '바디 슈트', 튜브를 타고 터널 속으로 들어가는 '튜브 슬라이드' 등은 나이 불문 남녀노소 모두 즐길 수 있다. 또한 초보자가 서핑을 익히기 좋은 '플로우 라이더'도 인기가 좋다.

주소 Tarza Water Park, 132 Pale San Vitores Rd., Tamuning **전화** 671-646-7803~8 / 671-647-1976(09:00~17:00) **시간** 10:00~16:00(폐장 16:30), 수 휴무 **요금** 성인 $50, 어린이 $30, 5세 미만 무료, 괌 플라자 리조트 앤 스파 투숙객 10% 할인, 락커 룸 1인 $2, 타월 1개 $2(호텔 타올 지참 가능) **위치** 괌 플라자 리조트 앤 스파 **홈페이지** www.guamplaza.com

★온워드 워터 파크 Onward Water Park

온워드 워터 파크는 어른들이 좋아할 만한 매력적인 어트랙션을 많이 갖추고 있다. 70~80도 경사로 보이는 12m 위에서 튜브를 타고 오르내리는 만타 슬라이드는 짧은 시간이지만 그 스릴이 대단하다. 워터 파크를 가로질러 바다를 향해 빠르게 낙하하는 짚 라인도 있어 짜릿한 경험을 만끽할 수 있다.

주소 Onward Water Park, 445 Governor Carlos G. Camacho Rd., Tamuning **전화** 671-647-7777(괌), 02-392-2626(한국) **시간** 09:30~17:30, 수 휴무 **요금** 성인 $55, 온워드 호텔 이용 시 무료, 락커 1인 $2(보증금 $3), 카누·구명조끼·스노클링·아쿠아 슈즈 1시간 내 대여 무료 **위치** 온워드 비치 리조트 내 **홈페이지** www.onwardresort.com

★PIC 워터 파크 PIC Water Park

대규모를 자랑하는 워터 파크이다. 워터 슬라이드와 자쿠지가 있는 메인 풀, 수중 농구와 배구, 수중 줄다리기를 할 수 있는 게임 풀, 실내 수영장처럼 라인이 있어 경주하기 좋은 랩 풀, 어린이들의 호기심을 자극하는 키즈 풀 그리고 수심 30cm의 유아 풀까지 다양한 풀 외에도 인공 호수에서 즐길 수 있는 라군 카약, 인공 수족관 & 스쿠버 센터 등이 마련돼 있다.

주소 PIC Water Park, 210 Pale San Vitores Rd., Tumon **전화** 671-646-9171 **시간** 09:00~21:30, 1일 코스 09:00~17:00, 랩 풀 & 키즈 풀 09:00~18:00, 인공 수족관 & 스쿠버 센터 & 라군 카약 09:00~17:00, 유아 풀 10:00~12:00, 14:00~17:00 **요금** PIC 투숙객은 무료(전용) **위치** 투몬 호텔 로드 PIC 괌 내 **홈페이지** www.pic.co.kr

지상 레포츠

▶ 스쿠트 카 Scoot Car

스쿠트 카는 자동차와 오토바이를 섞은 이동 수단으로 2인이 탈 수 있다. 지붕을 덮을 수 있기 때문에 느닷없이 비가 쏟아져도 걱정 없다. 49cc 엔진을 탑재하고 있어 운전면허증이 필요하며 이용 시간 2시간부터 대여가 가능하다. 뜨거운 자외선에 직접 노출되기 때문에 이에 대비해야 한다.

▶ 고 카트(카트 레이싱) Go Karting

카트는 남녀노소 누구나 다루기 쉬우며 직선 주로에선 속도감이 느껴진다. 치마나 짧은 바지를 입었다면 준비된 두꺼운 옷을 착용해야 하므로 편한 티셔츠와 긴 바지를 입고 가자.

▶ 슈퍼카 Super Car

드림 카를 타 볼 수 있는 기회를 제공하는 슈퍼카 드라이브는 국내 운전 면허증을 지참하면 직접 운전해 볼 수 있지만, 기능을 최대한 활용하는 숙련자의 보조석에 앉으면 드리프트 등 짜릿한 운전에서 오는 속도감으로 스트레스를 풀 수 있다. 괌에 준비된 슈퍼카는 Ferrari F430, Porsche 911 Turbo, Corvette Z06 이다.

▶ ATV

험한 지형에도 잘 달릴 수 있도록 고안된 소형 오픈 카이자 사륜구동 바이크이다. 미국과 유럽 등에서 모터 사이클을 개조해 농업 및 산업 운송용으로 만든 것인데 지금은 레저용으로 더 각광받고 있다. 그중 핸들이 자전거나 오토바이처럼 생긴 것을 ATV라고 하며 자동차처럼 둥근 핸들과 기어 등이 갖춰져 있는 것은 UTV라고 한다.

지상 스포츠를 즐길 수 있는 곳

★ 괌 오토 스포츠 Guam Auto Sports

비교적 짧은 시간 운영하지만 한국인이 거의 없고 조용해 아이들과 함께 가기 알맞다. 오토 스포츠 공식 사이트나 제휴 업체를 이용하자.

주소 Guam Raceway Park, Yigo **전화** 671-989-0900, 070-8637-8708(한국어 응대) **요금 슈퍼카** Ferrari F430(보조석 $239, 운전 $139), Porsche 911 Turbo(보조석 $159, 운전 $89), Corvette Z06(보조석 $139, 운전 $89) **고카트** 15분(만 14세 이상 어른 $59, 122cm 이상 아이 $40), 30분(어른 $89, 아이 $70) **ATV** 1인 $75, 2인 $65 / 가이드와 함께 1인 $75, 만 4~17세 $30)

이색 체험

▶ 짚 라인 Zip Line

양편의 나무 또는 지주대 사이에 설치한 튼튼한 와이어에 트롤리(Trolley)를 연결해서 빠른 속도로 반대편까지 이동하는 지상 레포츠이다. 와이어를 타고 이동할 때 '지잎~'하는 소리가 난다고 하여 '짚 라인'이라는 이름이 되었다. 지상 7m 이상의 상공에서 펼쳐지지만 고소공포증이 있어도 비교적 도전하기 쉬우니 하늘을 나는 기분을 즐겨 보자. 괌의 짚 라인은 정글 투어와 힐튼 호텔, 온워드 리조트에서 진행하고 있다.

▶ 슬링샷 Slingshot

중심지에서 접할 수 있는 괌의 명물 슬링샷은 번지 점프와는 반대로, 지상에서 공중으로 떠오른다. 두 명이 탈 수 있는 캡슐 스타일의 기구를 지상에서 약 70m 위의 공중으로 쏘아 올려 보낸다. 그 찰나의 순간 한눈에 괌을 조망할 수 있다는 장점이 있다. 한 명이든 두 명이든 요금이 동일하기 때문에 두 명이 함께 타는 것이 합리적이며 태양이 지기 시작할 때 타는 것을 추천한다.

주소 Slingshot, 1180 Pale San Vitores Rd., Tumon **전화** 671-646-7468 **시간** 12:00~24:00 **요금** 1인 $25, 재탑승 $15

▶ U.S.A 건 클럽 U.S.A Gun Club

체험장에는 세계의 명종들이 전시돼 있으며 한 켠에는 패키지 소개가 나와 있다. 심신이 건강한 18세 이상 성인만 체험이 가능하다. 체험 패키지를 선택한 다음, 안전 수칙과 기본 사항에 대한 사전 교육을 받는다. 사격장으로 들어가 보안경과 헤드셋을 착용하고 점수판을 향해 사격을 하고 나면 수료증도 받을 수 있다.

주소 Carlrose Tumon Plaza, 588 Pale San Vitores Rd., Tamuning **전화** 671-646-3007 **시간** 09:00~23:00(22:00까지 도착 필수) **요금** 총기의 종류에 따라 다름($6~130)

▶ 경비행기 Sky Guam

괌에서 할 수 있는 가장 이색적인 경험 중 하나이다. 조종사의 꿈을 꾸었던 사람은 잠시 동안 그 꿈을 이룰 수 있다. 이착륙을 괌 국제공항에서 하기 때문이다. 프로그램은 체험 조종사 외 동승자 2명까지 무료로 탑승할 수 있으며, 전문 조종사까지 총 4명이 함께할 수 있다. 체험자는 간단한 교육을 받고 비행기에 오른다. 이착륙부터 전문 조종사의 코치를 받으며 직접 조종하거나 정상 궤도에 오른 이후부터 단독 조종하는 것도 가능하다.

주소 Sky Guam Aviation, Admiral Sherman Blvd., Barrigada **전화** 671-477-0737 **시간** 경비행기 탑승 시간 20분, 30분, 60분 / 픽업 및 교육 시간 포함 소요 시간 약 3시간 **요금** 경비행기 20분 코스 $130, 30분 코스 $190(동승자 2명 포함 3명 가격) **홈페이지** skyguam.us

▶ 스카이 다이브 괌 Sky Dive Guam Inc.

강사와 안전 벨트로 연결해 단단히 고정하고 2인 1조로 함께 날기 때문에 초보자도 안심하고 도전할 수 있다. 면책 동의서에 서명하고 교육을 받은 후 비행기에 탑승한다. 다이브 지점으로 이동하면 마스터와 함께 점프해 시속 약 200km의 속도로 자유 낙하한다. 낙하산이 펴지면 상공에서 환상적인 괌의 경관을 감상하며 약 6~7분 동안 짜릿한 공중 산책을 즐긴다. 신청 접수는 여행 대리점 창구, 투어 데스크 또는 홈페이지와 전화, 메일로 가능하다.

주소 Skydive Guam Inc ACI Pacific Hanger, 17-3404 Neptune Blvd., Barrigada **전화** 671-475-5555 (참가 인원 제한이 있어 예약 필수) **시간** 08:00~18:00(픽업 포함 약 3시간 반 소요), 연중무휴 **요금** 기본 요금 $289 (기본 높이보다 높이 뛰거나 DVD를 신청할 경우 요금 추가) **위치** 스카이 다이브 괌 버스로 호텔 픽업 & 샌딩 서비스 제공 **홈페이지** www.skydiveguam.com/kr

> **Tip** 스카이 다이브 참가 유의 사항
>
> 착지점 상공의 날씨를 기준으로 스카이 다이버나 파일럿이 악천 후 판단을 내려 체험이 중지되는 경우 취소 요금은 발생하지 않는다. DVD 서비스를 신청하면 날기 시작하고 나서 착지할 때까지 담당 다이버가 공중에서 촬영하며 안전한 비행을 위해 개인 촬영은 불가능하다. 오후에 괌에 도착한 여행자는 도착 당일보다 다음 날 이후의 참가를 권한다.
>
> **참가 조건**
> ① 체중 100kg 이하의 18~65세
> ② 24시간 이전에 스쿠버 다이빙 체험을 하지 않는다.
> ③ 12시간 이내 시 워커, 아쿠아 워크 및 수중 바이크 BOB를 하지 않는다.
> ④ 알코올 및 의사의 처방을 받지 않은 약물의 영향이 없어야 한다.
> ⑤ 임산부가 아니며 운동 제한이 없을 정도로 건강한 상태여야 한다.

| THEME TRAVEL 02 |

괌의 자연을 만끽하는
투어 & 크루즈

괌의 투어 프로그램은 여러 곳에서 운영하고 있다. 예약은 직접 해당 회사의 홈페이지에서 하거나 우리나라의 여행사 홈페이지를 이용하는 방법이 있고, 자신이 묵는 호텔의 컨시어지를 통하는 등의 방법도 있다. 투어 프로그램의 구성이나 가격을 고려해서 예약하면 된다.

괌 투어 프로그램

▶ 라이드 덕 투어 Ride the Ducks Tour

예약 후 투어 시간 30분 전에 샌드캐슬로 도착해 라이드 덕에 탑승하면 된다. 그 뒤 오리 모양의 호루라기를 받고 안전 사고를 대비해 간단한 안전 교육을 듣는다. 약 30분간 아프라 항을 향해 달리는데, 가장 많은 인원이 탑승한 국가의 언어로 안내 방송이 나오고 다른 국적자는 언어를 선택해 헤드폰으로 들을 수 있다. 음악 중간중간 기사가 호루라기를 불라고 알려 주는 순간에는 어른 아이 할 것 없이 꽥꽥거리며 신나는 놀이 시간이 된다. 배로 변신한 후에는 시원한 바닷바람과 함께 하이라이트를 즐기면 된다. 오디오 설명을 들으며 하갓냐의 대표 관광지인 스페인 광장, 스키너 광장, 아가냐 성당, 라테스톤 공원을 돌아 간단한 중부 투어를 겸할 수 있다.

주소 1199 Pale San Vitores Rd., Tamuning **전화** 671-649-7263, 671-646-8000(현지 예약 문의), 070-7838-0166(한국 예약 문의) **시간** 매일 08:15(더 비치 바 하차 안 함), 10:00(시즌별 운영), 11:30, 13:30, 15:30, 소요 시간 90분 **요금** 입장료 성인 $35, 2~11세 어린이 $28, 2세 이하 유아 무료 입장, 기념 사진 프레임 $15 **위치** 샌드캐슬 앞에서 투어 출발 시각 30분 전 탑승 **홈페이지** kr.guam-bgtours.com

Tip 라이드 덕 투어 루트 및 유의 사항

① 샌드캐슬 앞 픽업 → 아프라 항구로 이동 → 바다로 입수 → 크루징 관광 → 하갓냐(지역 관광) → 투몬으로 이동 → 더 비치 바 & 레스토랑 → 샌드캐슬(소요 시간은 약 1시간 반이며 마지막 타임인 오후 3시 30분에 탑승한다면 샌드캐슬보다는 더 비치 바에 하차해 저녁 식사를 하거나 칵테일 한잔하며 일몰을 즐겨 보자.)
② 오른쪽에 탑승해야 경치 보기가 편리하고 바다 진입 시 물이 덜 튄다.
③ 투어 시간과 노선은 사전 예고 없이 상황에 의해 변경될 수 있다.
④ 투어 정원은 38명이며 음식과 음료 섭취, 흡연은 불가하다.

◉ 아틀란티스 잠수함 Atlantis Submarine

전 세계 약 11개 지역에서 운영하는 잠수함 투어로 마치 스쿠버 다이버가 된 것처럼 심해를 탐방할 수 있다. 호텔에서 픽업 후 해양 관광 기념품 매장과 매표소 역할을 겸하는 아쿠아 월드 마리나에 도착하면 셔틀 보트를 타고 잠수함으로 이동한다. 투어가 시작되면 헤드셋을 끼고 3번 한국어 설명을 누른 후 유리창 너머로 열대어를 감상하면 된다. 40m까지 잠수를 한 후 반동을 이용해 다시 수면 위로 올라오기까지는 약 35분이 소요된다. 투몬 호텔 로드에서 아쿠아 월드 마리나까지 연결하는 픽업 서비스의 시간표는 공식 홈페이지를 통해 확인해 두자.

주소 319 Aqua World Marina, Piti **전화** 671-477-4166 **시간** 1일 7~10호 운항 / 첫 타임 08:30, 호텔 픽업 07:10~, 마지막 타임 15:30, 호텔 픽업 14:10 + 준비 시간 + 셔틀 보트 + 수중 탐험까지 2시간 소요, 호텔 픽업 포함 4시간 소요, 부정기 휴무 **요금** 어른 $196, 아동 $48(키 92cm 이상 탑승 가능) **위치** 픽업 서비스를 이용 **홈페이지** www.atlantis-guam.com

◉ 페스카 트롤링 차터 투어 PESKA Trolling Charter Tour

1일 3회 출항하는 스포츠 피싱 페스카(Sports Fishing Peska)는 무료 호텔 픽업 서비스로 이동해 하갓냐 만 하갓냐 보트 선착장에서 07:00, 10:00, 15:00에 출발하는 중형 보트에 승선 후 3시간 동안 트롤링 · 바텀 피싱 · 스노클링을 선택 체험한다. 트롤링 낚시는 배의 후미에 루어(가짜 미끼)를 장착한 낚싯대를 거치시키고 낚시줄을 수평으로 쭉 끈다. 시기에 따라 청새치(블루 마린), 가다랑어, 삼치 등의 어류를 잡을 수 있다. 체험 후에는 잡은 생선을 회로 맛볼 수 있다. 선상 낚시 체험은 선착장 일대에서 개인이 보트를 대여하거나, 여행사의 다양한 해양 스포츠 프로그램과 연계하는 방법으로 참여가 가능하다.

주소 South Pacific Dream Corp. 12607, Tamuning(Hagatna Boat Basin) **전화** 671-888-1867(예약 시 무료 픽업), 070-7522-7112(서울 사무소) **시간** 07:00, 10:00, 14:00 1일 3회 출항, 출발 후 약 3시간 **요금** 1~2명 $450, 3~4명 $500, 5~6명 $550(생수, 음료, 맥주 포함) **위치** 호텔 픽업 **홈페이지** www.guamfishing.com

▶ 스타 샌드 정글 투어 Star Sand Jungle Tour

스타 샌드 정글 투어는 괌에서 가장 아름다운 색의 모래와 바다를 자랑하는 리티디안의 프라이빗 가든 비치를 감상할 수 있다. 바다와 정글 쇼를 포함해 약 2시간 가량 알차게 즐길 수 있어 괌에 최적화된 투어라고 할 수 있다. 별 모양의 모래 때문에 스타 샌드 비치라고 하는데 육안으로는 구분이 힘들지만 휴대폰이나 돋보기로 접사해 보면 별 모양의 결정체를 확인할 수 있다.

최대 4인까지 탑승 가능한 산악 전용 UTV(핸들과 기어를 갖췄으며 전복될 경우 ATV보다 안정성이 훨씬 높음)로 체험한다. 안전 요원이 사전에 임산부가 있는지, 관절이 안 좋은지 등의 질문을 통해 탑승자를 배려해 운전하기 때문에 울퉁불퉁한 정글 오프 로드도 편안하게 즐길 수 있다.

주소 Lot 1-2 T 34000 chalan Urunao, Dededo **전화** 671-689-6829 **시간** 09:00~12:30(투어 약 2시간 소요, 픽업 & 샌딩 포함 약 4시간 소요) **요금** 성인 $75~, 어린이 $45~ **홈페이지** www.guamstarsand.com

Tip 리티디안 비치는 앤더슨 공군기지 옆에 자리 잡은 북부 해변인데 보호 구역으로 지정되어 있어 음식물 반입이 금지다. 짚라인을 타기 때문에 여성들은 치마를 피해야 하며 짧은 바지도 UTV가 오프 로드를 달릴 때 허벅지가 쓸릴 수 있어 무릎까지 오는 바지가 좋다. 선 크림, 카메라도 준비하자.

▶ 부니 스톰스 Boonie Stomps

비영리 기구인 부니 스톰퍼가 운영하는 트레킹 코스이다. 전문적인 트레킹 리더를 겸하는 자원봉사자가 초보, 일반, 숙련자를 위한 3개의 코스를 매주 조금씩 변경해 가며 새로운 괌의 모습을 보여준다. 매주 토요일 오전 9시 차모로 빌리지 광장에 2달러만 준비해 가면 바로 참여가 가능하다. 부니 스톰스 트레킹 코스는 곳곳에 숨겨진 정글과 호수, 동굴, 폭포 등 원시적인 자연을 탐험하는 내용으로 구성돼 있다. 언덕을 오르내리고 정글 속을 걷는 동안 차모로 원주민의 4천여 년 역사와 제2차 세계 대전 등의 설명도 들을 수 있다. 일반 코스부터 트레킹 강도가 높아지며 숙련자 코스는 시간이 길어 지구력을 요하기 때문에 처음이라면 가볍게 초보 코스를 선택하는 것을 추천한다. 13세 미만은 보호자와 동반 시 참여 가능하다.

전화 671-653-2897 **시간** 토 09:00, 초보 코스 3시간, 보통 코스 3시간, 숙련자 코스 5시간 소요 **요금** $2 **위치** 차모로 빌리지 광장에 집합, 체험 장소로 개별 이동 **홈페이지** facebook.com/GuamBoonieStompersInc

▶ 선셋 크루즈 Sunset Cruise

해가 질 무렵 항구에서 크루즈를 타고 나가 해상에서 즐기는 일몰은 황홀한 경험이 될 것이다. 선셋 크루즈는 약 20분간 바다를 항해한 뒤 바다 위에 1시간 20분 정도 떠 있는다. 바다로 나아가는 동안 괌에서 가장 시원한 바람을 느낄 수 있으며 날씨가 좋다면 돌고래도 만날 수 있다. 해가 지기 시작하면 2층으로 올라가 붉은 태양이 반사되는 바다를 사진에 담아보자. 바다 한가운데 멈춘 후에는 차모로식 바비큐, 볶음밥, 생선 구이, 익힌 채소, 달콤한 디저트 등 15가지 이내로 구성된 뷔페를 즐길 수 있고, 비치된 아이스박스에서 맥주와 음료를 마음껏 마실 수 있다. 식사 후에는 댄스타임, 밤 낚시 등이 준비된다.

주소 1199 Pale San Vitores Rd., Tamuning **전화** 671-649-7263, 671-646-8000(예약 문의), 070-7838-0166(한국 예약 문의) **시간** 16:00~(호텔에서 픽업 버스 탑승), 17:30~19:30(크루즈), 20:30~(호텔 도착) / 수요일 휴무(단체 차터 예약) **요금** 프로그램마다 요금 상이 **위치** 예약 시 호텔 로비에서 픽업 서비스를 이용해 아갓 마리나 선착장으로 이동해 선셋 크루즈 승선 **홈페이지** kr.guam-bgtours.com

▶ 정글 리버 크루즈 Jungle River Cruise

탈로포포 강과 우검 강 줄기를 따라 나무배를 타고 유유자적 정글을 지나가면서 괌의 역사와 차모로 문화 설명을 듣고, 코코넛 잎으로 만든 다양한 액세서리 선물을 받는다. 약 30분간 배를 탄 후 육지에 내리면 재현해 놓은 라테 스톤 하우스에서 원주민들의 생활을 짐작해 볼 수 있으며 노니 나무, 코코넛 나무 등 천연의 자연도 만나 볼 수 있다. 잠깐의 트레킹 후 오픈돼 있는 강당에 둘러앉아 제공되는 아이스티와 아이스크림을 먹으며 불피우는 법, 코코넛 오일 만드는 시연을 보고 직접 체험하는 시간을 가진다. 픽업 포함 투어 소요 시간은 약 4시간이다.

전화 671-646-1710, 671-646-8331 **요금** 오전 성인 $70~85, 어린이 $45~55(만 5~11세) 오후 성인 $60~75, 어린이 $35~45 (교통편과 식사 제공 여부에 따라 차이) **위치** 탈로포포 강 **시간** 투어 시작 09:00, 14:40 호텔 픽업 07:25~, 13:00 호텔 드롭 12:00~, 17:20~ **홈페이지** www.turtletoursguam.com/adventure-river-cruise.html

▶ 스타 샌드 돌핀 크루즈 Star Sand Dolphin Cruise

괌의 참돌고래는 약 1.5m 길이로 최소 3마리 이상 무리지어 다닌다. 야간에는 주로 사냥을 하러 먼 바다로 나가며 오전부터 해가 저물기 전까지 섬 주변을 돌아다니며 서식한다. 돌고래를 만날 확률은 90%나 되지만 반달원을 그리며 점프하는 것은 돌고래 마음에 달렸다. 돌고래를 볼 수 있는 포인트를 다 지난 후에는 스노클링과 낚시를 즐길 수 있다. 장비는 배에 갖춰져 있으며 열대어가 가장 많이 서식을 하는 수심 2~5m 지점에 정박한다. 모든 체험 후에는 그날 잡아온 신선한 참치회가 준비된다.

주소 23246 Barrigada **전화** 671-689-6829 **시간** 오전 08:30~12:00, 오후 13:30~17:30, 픽업 & 샌딩 포함 약 4시간 소요 **요금** 성인 $55~, 아동 $45~ **위치** 호텔 픽업 후 아갓 마리나 선착장 도착 **홈페이지** www.guamstarsand.com

| THEME TRAVEL 03 |

해변을 따라 즐기는
괌의 드라이빙 코스

수많은 리조트와 호텔, 쇼핑센터와 레스토랑이 집중돼 있는 중심가를 벗어나면 조용한 해변들이 흩어져 있는 북부와 지역색 짙은 중부·하갓냐, 자연과 역사적인 명소가 구석구석 숨어 있는 남부가 기다리고 있다. 기다란 형태의 괌은 정차 없이 달리면 3~4시간이면 전체를 돌 수 있는 작은 섬이지만, 비치에서 시간을 보내고 스페인 시대의 유적들을 찾다 보면 하루를 온전히 투자해도 부족하다. 시원한 바다를 배경으로 좋아하는 음악을 들으며 여유로운 자동차 여행을 즐겨 보자. 괌의 차량 평균 속도는 시내 구간 25mile/h(40km/h), 외곽 구간 35mile/h(55km/h)이다.

북부 드라이브 코스

1번 도로를 이용해 북부 방향으로 계속 주행하다가 3번 도로를 경유해서 이국적인 아름다움이 느껴지는 3A 도로로 진입한다. 최북단의 리티디안 비치를 기점으로 다시 1번 도로를 이용해 투몬, 하갓냐로 돌아오는 일정이다. 편의점, 도미노 피자 외에는 별다른 음식점이 없어 출발하기 전에 미리 간식과 음료 등을 준비하는 것이 좋다. 북부 도로는 산호 가루로 만들어져 있고 비포장 도로도 있어 고속으로 운전 시 위험할 수 있다. 휴대폰 전파가 불량인 곳이 있으니 당황하지 말자.

 북부 드라이브 코스 주요 볼거리

★ 리티디안 비치
괌 최북단에 위치한 해변으로 별 모양의 모래가 유명하다. 조류가 매우 빨라서 수영을 비롯한 물놀이는 금지! 인적이 드물어서 조용하게 책을 읽거나 낮잠을 자며 휴식하기에 안성맞춤이다. p.82

★ 건 비치
호텔 니코 괌 북쪽에 위치한 비치이며 아름다운 산호초로 유명하다. 스노클링을 즐기기에 적합하며 차를 타고 들어갈 수 있다. p.80

★ 사랑의 절벽
전망대에서 아름다운 에메랄드빛 투몬 만과 오렌지 빛으로 물드는 일몰을 감상할 수 있다. p.81

총 소요 시간 2~3시간
리티디안 비치~건 비치 21.7km(약 13.5마일) 약 30분
건 비치~사랑의 절벽 4.4km(약 2.7마일) 약 10분

중·남부 드라이브 코스

투몬에서 출발해 반시계 방향으로 섬 일주를 하고 투몬으로 돌아오는 일정이다. 1번 도로를 타고 남동부 2A, 2번 도로와 4번 도로를 경유해 남부의 아름다운 해변을 따라 달리며 관광 코스를 돌아본 다음 다시 1번 도로를 이용해 투몬으로 돌아온다.

 중·남부 드라이브 코스 주요 볼거리

★ **스페인 광장**
스페인 시대에 총독부가 있던 곳으로 드넓은 녹색 공원을 산책하며 아가냐 대성당과 함께 둘러보기 좋다. p.157~158

★ **산타 아규에다 요새**
바닷바람과 함께 한눈에 담기는 하갓냐 만과 필리핀 해의 절벽 라인들이 장관을 연출한다. p.159

★ **아델럽 곶**
우리나라 최초의 해외 로케 CF 촬영지로 남국의 분위기가 물씬 풍긴다. 라테 스톤 전망대에서 탁 트인 오션뷰를 즐겨보자. p.160

★ **피시 아이 마린 파크**
스쿠버 다이빙, 시 워커, 스노클링 포인트이다. 300m의 다리를 지나가면 물 한 방울 묻지 않고 9m 깊이의 바닷속을 유리창 너머 360도로 둘러볼 수 있는 해중 전망대가 나온다. p.161

★세티 만 전망대
람람 산을 배경으로 코코스 섬까지 수려한 경관이 펼쳐진다. 해안선까지 산책로를 따라 여유로운 한때를 보내자. p.182

★솔레다드 요새
현재 괌에 유일하게 남겨진 요새로 해적선과 스페인 범선의 감시를 위해 세워졌다. 우마탁 만의 푸른 바다와 스페인 양식으로 지어진 마을이 한눈에 들어온다. p.185

★이나라한 자연풀
화산 활동과 해수의 자연 침식 작용에 의해 생긴 웅덩이에 바닷물이 들어와 만들어진 천연 수영장이다. p.187

★차모로 빌리지
수요일 밤이면 열리는 차모로 빌리지 야시장에서 이색적인 볼거리와 다양한 먹거리 문화를 체험해 보자. p.152

거리 및 예상 소요 시간

총 소요 시간 남부 2시간 30분, 중부 + 남부 5시간
- 스페인 광장 & 아가냐 대성당~산타 아규에다 요새 1.3km(약 0.8마일) 약 4분
- 산타 아규에다 요새~아델럽 곶 2.5km(약 1.5마일) 약 5분
- 아델럽 곶~피시 아이 마린 파크 약 2.8km(약 1.7마일) 약 3분
- 피시 아이 마린 파크~세티 만 전망대 19.2km(약 11.9마일) 약 22분
- 세티 만 전망대~파라 이 라라히타 기념 공원 & 마젤란 기념비~솔레다드 요새 6.3km(약 3.9마일) 약 10분
- 솔레다드 요새~메리조 종탑 & 곰 바위~이나라한 자연풀 15.4km(약 9.6마일) 약 22분
- 이나라한 자연풀~차모로 빌리지 29.9km(약 18.6마일) 약 37분

중・남부 드라이브 코스 레스토랑 & 카페

★투레 카페
이른 아침을 먹고 간식거리와 커피를 사기에 좋다. 바다가 한눈에 들어오는 야외 테라스가 인기 있다. p.164

★컵 앤 소서
작고 아담하지만 다양한 종류의 디저트, 샌드위치, 브런치 메뉴를 갖추고 있다. p.165

★제프스 파이어리츠 코브
남부 투어의 대미를 장식해 주는 로컬 레스토랑이다. 시원한 바다 풍경과 바람을 즐기며 푸짐한 양의 오리지널 치즈 버거와 싱싱한 채소 샐러드를 맛보자. p.192

 남부 드라이브 시 주의 사항

남부로 갈수록 차가 거의 없지만 주행 시에는 반드시 속도 제한에 맞춰 서행해야 한다. 해군 기지로는 진입이 금지돼 U턴 해야 한다. 정문 앞의 교차로 우측에는 전쟁 기념관이 있으며 타코벨, 피자헛을 끼고 좌회전해서 2A번 도로로 진입해야만 남부 여행 코스를 계속 진행할 수 있다. 도중에 음식점이 별로 없으므로 출발 전에 간식거리를 챙기자.

| THEME TRAVEL 04 |

득템에 목마른 쇼퍼들의 천국
괌의 면세 쇼핑

괌은 자유 무역항이기 때문에 관세(소비세)가 없어 섬 전체가 커다란 면세점이라고 해도 과언이 아니다. 쇼핑몰과 아웃렛에서 기대 이상의 제품을 만족스러운 가격에 구입할 수 있어 쇼핑 천국이라 할 수 있다. 짧은 시간 동안 목적별로 효율적인 쇼핑을 하기 위해 다음을 참고하자.

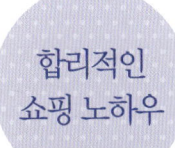

합리적인 쇼핑 노하우

▶ 세일 시즌을 공략하자!

전체가 면세 지역인 괌에서도 더 저렴하게 쇼핑할 수 있는 방법은 바로 세일 시즌을 이용하는 것이다. 상점별로 매주 실시하는 소규모 할인 행사와 비정기 세일 이벤트 정보를 참고하면 필요한 상품을 알뜰하게 구입할 수 있다. 매년 괌 또는 미 전역의 쇼핑몰에서 대대적으로 실시하는 정기 세일 이벤트도 미리 알아 두는 것이 좋다. 일반 품목은 물론, 할인 행사가 드문 세계적인 명품 브랜드의 제품까지 큰 폭으로 할인된 가격에 구입할 수 있다.

새해 세일(1월 초순~중순) 새해 이벤트로 신상품을 저렴하게 구입할 수 있다.
부활절 세일(4월 초순~중순) 창고 정리 세일을 실시한다.
독립 기념일 세일(독립 기념일 전후, 7월~8월) 시즌 오프 기간이 더해져 여름 상품을 매우 저렴하게 구입할 수 있다.
노동절 세일(9월 첫째 주말) 중저가 브랜드를 중심으로 저렴하게 구입 가능하다.
블랙 프라이데이(11월 넷째 금요일~) 미 전역에서 실시하는 세일 기간
숍 괌 페스티벌(11월 초순~2월 중순) 괌 관광청에서 배포하는 숍 괌 페스티벌 앱(Shop Guam Festival App)을 활용해 한정 기간 동안 합리적인 쇼핑을 할 수 있다.
크리스마스 세일(12월 크리스마스 시즌) 프로모션과 이벤트가 풍성한 최대 규모의 할인 행사가 실시된다.

▶ 할인 쿠폰과 카드로 챙기는 추가 혜택

일정에 포함된 관광지, 쇼핑몰, 맛 집, 렌터카 등의 홈페이지를 방문하거나 스마트폰 어플을 통해 할인 쿠폰을 체크해 둔다. 업체별 멤버십 카드를 현장에서 발급받거나 항공사, 여행사, 호텔, 쇼핑몰, 금융 업체 등에서 발급하는 여행자 카드를 이용하면 쇼핑센터, 레스토랑, 어트랙션, 주유소, 와이파이 기기 임대 등의 수십 개 제휴사에서 할인 및 특전을 제공받을 수 있다. (예 : 괌데이투어닷컴 슈퍼 패스 카드)

▶ 괌을 떠나기 전 즐기는 공항 면세 쇼핑

모든 여행 일정을 마치고도 아쉬움이 남는다면 귀국 항공편에 탑승하기 전 3층에 들러 면세 쇼핑의 즐거움을 느껴 보자. 2014년 7월, 괌 국제공항 내 단독 오픈해 24시간 운영하는 롯데 면세점은 명품, 화장품, 패션 잡화, 시계 등 다양한 분야의 글로벌 브랜드가 입점해 있고 간단한 식사를 할 수 있는 푸드 코트, 지역적 특색을 살린 차모로 문화 센터 및 아쿠아리움 등도 있다. 한국에서 발급받은 롯데 면세점 VIP 카드로 할인 혜택을 받을 수 있다. 시내 호텔에서 공항 롯데면세점행 무료 셔틀을 이용하자.

주소 Tract 1427, Blk. 5, Lot 2, A.B. Won Pat International Airport Bldg., Tamuning 전화 671-989-1874, 671-988-5137(월~금 09:00~18:00) 시간 24시간, 연중무휴 홈페이지 www.lottedutyfreeguam.com

현지에서 사용하는 아이템

▶ 피부 보호 제품

선 크림 아열대 기후로 뜨겁고 습한 괌에서는 피부 보호가 필수이며 자외선 차단 지수(SPF) 100 이상의 선 크림을 2시간 간격으로 바르는 것이 좋다. 괌에선 성인 SPF 110, 어린이 SPF 50의 바나나 보트(Banana Boat)의 선 크림을 쉽게 구할 수 있다.

태닝 오일 하와이안 트로픽에서 로션 타입과 스프레이 타입의 2종류가 나오고 있고 같은 브랜드의 페이셜 선 크림도 인기 있다.

애프터 선 물놀이 중 자외선으로 손상된 피부에 진정과 보습 효과를 준다. 그 중 알로에 베라 수딩 젤은 알로에 성분에 부작용 없이 잘 맞는다면 현지에서 구입하는 것이 합리적이다.

▶ 물놀이용품 & 비치용품

수영복 & 래쉬 가드 이국적인 휴양지 이미지가 반영된 다소 대담한 패턴의 수영복들과 체온 유지, 자외선 차단의 기능성 의류인 래쉬 가드가 구비돼 있다.

아쿠아 슈즈 모래의 입자가 거친 해안가를 방문하거나 스노클링 등의 레포츠를 체험한다면 발이 다치지 않도록 보호하는 아쿠아 슈즈를 착용하는 것이 좋다. 부피가 크기 때문에 국내에서 준비하기 보다 1+1 행사도 자주 하는 현지 마트에서 부담 없이 간편하게 구입하는 것이 좋다.

스노클링 & 서핑 장비 많은 사람들이 즐기는 스노클링과 서핑의 장비는 대형 마트에서 저렴한 가격에 구입이 가능하다.

> **Tip** 수영복의 사이즈를 선택하는 요령
>
> 수영복 사이즈는 브랜드마다 조금씩 차이가 날 수 있어 스태프에게 시착이 가능한지 반드시 확인한 다음 가급적 입어 보고 구입하는 것이 좋다.

어디서 살까?

★로코 부티크 LOCO BOUTIQUE
여성 수영복과 스커트, 팬츠에 이르기까지 100여 가지가 넘는 아이템을 취급한다.
위치 괌 프리미어 아웃렛(p.133), 마이크로네시아몰(p.128), 투몬 샌즈 플라자(p.127), 퍼시픽 플레이스 내(p.127)

★JP 슈퍼스토어 JP Superstore
독점 판매하는 수영복 브랜드를 만나 볼 수 있다. 비키니, 원피스 스타일을 비롯해서 다양한 디자인과 사이즈를 충분하게 갖추고 있다. (p.132)

★로터스 서프 숍 lotus Surf Shop
서핑 아이템과 비치웨어 소품들을 종류별로 디스플레이 해 두어 한눈에 고르기 쉽다. (p.137)

★로스 드레스 포 레스 Ross Dress For Less
브랜드, 디자인, 사이즈 모두 다양하며 남성용, 여성용, 아동용으로 폭넓은 쇼핑이 가능하다. 동일한 제품이 여러 개 구비돼 있지는 않으므로, 마음에 드는 물건은 일단 카트에 담자.
위치 괌 프리미어 아웃렛 내(p.133), 마이크로네시아몰 1층(p.128)

★K마트 K Mart
없는 게 없다고 할 수 있는 대형 마트로 한곳에서 다양한 물건을 저렴하게 구입하기 좋다. (p.140)

★아가냐 쇼핑센터 Agana Shopping Center
현지인들이 즐겨 이용하는 곳으로 생활용품을 비롯해 수영, 서핑용품 구입이 가능하다. (p.171)

★나인 웨스트 NINE WEST
젊은 세대가 선호하는 패션 잡화 브랜드로 아쿠아 슈즈, 샌들 등의 여름 신발을 합리적인 가격에 구입할 수 있다.
위치 괌 프리미어 아웃렛(p.133)

선물로 좋은 아이템

● 초콜릿 & 커피 등 식품

고디바 초콜릿 세계 3대 초콜릿으로 꼽히는 벨기에산 고디바 초콜릿은 한입 베어 물면 스트레스가 풀리는 기분이 들 정도로 달콤하다. 조금 더 특별함을 더하려면 괌 에디션으로 골라 보자.

마카다미아 넛 초콜릿 포화 지방산과 비타민 E를 함유한 하와이 특산품 마카다미아 넛을 가공한 인기 초콜릿이다. 와인과 곁들이기 좋으며 ABC 스토어와 K마트에서 저렴하게 구입할 수 있다.

고디바 커피 초콜릿 향을 가득 머금은 커피, 가격도 저렴해서 여행 선물로 인기 있다.

코나 커피 하와이 커피로 유명하며 100% 코나 드립 팩(100% Kona Drip Packs)과 100% 코나 틴(100% Kona Tin) 이 선물용으로 인기 있다. 호놀룰루 코나 컴퍼니에서 판매한다.

● 화장품 & 바디 제품

존 마스터스 오가닉 동물 실험을 하지 않는 합리적인 가격의 오가닉 헤어 케어 브랜드이다. 샘플 테스트로 나에게 맞는 샴푸와 린스, 컨디셔너를 찾자.

닥터 브로너스 매직 숍 유기농 스킨 케어 브랜드에서 선보이는 액상 타입의 클렌저이다. 샴푸, 세안, 바디 워시로 사용 가능한 멀티 제품이다. ABC 스토어에서 만날 수 있다.

레티놀 크림 비타민 A 성분을 함유한 주름 개선, 피부 탄력 및 미백 기능성 화장품으로 비타민 월드의 간판 상품이다.

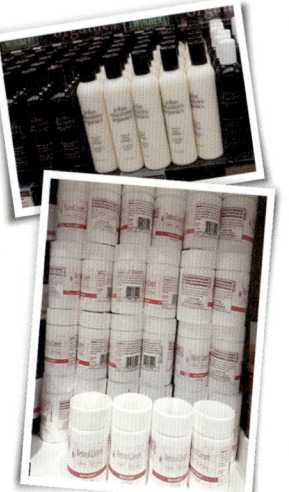

마트 쇼핑 추천 아이템

● 의약품 & 영양제

에드빌(Advil) 빠른 진통 효과를 내는 비 스테로이드성 소염 진통제이다.

네오스포린(Neosporin) 미국 외과 의사가 추천하는 상처 치유 연고.

텀즈(TUMS) 처방전 없이 약국에서 구입 가능한 미국 국민 소화제이다. 천연 성분으로 만들어 임산부와 아이도 복용 가능하다.

알카셀처(Alka-Seltzer) 식후 두통을 동반한 소화 불량에 빠른 진정 효과가 있는 발포성 소화제이다.

성인용 오메가 3 부모님과 어른들을 위한 여행 선물로 좋다. 혈액 내 중성 지질을 개선하고 혈액 순환을 원활하게 한다. 비타민 월드와 대형 마트에서 피시 오일과 해조류의 두 타입 중 선택해서 구입하면 된다.

성인용 비타민 D 야외 활동이 적은 현대인의 체내 칼슘 흡수를 도와 면역 체계 강화와 골다공증, 대사 증후군 및 암 예방 효과가 있는 영양제이다.

버츠 비 립밤 & 레스큐 오인트먼트 촉촉하고 윤기 있는 입술을 만들어 주는 유기농 버츠 비 립밤과 피부 보습 및 진정 효과가 있다고 소문난 만능 연고 레스큐 오인트먼트는 민감성 피부의 아기와 임산부도 사용 가능하다.

올레이 토탈 이펙트 크림 7가지 피부 개선 효과가 있는 크림으로 대형 마트와 면세점의 베스트 아이템이다.

● 식품

망고 맥주 새콤달콤한 망고에 맥주를 조합해 여성들이 좋아하는 제품이다. 주류 판매 제한 시간(22:00~09:00)과 구입 시 여권을 제시해야 한다는 점을 주의하자.

바나나 칩 달콤한 맛과 바삭한 식감이 입맛을 자극하는 과자이다. 필리핀 산 리치 바나나 칩(Rich Banana Chips)이 아이들 웰빙 간식과 어른들 술 안주는 물론 여행 선물로도 인기 있다.

육포 부담 없는 간식, 안주로 알맞은 육포는 잭 링크스(JACK LINK'S) 제품이 인기 있다.

| THEME TRAVEL 05 |

매일 축제하기 좋은 날씨
페스티벌 괌

17세기 후반 스페인 통치 시대에 도입된 피에스타(Fiesta)는 다양한 문화와 융합돼 독자적인 형식의 축제가 되었다. 가장 크고 화려한 것은 12월 8일 하갓냐 마을에서 카마린인 섬의 수호성인을 기리는 카마린 성모 대축일(공휴일로 지정됨)이다. 또한 관광청이 주관하는 국제 마라톤 대회와 숍 괌 페스티벌을 비롯해 괌 광복절 카니발, 7월 21일 하갓냐 마린 드라이브 일대에 수많은 인파가 집중되는 광복절 퍼레이드 등 축제와 행사 일정을 살펴보고 여행 계획에 참고하자.

 1월

1월 1일 새해
새해 전야 불꽃놀이(투몬)

1월 13일
산 디에고 루이스 드 산비토레스 마티르 축제(투몬)

 3월

3월 첫째 월요일
괌 발견의 날(우마탁 마을)

3월 중
코코넛 축제(하갓냐 하이트마을)

3월 중
구팟차모로 / 게축제(메리조마을)

 4월

4월 21일
성 디마스 기념 축제(메리소 마을)

4월 중
괌 국제 마라톤 대회
(투몬 이파오 비치, 거버너 조셉 플로레스 해변 공원)

4월~6월 중
국제 뮤직 페스티벌(하갓냐)

4월 중 바나나 축제
(이판 비치 파크, 탈로포포)

 5월

5월~6월 중 2일간
아갓망고축제(아갓)

5월-10월 중 3일간
괌마이크로네시아
아일랜드 박람회
(투몬 이파오 비치, 거버너 조셉 플로레스 해변 공원)

 6월

6월1일~7월 31일
괌 광복절 카니발(티잔)

 7월

7월 중
괌 바비큐 블럭 파티
(투몬, 플레저 아일랜드 괌)

7월 21일
광복절 퍼레이드(하갓냐)

 9월

9월 8일
성모 마리아 기념 축제
(하갓냐 마을)

9월 29일
성 테레시타 기념 축제
(망길라오 마을)

 9월 중

도니(매운 고추)축제
(망길라오)

 10월

10월~12월 중
괌 코코 마라톤 대회
(투몬 이파오 비치, 거버너 조셉 플로레스 해변 공원)

 11월

11월 초~ 2월 중순
숍 괌 페스티벌(투몬)

 12월

12월 8일
카마린 성모 대축일
(하갓냐 마을)

12월 29일
니노 페디도 이 사가다 패밀리아 축제(아산 마을)

* 현지 사정에 의해 일정이 조정될 수 있으므로 자세한 정보는 관광청 홈페이지를 참고하자. (홈페이지 www.welcometoguam.co.kr, 페이스북 www.facebook.com/visitguam.kr)

마라톤

▶ 괌 국제 마라톤 대회 Guam International Marathon

2013년부터 4월 중 개최하는 괌 관광청(GVB)의 대표적인 스포츠 행사이다. 최소 14세 이상의 자격 조건을 갖추면 풀(Full), 하프(Half), 10km, 5km의 4종목 중 하나를 선택해 가족, 친구와 참여할 수 있다. 괌의 날씨를 고려해 03:00~10:00, 약 7시간 동안 행사를 진행하며 투몬에서 출발해 아름다운 서해안의 하갓냐, 아산, 피티를 지나 투몬으로 돌아오는 입체적인 지형의 코스를 달린다. 코스를 완주하면 이파오 비치의 거버너 조셉 플로레스 해변 공원(Gov.Joseph Flores Memorial Park)에서 완주자에게 기념 티셔츠와 메달을 수여한다. 모든 코스는 국제 육상 경기 연맹과 국제 마라톤, 장거리 경주 연맹의 공식 인증을 받으며 이후 보스턴 마라톤 참가 시 예선 출전 자격이 주어진다. 행사 당일에는 제휴 호텔에서 셔틀버스를 운행해서 편리하게 이동할 수 있다.

시기 4월 중 장소 투몬 이파오 비치, 거버너 조셉 플로레스 해변 공원 이메일 info@guaminternationalmarathon.com 홈페이지 www.guaminternationalmarathon.com

Check !
괌 국제 마라톤 대회 참가 시 주의 사항과 팁

최소 14세 이상이 되어야 신청 가능하며 14~17세의 참가자는 보호자, 부모님 동의가 필수다. 경기 도중 열과 습기에 주의하고 중간중간 물이나 스포츠 음료를 마셔야 한다. 경기가 끝나면 공식 홈페이지에서 완주 모습을 찍은 사진과 마라톤 완주 증명서를 발급 받을 수 있다.

◉ 괌 코코 마라톤 대회 Guam Ko'Ko' Marathon

괌의 국조(國鳥)이며 세계적으로 멸종 위기에 처한 코코 새의 이름을 딴 마라톤 행사이다.
매년 행사일 오전 5시부터 수천 명의 참가자가 서해안의 하프 마라톤과 릴레이 코스를 따라 달리며 참가비는 새의 보호 기금으로 사용된다.

시기 10월~12월 중 **장소** 투몬 이파오 비치, 거버너 조셉 플로레스 해변 공원 **홈페이지** www.guamkokoroadrace.com

문화 & 쇼핑

◉ 국제 뮤직 페스티벌 Guam Live International Music Festival

2013년부터 4~6월 중 하갓냐에서 열리는 국제 음악 축제이다. 괌을 비롯한 미국, 한국, 일본 등 다양한 국가의 아티스트들을 소개하는 취지로 괌 관광청이 주관하는 연례 행사이다. 하루 $50의 티켓으로 수준 높은 음악과 공연을 즐길 수 있으며 행사 당일에는 제휴 호텔의 픽업 서비스로 편리하게 이동할 수 있다.

시기 4월~6월 중 **장소** 하갓냐 **홈페이지** www.guam-live.com

◉ 괌 마이크로네시아 아일랜드 박람회 Guam Micronesia Island Fair

괌, 사이판의 마이크로네시아 제도와 마샬 제도 대표단이 한자리에 모여 전통 문화와 예술을 널리 소개하는 취지로 시작된 행사이다. 각 섬에서 대를 이어 장인 정신을 전수받은 일류 조각가와 대장장이, 전통적인 항해 전문가 등이 참여해 지역 특색을 잘 살린 작품들과 역동적인 전통 무예, 흥겨운 차모로 댄스 공연을 펼친다.

시기 통상 5월 중 3일간(현지 사정에 따라 5월~10월 중으로 행사 일정의 변동이 있음) **장소** 투몬 이파오 비치, 거버너 조셉 플로레스 해변 공원

◉ 숍 괌 페스티벌 Shop Guam Festival

11월 초부터 2월 중순까지 투몬의 쇼핑몰에서 대대적으로 실시하는 서태평양 최대의 쇼핑 이벤트이다. 개막식을 시작으로 다양한 축제가 전 세계에서 모인 관광객들을 반기며 다양한 제품을 저렴하게 구입할 수 있어서 거리는 쇼핑백을 든 쇼퍼들로 가득하다. 공식 홈페이지에서 배포하는 숍 괌 페스티벌 모바일 앱(Shop Guam Festival Mobile App)을 다운로드하면 다양한 쇼핑, 음식, 관광 명소 등을 검색할 수 있다. 특히 행사 기간 중 블랙 프라이데이(Black Friday)는 추수감사절의 다음 날, 11월 넷째 주 금요일 미 전역에서 실시하는 대대적인 할인 행사로 다양한 미국 대표 브랜드 제품을 합리적인 가격에 쇼핑할 수 있어서 현지인들도 주목한다.

시기 11월 초~2월 중순 **장소** 투몬 **이메일** shopguam@visitguam.org **홈페이지** www.visitguam.com

| THEME TRAVEL 06 |

괌으로 떠나는 골프 여행

바다를 낀 골프 코스들이 많지는 않으나 최신식 시설들을 갖추고 있다. 가족들과 여유로운 휴양과 함께 골프를 즐기거나 이색적인 코스를 원하는 골퍼들이라면 한번쯤 라운딩 할 만하다. 호텔과 연계된 클럽이 많으니 이용에 참고하자.

괌에서의 라운딩

라운딩 시간이 대부분 가장 뜨거운 햇살을 받을 때이다. 짧은 바지를 입으면 오히려 다리가 뜨거워 더 덥게 느껴지기 때문에 긴 바지를 준비해 가는 것이 좋다. 수분 섭취를 충분히 하고, 자외선 차단제는 꼼꼼히 발라 주자. 괌에는 캐디가 없어서 서비스 추가 요금이 없는 대신 본인이 알아서 잘 챙겨야 한다. 성수기에는 가격도 높아지고 라운딩 웨이팅도 있어 진행이 더 더뎌질 수 있으니 참고하자. 골프 클럽과 연계된 호텔에 투숙한다면 조금 더 저렴하게 즐길 수 있으며 왕복 픽업 서비스, 카트비, 그린피는 포함이지만 점심 식사는 불포함인 곳이 대부분이다.

▶ 온워드 망길라오 골프클럽 Onward Mangillao Golf Club

온워드에서 운영하는 골프 클럽으로 괌에서 유일하게 PGA 대회를 개최했다. 유명한 디자이너 로빈 넬슨에 의해서 설계된 괌에서 유일무이하게 바다를 끼고 있는 시 사이드 골프 코스다. 바다를 가로지르는 샷을 칠 수 있는 12번 파 3홀은 자신이 친 공이 날아갈 때 느끼는 시원함을 잊을 수 없을 만큼 경치가 감동적이다. 12번 홀뿐만 아니라 언덕 위에 지어진 클럽 하우스가 길게 펼쳐진 골프 코스와 남태평양의 시원한 바다를 내려볼 수 있는 위치에 있는 것 또한 망길라오만의 장점이다. 그래서 식사나 산책만을 즐기기 위해 클럽 하우스 내 레스토랑을 찾는 손님들도 더러 있다. 이런 멋진 골프 코스 덕에 괌에서 가장 예약하기 힘든 골프 클럽이니 관심이 있다면 서둘러 예약하자. 셔틀버스 시간표는 공식 홈페이지에서 볼 수 있다.

주소 Mangillao GC, 15, Mangilao **전화** 671-734-1111(예약 시 호텔 픽업 서비스 신청 가능) **시간** 07:00~17:00 **요금** 18홀 기준, 성인 $240~(온워드 투숙객 $200~) **위치** 투몬에서 1번 도로를 이용해 북상하다가 우회전 후, 쭉 내려간다. 15번 도로로 진입하다가 왼쪽의 망길라오 표지판 방향으로 들어가면 된다. **홈페이지** www.onwardguam.com/OnwardMangilaoGolfClub/kr

▶ 온워드 탈로포포 골프 리조트 Onward Talofofo Golf Resort

1993년 벤 호겐, 빌리 캐스퍼, 치치 로드리게즈, 밥 토스키 등 여러 사람들이 2개 코스씩 맡아 디자인했고, 로버트 뮈르 그라베스라는 건축가가 전체적인 설계를 맡아 건설했다. 그리고 2006년 대대적인 리모델링을 거쳐 지금의 모습이 완성되었다. 망길라오가 장엄하고 웅장함이 돋보인다면 탈로포포는 초록의 야자수와 연못이 있어 정원과 정글이 공존하는 느낌의 깔끔하고 잘 빠진 골프 코스라고 할 수 있다.

주소 Onward Talofofo Golf Club, 825 Route 4A, Talofofo **전화** 671-789-5555 **시간** 07:00~17:00 **위치** 투몬에서 1번 도로를 이용해 남부로 향한다. 2A, 5번, 17번 도로를 차례로 거쳐 우회전 후에 4A 도로를 타고 가다 보면 오른쪽에 있다. 주요 호텔에서 무료 픽업 서비스를 이용할 수 있다. **요금** 18홀 기준 성인 $200~(온워드 투숙객 성인 $160~) **홈페이지** www.onwardguam.com/OnwardTalofofoGolfClub/kr

▶ 퍼시픽 컨트리 클럽 CCP(Country Club of The Pacific)

괌에서 가장 오래된 골프 클럽으로 쉐라톤, 힐튼, PIC, 하얏트, 니코 등 PHR 계열 호텔 그룹에 투숙하는 고객에게 프로모션 가격을 선보이며 18홀로 구성돼 있는 골프 코스이다. 전체가 탁 트인 평지형 코스이지만 멀리 태평양이 펼쳐진 모습을 볼 수 있다. 선호도는 온워드에서 운영하는 골프 클럽보다 떨어지지만 시설은 전체적으로 깔끔하다. 보이스 캐디에 골프장 정보가 뜨기 때문에 캐디가 없어도 라운딩하는 데 불편함이 없다. 탁 트인 공간에서 멋진 뷰를 감상하면서 시원하게 장타를 날려 보자. PIC 골드 카드를 소지한 투숙자는 클럽 하우스 내 레스토랑에서 아침 식사를 할 수 있다.

주소 215 CCP Lane, Yona **전화** 671-789-1367(주요 호텔에서 무료 송영 버스 운행, 홈페이지 정보 참고) **시간** 07:00~17:00 **요금** 18홀 기준 성인 $140~(PHR 계열 호텔 투숙객 평일 $110~) **위치** 투몬에서 1번 도로를 이용해 4번 도로로 진입 후 남쪽으로 계속 직진하면 오른편에 있다. 드라이브 약 40분 소요 **홈페이지** www.ccpguam.net

| THEME TRAVEL 07 |

우리 가족 추억 만들기
태교 여행 · 가족 여행

괌은 한국에서 약 4시간이면 닿을 수 있어서 짧은 휴가에도 부담 없고 치안이 좋아 태교 여행이나 영유아를 동반한 가족에게 인기 있는 휴양지다. 물놀이를 하기 좋고, 아이를 위한 다양한 프로그램과 편의 시설, 매력적인 가격의 유아용품 그리고 미국, 일본, 스페인, 차모로 등 다양한 역사와 문화도 만날 수 있다.

리틀 가든

키즈 카페 & 클럽

괌의 일부 쇼핑몰에는 보호자 동반 시 무료로 이용할 수 있는 놀이 시설이나 부모가 쇼핑하는 동안 게임, 놀이 기구, 간식을 즐기며 대기하도록 보호해 주는 키즈 같은 부대시설이 있다. 리조트와 호텔에는 부모가 쇼핑, 골프, 외부 투어에 참여하는 동안 전문 강사와 함께 워터 파크 내 물놀이를 비롯해 다양한 체험 활동을 하는 키즈 클럽 프로그램을 투숙객들에게 제공한다. 유료로 운영하는 베이비시팅(베이비시터 고용) 서비스가 있는 곳도 있으니 문의해 보자.

▶ 키즈 플레이 코너 Kids Play Corner

주소 Guam Premier Outlets, 199 Chalan San Antonio, Suite 200, Tamuning **전화** 671-646-7586 **요금** 무료 **위치** 괌 프리미어 아웃렛(GPO) / 레드 트롤리 또는 레아레아 트롤리 이용하여 괌 프리미어 아웃렛(GPO) 하차 **홈페이지** www.gpoguam.com

▶ 펀타스틱 파크 Funtastic Park

주소 Micronesia Mall, 1088 W. Marine Corps Dr., Dededo **전화** 671-635-1130 **요금** 무료 입장, 놀이 기구 & 게임센터 이용료 별도 **위치** 마이크로네시아 몰 2층 푸드 코트 옆. 투몬에서 1번 도로를 이용해 북부로 이동하다 16번 도로와 만나는 교차로 인근 / 레드 트롤리 또는 레아레아 트롤리 이용하여 마이크로네시아 몰 하차 **홈페이지** www.micronesiamall.com

키즈 플레이 코너

펀타스틱 파크

◉ 키즈 플레이 룸 Kids Play Room

호텔 니코 괌 2층의 무료 실내 놀이터로 반드시 보호자와 동행해야 한다. 1층 풀 사이드에는 야외 놀이터도 있다.

주소 Hotel Nikko Guam, 245 Gun Beach Rd., Tamuning 전화 671-649-8815(니코 호텔) 시간 실내 놀이터 09:00~18:00, 야외 놀이터 08:00~18:00 위치 호텔 니코 괌 2층 실내. 투몬에서 건 비치 로드를 따라가다 롯데 호텔 지나 왼쪽 / 레드 트롤리 또는 레아레아 트롤리 이용하여 호텔 니코 괌 하차 홈페이지 www.nikkoguam.co.kr

◉ PIC 키즈 클럽 PIC Kids Club

PIC 카드를 지참한 만 4~11세 어린이 대상의 무료 키즈 클럽. 보호자가 직접 참가 신청한다.

주소 Pacific Islands Club Guam, 210 Pale San Vitores Rd., Tumon Bay 전화 PIC 리조트 671-646-9171 시간 종일반 09:00~17:00, 오전반 09:00~12:00, 오후반 13:00~17:00(해당 시간 키즈 클럽에서 보호자가 직접 신청, 시간 엄수) 요금 만 4~11세 무료 위치 PIC 리조트 내 원형 극장 옆. 투몬에서 하갓냐 방향으로 산 비토레스 로드를 타다가 홀리데이 리조트를 지나 오른쪽 / 레드 트롤리 또는 레아레아 트롤리 이용하여 PIC(퍼시픽 아일랜드 클럽) 앞 하차 홈페이지 www.pic.co.kr

◉ 코코 키즈 클럽 KOKO Kids Club

만 5~12세 이하 어린이를 대상으로 하는 아웃리거 리조트의 키즈 서비스이다. 전문 강사가 배치되며 다양한 프로그램으로 구성된다.

주소 Outrigger Guam Beach Resort, 1255 Pale San Vitores Rd., Tumon Bay 전화 671-649-9000(이용 1일 전까지 호텔에 예약 필수) 시간 반나절 코스 오전 09:00~13:00(점심 포함), 오후 13:00~17:00(점심, 간식 포함) / 온종일 코스 09:00~17:00(점심, 간식 포함) 요금 유아 1일 기준 $65, 반나절 $36 위치 아웃리거 리조트 내. 투몬 중심의 산 비토레스 로드 T 갤러리아 건너편 더 플라자와 연결 / 레드 트롤리 또는 레아레아 트롤리 이용하여 아웃리거·더 플라자 앞 하차 홈페이지 www.outriggerguam.co.kr

◉ 리틀 가든 Little Garden

일본어와 영어를 동시에 익힐 수 있는 국제 학교와 여행자도 필요 시 아이를 임시로 맡길 수 있는 보육 시설을 함께 운영하고 있다. 이용 시 준비물(여권, 갈아입을 여분의 옷, 수건, 필요 시 영유아식)과 가능한 해외 여행 보험증을 지참해 예약 시간 최소 10~15분 전에 입장한다.

주소 Guam Reef & Olive SPA Resort,1317 Pale San Vitores Rd.,Tamuning 전화 671-648-4649 시간 월~금 09:00~18:00(이용 24시간 전, 2시간 이상 예약 필수) 요금 1시간당 보육료 3~6개월 $40, 7개월~2세 $35, 3~6세 $25, 7~13세 $15(리프 호텔 투숙자 대상 10% 할인) / 중식 $5, 간식 $2 별도 위치 리프 앤 올리브 스파 리조트 인피니티 타워 투어 데스크 안쪽 / 레드 트롤리 이용하여 웨스틴·리프 하차 또는 레아레아 트롤리 이용하여 리프 호텔 정면 하차 홈페이지 guamreef.com/littlegarden, www.littlegarden-inter.com

> **Tip** 키즈 클럽 참가 준비물과 주의 사항
>
> 키즈 클럽 참가를 위해서는 수영복, 비치 샌들, 모자, 여벌 옷, 선 크림, 운동화 등을 챙겨야 한다. 아이에게 식품 알레르기나 질병 등이 있으면 사전에 담당자에게 알린다. 무엇보다 아이의 컨디션이 좋지 않을 때는 참가하지 않는 것이 좋다.

아이용품 쇼핑하기

▶ 유아용품

분유·이유식 분유는 여행지에서 간편하게 휴대 가능한 시밀락(Similac)을 추천하며 이유식은 국내에서 준비해 가는 것이 좋지만 현지에서 필요하다면 네슬레 거버(Nestle Gerber), 라이스 시리얼(Rice Cereal) 등의 제품을 살펴보자.

기저귀 사이즈별 일반형과 물놀이에 유용한 방수형이 있다. 제품으론 하기스(Huggies), 팸퍼스(Pampers)가 있다.

수유용품 모유 저장팩 란시노(Lansinoh), 얼스 마마(Earth Mama)의 유두 보호 크림, 배앓이 방지 젖병 닥터 브라운(Dr.Brown's), 간편한 일회용 젖병과 벤트 에어 젖병, 누수 방지 컵을 주목할 만한 플레이텍스(Playtex), 안쪽에 막힘이 없어 세척이 편리한 아벤트(Avent)의 노리개 젖꼭지, 치아가 나기 시작해 씹고 싶은 욕구를 해소해 주는 부드러운 실리콘 타입의 누비 치발기(Nuby Theethe-eez), 온도 감지 기능이 있는 먼 치킨(Munchkin) 이유식 스푼 등이 있다.

목욕 & 위생 & 스킨 케어 아기 욕조의 물 온도를 체크해 주는 먼치킨 바스 덕키(Munchkin Safty Bath Ducky), 캐나다의 친환경 브랜드 애티튜드(ATTITUDE)의 젖병 세정제, 아이의 건조한 피부는 오트밀 성분을 함유해 고보습 항산화 효과가 있는 캐나다 스킨 케어 브랜드 아비노(Aveeno)의 베이비 데일리 모이스춰 로션(Baby Daily Moisture Lotion)을 추천한다.

외출용품 다양한 유모차, 카시트를 둘러볼 수 있고 기적의 속싸개로 알려진 스와들미 속싸개(SwaddleMe Adjustable Infant Wrap), 면세점 인기 속싸개 스와들 디자인 블랭킷(Swaddle Designs Blanket), 국민 아기띠라는 애칭이 붙은 에르고 베이비 캐리어와 힙 시트(Ergo Baby Carrier & Hip Seat)를 체크해 두자.

▶ 완구

딸랑이 아기의 호기심을 자극해 소근육과 대근육을 발달시키는 행동을 이끌어 내는 장난감이다. (브라이트 스타츠 딸랑이 Bright Starts Shake Barbell)

튜브 물놀이 시 안전을 위한 제품인 만큼 바람이 새지 않고 아이의 사이즈에 맞는지 반드시 확인한다.

물놀이, 모래 놀이 장난감 목욕하며 물놀이를 하거나 해변가에서 모래 놀이를 할 수 있는 도구로 마트 등에서 쉽게 구할 수 있다.

건강 및 영양제

귀 체온계 미국 국민 귀 체온계로 알려진 브라운 써모스캔(Brown Thermoscan)

발진 연고 피부 발진의 진정과 보습 효과가 있는 치유 연고이다. 크림 타입으로 예방 및 초기 증상 완화 목적으로도 사용하는 미국 국민 아기 연고 데시틴(Desitin), 침으로 인한 피부 트러블의 진정과 건조한 피부의 보습과 기저귀 발진의 완화 작용을 하는 아쿠아퍼 아기 치유 연고(Aquaphor Baby Healing Ointment)

어린이 비타민 비타민 D는 면역력 강화와 칼슘을 흡수하는 데 도움을 주며 캡슐보다 체내 흡수율이 좋다고 알려진 액상 타입을 추천한다. 종합 비타민은 아이들의 호기심을 자극하는 다양한 모양과 맛의 제품들이 있다.

어디서 살까?

★**토이저러스 Toy R rus**
장난감 전문 브랜드 매장으로 유명 완구 브랜드의 다양한 제품들을 한곳에서 만날 수 있다.
위치 마이크로네시아몰 1층 (p.128)

★**트윙클 Twinkles**
밖에서 보면 어린이 문구점 느낌이지만 생각보다 넓은 규모에 장난감, 책, 캐릭터용품, 물놀이용품, 유모차까지 판매한다.
위치 괌 프리미어 아웃렛 로스 입구 왼쪽 (p.133)

★**케이디 토이즈 KD Toys**
많은 종류의 장난감들을 깔끔하게 정리해 놓아 구경하기 좋다.
위치 마이크로네시아몰 (p.128)

★**비타민 월드 Vitamin World**
아이용 영양제와 비타민이 구비되어 있다.
위치 마이크로네시아몰 (p.128), 괌 프리미어 아웃렛 (p.133)

ABC 스토어, JP 슈퍼스토어, 페이레스 슈퍼마켓, K 마트에서도 먹거리부터 장난감, 의류 등 전반적인 물건을 한번에 쇼핑할 수 있다. 크리스마스 세일 시즌에 K마트, 괌 프리미어 아웃렛 등에서 대대적 할인 행사를 실시하니 참고하자.

● 베이비 & 키즈 의류

국내에서는 아이들 옷이 어른 옷보다 비싸다고 할 정도로 가격대가 꽤 있는 편이다. 괌에서는 폴로, GAP, 타미 힐피거 등 한국에서 비싼 브랜드들이 직구보다도 저렴해 부담 없이 여러 벌을 구입할 수 있을 정도로 할인율이 높다. 따라서 다음 해에 입힐 옷까지 미리 장만하는 일이 다반사이다. 직구도 그렇지만 해외에서 구입해 오면 교환은 사실상 불가능하기 때문에 조금 여유 있는 사이즈로 고르는 것이 좋다.

카터스(Caters), 폴로 베이비(Polo Baby) 24개월 이하 대상 유아 브랜드로 신생아 바디 슈트가 인기 있다. 일상복을 구입하는 경우는 한국 아기들의 연령에서 +3~6M 사이즈를 선택하면 된다. (마이크로네시아몰 1~2F 메이시스 구관 2층 아동복 코너)

타미 힐피거 칠드런(Tommy Hilfiger Children) 세련되고 컬러풀한 디자인이 가득하다. (괌 프리미어 아웃렛, 마이크로네시아몰)

랄프 로렌 칠드런(Ralph Lauren Children) 베이직한 폴로티와 프레피 룩을 선보인다. (마이크로네시아몰)

갭 키즈(GAP Kids) 디자인, 가격, 소재 모두 만족스러워 한국인에게 인기가 많은 브랜드이다. (마이크로네시아몰)

Tip 사러 가기 전에

GPO(Ross)에서 아기용품을 구매하기 위해 오전 8시 이전부터 대기하는 일도 많다. 낮에 가면 예쁘거나 인기 브랜드의 제품은 모두 빠져 있거나 몇몇 구역이 통째로 비어 있는 경우도 있다.

한편 마이크로네시아몰에는 유아 자동차 키트 대여 서비스가 있으니 이용해 보자. (유료, 보증금 $5, 대여료 $5)

Tip 사이즈 조견표

아동복

국가/연령	0-3개월	3-6개월	6-12개월	12-18개월	6-12개월	만2세	만3세	만4세	만5세	만6세	만7세	만8세
한국	70	75	80	85	90	95(3호)	100(5호)	110(7호)	120(9호)	130(11호)	140(13호)	150(15호)
미국	0-3M	3-6M	6-12M	12-18M	18-24M	2T	3T	4T	5T	6T	7T	8T

유아 신발

cm	10.6	11.4	12.3	13.1	13.9	14.8	15.6	16.4	17.3
호수	2	3	4	5	6	7	8	9	10

아동 신발

한국	120	130	140	150	160	170	180	190	200	210	220
미국	6	7	8	9	10	11	12	13	14	15	16

※ 미국 기준이며 브랜드나 디자인에 따라 조금씩 상이할 수 있음. M은 개월(Month)의 약자이며, 24개월 이상은 Y나 T로 표기한다.

여행 준비물 챙기기

기본적으로 여권과 여권 사본, 사진 1~2장을 준비한다. 기내부터 사용할 젤리, 사탕 등의 먹거리와 놀거리를 비롯해 체온 유지를 위한 얇은 담요나 이불, 긴 소매 옷과 여벌 옷, 속옷을 준비한다.
기저귀, 물티슈, 지퍼 백, 비닐 백, 목욕 용품, 손톱 깎이, 젖병 세정제와 세탁 세제 등의 위생용품도 준비한다.

● 상비약, 복용 중인 약

한국과 괌에서 통용되는 약의 종류와 용법이 다르기 때문에 약의 오남용을 방지하기 위해서도 처방전에 따라 조제한 아이의 알레르기 약과 상비약은 한국에서 준비해 가는 것이 좋다.
아이가 평소 다니는 병원에 해외여행을 계획 중임을 알리고 나이와 체중에 맞게 소화제, 해열제, 지사제, 콧물 감기약 등의 상비약을 처방받자. 체온계와 물티슈, 발진 연고, 해열 패치 및 아쿠아 밴드도 준비한다(모기나 벌레 퇴치약들은 현지 제품이 잘 듣는다).

● 분유와 이유식

여러모로 낯선 환경에 거부 반응이 있을 수 있어서 아이가 평소 먹는 분유와 이유식을 가져가는 것이 유용하다. 분유는 멸균팩 제품과 액상 타입의 제품, 젖병, 수저를 간편한 일회용으로 준비해 둔다. 이유식은 조제된 것을 가져가는 편이 안전하지만 우리나라처럼 다양한 제품이 단계별로 구비된 현지에서 구입해도 된다. 숙소에 냉장고가 있는지 확인이 된다면, 모유 수유 팩에 이유식을 저장해 냉동시켜 가져가는 방법도 있으며 아이의 식수는 현지에서 생수를 구입한다. 김 자반, 즉석 밥을 비롯한 비상식과 이유식 용기, 과도 역시 준비해 두면 좋다(예약한 숙소에 전자레인지 사용이 가능하다면 전용 용기도 하나 정도 챙기자).

● 야외 활동에 필요한 준비물

야외 활동 시 필요한 어린이용 자외선 차단제, 수딩 젤, 챙이 넓고 끈이 달린 모자, 선글라스, 수영복, 튜브, 긴 소매의 래쉬 가드, 구명 조끼, 아쿠아 슈즈, 방수 팩, 방수용 기저귀를 준비한다. 연령에 따라 이동할 때 필요한 유모차와 아기띠를 준비하고, 시시각각 날씨가 변해 언제 비가 올지 모르니 우산과 우비도 미리 준비해 두자.

안전한 여행을 위한 팁

아이와 함께 하는 여행은 언제 어떤 일이 벌어질지 예측이 불가하다. 때문에 미리 든든하게 준비하는 것이 가장 현명한 방법이다. 물놀이와 야외 활동이 여행 일정의 큰 비중을 차지하는 괌에서는 비싼 휴대 물품을 물에 빠뜨리거나 상해를 입는 경우를 대비해 여행자 보험 가입이 필수이다. 만약 현지에서 물건을 도난당했다면 경찰서에서 발급 받은 폴리스 리포트를, 병원이나 약국 등의 의료 서비스를 이용했다면 진단서 원본과 영수증 같은 관련 서류를 제출해야 보상받을 수 있다. 보험사를 통해 자세한 내용을 체크해 두자.

외교부 해외 안전 여행 사이트(www.0404.go.kr)에서 자연재해 같은 안전 소식을 참고하거나, 해외 여행 질병정보센터 사이트(www.travelinfo.cdc.go.kr)를 통해 감염병 등의 정보를 찾아보고 필요한 예방 접종을 해 두는 것도 좋다.

괌 응급 환자(구급차) & 범죄 신고 671-911

괌 메모리얼 병원 Guam Memorial Hospital/GMH
괌 최대의 종합 병원. 입원실, 수술실, 응급실 및 산부인과 등 시설을 갖춤
주소 Guam Memorial Hospital, 850 Gov Carlos G Camacho Rd., Tamuning **전화** 671-647-2555, 646-5801~5(응급실) **위치** 투몬, 타무닝 시내에서 쉐라톤, 온워드 리조트 방면의 플로레스 대주교상 원형 교차로에서 반원을 돌아 우회전 후 약 50m 전방의 도로변 오른쪽에 위치

FHP 메디컬 센터 FHP Medical Center
응급실은 없지만 예약 없이 이용 가능한 종합 진료실이 있음

주소 FHP Health Center, 548 South Marine Corps Dr., Tamuning **전화** 671-646-5825 **시간** 월~금 09:00~18:00, 주말·공휴일 휴무(약국은 주말 07:00~23:00 운영) **응급 진료** 토~일 07:00~23:00, 크리스마스 & 새해 첫날 휴무 **위치** 타무닝 ITC 빌딩 건너편 **홈페이지** www.takecareasia.com

미 해군 병원 U.S. Naval Hospital Guam
종합 병원 수준의 의료 서비스 제공

주소 U.S. Naval Hospital Guam, Bldg., 1 Farenholt Ave., Tutuhan **전화** 671-344-9310 **홈페이지** www.med.navy.mil/sites/usnhguam

관광객을 위한 의료 서비스 Micronesia Assistance
전화 671-649-8147

괌 트래블러스 클리닉 Guam Travelers' Clinic
주소 1051 Pale San Vitores Rd., Suite 106, Tamuning **위치** 투몬 샌즈 플라자 건너편 **전화** 671-647-7771, 671-448-6500 **시간** 월~금 09:00~12:00, 13:00~17:00 (완전 예약제) **휴무** 토, 일, 공휴일 **홈페이지** www.guamclinic.com

| THEME TRAVEL 08 |

단 한 번의 특별한 순간
웨딩 인 괌

채플 웨딩을 통해 조용한 결혼식을 올리고, 괌의 로맨틱한 명소에서 셀프 웨딩 사진을 촬영하며 소중한 추억을 쌓아 보자.

채플 웨딩

채플 앞에서 찍는 사진도 충분히 멋있지만 여행도 겸하며 소수의 하객만 초대해 진행하는 여유로운 결혼식은 특별함을 선사해 준다. 사실 이 웨딩 스타일은 예산이 부담스러운 편이었는데 최근 가족·친지만 모여서 진행하는 '스몰 웨딩'이 많아져 대다수 이용자가 일본인이던 예전과 달리 한국인들의 이용이 늘고 있는 추세이다.
하와이나 발리보다 상대적으로 거리가 가까운 것도 장점으로 작용하고 있다. 괌에는 채플 웨딩 업체가 10곳 이상 있으며 모두 에이전시에서 견적을 뽑아 진행하고 있다. 호텔 부지 내 있는 채플이라면 숙박도 겸하여 이용하면 가격 할인율이 높아진다.

홈페이지 www.reminisceforever.com

▶ 아쿠아 스텔라 Aqua Stella
새파란 하늘과 푸른 바다 물결을 등지고 있으며 정원과 꽃이 둘러싼 외관과 유럽 스타일의 세련된 내부를 자랑한다.
위치 힐튼 괌 리조트 & 스파 내

▶ 세인트 프로버스 홀리 St. Probus Holy
힐튼 괌 리조트 & 스파의 두 번째 웨딩 채플로 커플은 물론 가족들에게 필수 관광 코스인 사랑의 절벽과 아름다운 투몬 비치가 한눈에 내려다보이는 곳에 위치해 있다. 1만 송이 장미로 채워진 유리 버진로드와 '라테스톤 유적'을 본뜬 제단도 특징이다.
위치 힐튼 괌 리조트 & 스파 내

▶ 롯데 아쿠아 심포니 Aqua Symphony
최근에 오픈한 호텔의 채플로 깨끗하고, 실제 파이프 오르간이 웅장한 소리를 내어 행진할 때 더욱 더 힘이 느껴진다.
위치 롯데 호텔 내

◉ PIC 세인트 라구나 PIC St. Laguna

에메랄드빛 푸른 바다가 180도 펼쳐져 있는 제단에서 사랑의 서약을 맹세할 수 있는 채플로 예식 내내 수려한 경치와 함께한다.

위치 PIC 내

◉ 크리스탈 Crystal

절벽 위에 푸른 바다를 배경으로 한 글라스 채플의 반짝임이 특징이다. 제단에서는 투몬을 조망할 수 있어 시원함까지 더한다.

위치 호텔 니코 괌 내

◉ 화이트 애로우 White Arrow

다른 채플의 건축 양식보다 훨씬 모던한 편이며 통창으로 돼 있어 바다를 조망하기 좋다. 일몰에 하는 나이트 웨딩으로도 많이 찾는 편이다.

위치 쉐라톤 라구나 괌 리조트 내

◉ 오션 팔레스 Ocean Palace

현대적인 외관의 핑크 그라데이션과 품격 있는 화려한 내관이 융합된 세계적 건축가 리카르도 도잔니(Riccardo Tossani)가 디자인한 채플이다.

위치 건 비치 웨스틴 리조트 괌 내

◉ 블루 애스터 Blue Aster

사랑의 절벽이 보이는 투몬 만의 중심지에 위치한 인기 채플로 천장의 유리창에서 내려오는 빛이 더욱 돋보이도록 리뉴얼해 오픈했다.

위치 홀리데이 리조트와 하얏트 리젠시 괌 사이 해변가

◉ 세인트 마리아 아레나 St. Maria Arena

1,500평의 광대한 프라이빗 장소에 세워진 채플로 야자의 가로수길을 지나 문을 빠져나가면 이탈리아풍의 가든 테라스가 펼쳐진다.

위치 투몬 중심부에서 타무닝 사우스 마린 드라이브를 타고 가다 괌 프리미어 아웃렛 지나서 오른쪽 해변가

셀프 웨딩 촬영하기

수준 높은 시설을 갖추고 다양한 분위기로 연출해 기호대로 선택할 수 있는 한국의 웨딩 스튜디오는 전문적인 기술로 예비 신랑과 신부를 한층 돋보이게 해준다. 하지만 그 모든 걸 마다하고 셀프 웨딩 촬영을 하는 이유는 경제적인 부담 없이 '둘 만의 웨딩 스토리' 사진을 자연스럽게 담을 수 있기 때문이다. 둘이 함께 계획하고 실행하는 과정을 거친 결과물이기 때문에 결혼 준비 과정 중 가장 큰 재미와 행복을 줄 수 있다.

Tip 괌에서 셀프 웨딩 촬영하기

① 촬영 날은 반드시 차를 렌트해야 한다.
② 무더위와 많은 관광객들을 피하려면 입장권을 내고 들어가는 관광지와 일몰 촬영은 예외로 두고 이른 오전부터 시작하는 것이 좋다.
③ 날씨가 좋기 때문에 성능 좋고 무거운 전문가용 카메라가 아니어도 사진이 잘 나온다. 컴팩트 카메라나 미러리스 카메라만으로도 충분하지만, 물이 튈 수 있는 환경에서 더욱 생생한 영상을 담아 줄 액션 캠을 추가로 사용할 만하다.
④ 예비 신부가 실크 드레스를 대여하면 더운 날씨에 통풍이 되지 않아 땀에 손상된 드레스의 비용을 변상할 상황이 올 수 있다. 저녁 촬영 외에는 사복을 입도록 한다.
⑤ 셀프 웨딩 촬영과 동시에 신혼여행도 아쉬움 없이 즐겨야 하므로, 체력 분배를 잘 하자.
⑥ 셀프 웨딩의 촬영에 앞서 가장 중요한 것은 본인들의 즐거움이 다른 관광객이나 현지인에게 불편함을 줄 수 있는 상황을 최소화해야 한다는 것이다.

셀프 웨딩 사진 제공
blog.naver.com/gomting86
blog.naver.com/yu8610

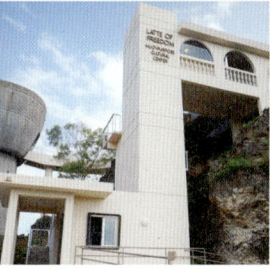

어디서 찍을까?

★ 피시 아이 마린 파크
아름다운 산호가 있는 피티 비치 베이 덕분에 배경이 시원하고, 하얀 드레스와 묵직한 컬러의 양복이 대비돼 색다른 사진을 연출한다. (p.161)

★ 아가냐 대성당, 스페인 광장
생동감 있는 광장과 붉은색 기둥의 초콜릿 하우스, 야외 음악당이 풍성한 느낌을 준다. 괌의 아름다운 건축물로 꼽히는 아가냐 대성당은 이국적인 분위기를 풍긴다. (p.157~158)

★ 사랑의 절벽
영원한 사랑을 꿈꾸며 사랑의 종을 함께 치는 모습을 사진에 담아 보자. (p.81)

★ 아델럽 곶
우리나라 최초로 해외 로케 CF를 찍은 곳으로 차모로족 전통 건축 양식과 스페인 건축 양식이 조화롭게 어우러져 있다. (p.160)

★ 코코 팜 가든 비치
프라이빗 비치여서 조용히 촬영하기 좋은 곳이다. 천연 그대로인 순수하고 맑은 해안가에서 캐주얼한 차림으로 휴양지를 만끽하는 모습을 연출해 보자. (p.83)

★ 제트스키
카메라는 직원에게 맡기고(혹은 삼각대 타이머 작동) 해변가 주변을 맴돌며 바닷가에서 찍어도 충분히 특별한 사진으로 남을 것이다.

★ 짚라인
신부가 도착점에서 카메라를 들고 기다리고, 신랑이 짚라인을 타고 날아오며 프로포즈를 하는 등 재미있는 영상을 담을 수 있다.

★ 선셋 크루즈
선셋 디너 크루즈의 일몰을 배경으로 낭만적인 사진을 찍을 수 있다.

여행 정보

- 여행 준비
- 한국 출국
- 괌 입국
- 한국으로 돌아오는 길

여행 준비

여권 만들기

여권은 단수 여권과 복수 여권 두 가지로 분류할 수 있다. 단수 여권은 출국 시 한 번만 사용할 수 있는 여권이고, 복수 여권은 5년 내지는 10년간 횟수에 제한 없이 사용이 가능한 여권을 말한다. 또한 우리나라는 지난 2008년 전자 여권 제도를 전면 도입해 현재 발급되는 여권은 특수한 경우를 제외하고 모두 전자 여권에 해당한다. (전자 여권 IC 칩에는 성명, 생년월일, 여권 번호, 유효 기간, 여권 사진 등 신원 정보면에 있는 개인 정보가 내장돼 있다.) 전자 여권이 도입된 후 여권 신청 시 지문을 채취하기 어려운 상황(의전상 필요한 경우, 질병·장애의 경우, 18세 미만 미성년자)을 제외하고는 본인이 직접 방문해 신청해야 한다.

전자 여권 발급신청서

전자 여권 신청

괌은 미국령이지만 정식 비자 없이도 입국이 가능하다. 현지에서 비자 면제 신청서를 작성하거나 미리 ESTA 승인을 받으면 된다. 전자 여권은 전국 239개 여권 사무 대행 기관에서도 접수가 가능하며, 외교부 홈페이지 및 지자체별 여권 민원 홈페이지를 참고해 신청에 필요한 서류와 사진을 준비한다(미성년자는 법정대리인의 신분증과 동의서가 필요하고 남성은 병역 여부에 따라 국외 여행 허가서, 병적 증명서 등의 서류가 필요하다).

외교부 홈페이지 www.passport.go.kr

◉ 전자 여권 발급 절차
신청서 작성→접수→신원 조사 확인, 경찰청 외사과, 결과 회보 → 전자 여권 서류 심사 → 전자 여권 제작→전자 여권 교부

◉ 전자 여권 신청 시 필요한 서류(공통)
① 주민등록증 혹은 운전면허증
② 전자 여권용 사진 1매(바탕색은 흰색에 가로 3.5cm, 세로 4.5cm인 6개월 이내 촬영한 사진, 전자 여권 도입 후 여권용 사진 규정이 까다로워졌기 때문에 여권용 사진을 찍기 전 외교부 홈페이지에서 관련 규정을 꼼꼼히 확인하자.)
③ 전자 여권 발급 신청서 1부
④ 전자 여권 인지대(**성인** 10년 24면 50,000원, 48면 53,000원 **8~18세** 5년 24면 42,000원, 48면 45,000원 **8세 미만** 5년 24면 30,000원, 48면 33,000원)

◉ 유효 기간 연장
2008년 전자 여권 제도를 전면 도입하면서 유효 기간 연장 제도는 폐지되었다. 단, 구 여권에 한하

여 5년 유효 기간이 있는 신 여권(전자 여권)으로 연장이 가능하다. 서류는 여권 발급 신청서, 여권용 사진 1매, 소지하고 있는 여권, 신분증, 전자 여권 인지대를 지참하면 된다.

▶ 전자 여권 재발급

여권 유효 기간 만료 전에 분실, 훼손, 사증란 부족, 행정 기관 착오가 발생한 경우 새로운 여권으로 발급받는다. 모든 서류는 전자 여권 신규 발급과 동일하나 여권 재발급 사유서를 추가로 작성해야 한다.

괌 여행 중 전자 여권 분실 시

여행 중에 여권을 분실했다면 대한민국 총영사관에 연락을 취하거나 영사관에 바로 방문한다. 방문 전에 신분증(혹은 여권 사본)과 출국 항공권(혹은 E-티켓) 등을 준비해야 한다. 영사관 내 여권 사진을 촬영하는 곳이 있으니 사진을 찍고 서류 작성한 후에 '대한민국 여행 증명서'를 발급받는다.

괌 주재 한국 총영사관 671-647-6488~9

ESTA

대한민국 국민은 45일 미만의 기간에 한해 무비자로 괌을 여행할 수 있다. 대신 미국의 다른 지역으로는 이동이 불가하며 45일 이상 90일 이내 미국 여행을 할 경우 ESTA(전자 여행 허가: Electronic System for Travel Authorization)를 신청해야 한다. ESTA 비용은 $14이며 해외 겸용 신용카드로만 결제할 수 있다.

여행 상품 예약

항공권과 호텔 숙박권을 묶어 판매하는 여행사의 패키지 상품을 이용하면 편리하다. 여행사에서 미리 구입해 둔 항공권을 이용한 여행 상품은 개인이 각각 예약하는 것보다 저렴한 경우가 많으며, 일반 항공권이 마감되었을 때에도 더러 좌석이 남아 있는 경우가 있다. 또한 여행자 보험 가입, 안내 자료 등의 서비스도 제공받을 수 있다. 괌은 자유 여행 상품 외에도 해양 스포츠를 묶은 패키지 여행상품들이 많이 있다.

▶ 자유 여행 전문 여행사

인터파크 투어 tour.interpark.com
웹투어 www.webtour.com/index.asp
내일여행 www.naeiltour.co.kr

▶ 패키지 여행 전문 여행사

하나투어 www.hanatour.com
모두투어 www.modetour.com
참 좋은여행 www.verygoodtour.com

항공권 예약

2017년 9월 기준 괌으로 취항하고 있는 직항기는 6곳이다. 괌 여행객이 늘어남에 따라 편수가 늘고 있다. 비슷한 비행 거리의 타 국가와 비교해 보면 가격이 부담스럽지 않다. 하지만 평일과 주말의 요금 차이가 날 수 있으며 주말을 포함한 일정의 항공편 좌석은 예약 마감이 빠른 편이다.

▶ 괌 취항 항공사

대한항공 kr.koreanair.com
제주항공 www.jejuair.net
진에어 www.jinair.com
티웨이항공 www.twayair.com
에어 서울 flyairseoul.com
아시아나항공 flyasiana.com

> **Tip 항공권 싸게 구입하는 요령**
>
> ① 성수기(여름 휴가철, 명절 연휴, 허니문 시즌)는 피하는 것이 좋다.
> ② 유효 기간이 짧을수록 저렴하다.
> ③ 공동 구매 혹은 단체 티켓, 땡처리 항공권을 이용한다.
>
> **할인 항공권 전문 여행사**
> **인터파크 투어** air.interpark.com
> **땡처리닷컴** www.ttang.com
> **탑항공** www.toptravel.co.kr

숙소 예약

일부 외국계 예약 사이트는 검색 후 제시되는 요금이 세금 및 수수료를 포함하지 않는 경우가 있으니 최종 금액인지를 반드시 확인하고 비교해 봐야 한다. 괌 여행은 평균적으로 3~5박의 일정으로 많이 가기 때문에 한 숙소를 이용하는 여행자가 많다. 대부분 투몬 비치에 몰려 있기 때문에 위치보다는 자신의 취향에 맞는 시설을 갖추고 있는지, 예산에 맞는지를 면밀히 따져 보는 것이 좋다. 다만, 휴가철이나 연말연시에는 숙소 가격이 1.5~2배 가량 오르는 경우가 있다는 점에 주의하자.

숙소 예약 사이트 이용하기

호텔 예약을 전문으로 하는 사이트는 익스피디아, 아고다 같은 외국계 기업과 오마이호텔, 에바종, 호텔패스와 같은 국내 업체로 구분할 수 있다. 개별적인 호텔 예약 사이트를 하나하나 들어가는 것보다는 트립 어드바이저나 트리바고와 같이 가격 비교 사이트를 이용하는 것도 편리하다.

▶ 호텔 가격 비교 사이트

트립 어드바이저(Trip Advisor) www.tripadvisor.com

IT 기업인 마이크로소프트(MS)의 자회사이며 세계 최고의 인터넷 여행사인 익스피디아(Expedia)에서 운영하는 여행 정보 사이트이다. 외국계 호텔 예약 사이트(hotels.com, booking.com, expedia.com 등)의 요금을 쉽게 비교할 수 있다. 자체적으로 제작하는 콘텐츠도 풍부하지만 전 세계의 이용자들이 올리는 후기가 가득하다. 요금 체크 버튼을 눌러 사이트별 요금을 비교한 후 예약 페이지로 이동할 수 있다.

호텔스컴바인 www.hotelscombined.co.kr
트리바고 www.trivago.co.kr

> **Tip 호텔 예약 시 주의 사항**
>
> 기본적으로 호텔 숙박일 3일 전부터 취소 수수료가 발생하며 당일 취소의 경우는 환불받을 수 없는 것이 일반적이다. 뿐만 아니라 숙박 일을 변경하는 것도 기존 예약을 취소하고 다시 잡는 것이기 때문에 예약 및 결제할 때 주의해야 한다.
> ① 외국 사이트를 통해 예약 후 결제할 때는 해외겸용 신용카드로만 가능하며, 리스트 가격에서 10%의 세금이 붙어 최종 가격이 된다.
> ② 괌에는 1인 객실이 있는 호텔은 없다.
> ③ 2인실은 트윈 룸, 더블 룸으로 구분할 수 있다. 트윈 룸에는 싱글 침대 2개, 더블 룸에는 더블 침대 1개가 있다. 본인이 룸 타입을 선택했다 할지라도 호텔 상황에 따라 임의적으로 배정되는 경우가 있으니 참고하자.
> ④ 영유아가 아닌 아이를 포함한 3인실은 추가 요금이 발생할 수 있다.
> ⑤ 객실 미니 바의 음료수, 맥주들은 무료가 아니며, 무료인 경우는 Complimentary 또는 Free라고 눈에 띄는 표시가 되어 있다.
> ⑥ 호텔 예약 사이트를 통해서 예약하는 경우에는 조식이 포함되어 있지 않은 경우가 있다. 하지만, 대부분의 호텔은 조식 레스토랑을 운영하고 있기 때문에 체크인할 때 조식 여부를 추가 신청할 수 있다.
> ⑦ 일반적으로 호텔 체크 인은 오후 3시 이후, 체크 아웃은 정오 이전에 해야 한다. 체크인 전, 체크 아웃 후 프런트에 짐을 보관해 주는 서비스는 무료이다.

환전 및 신용카드

투어를 예약하거나 대중교통을 이용할 때, 팁을 지불 할 때와 같은 상황에서는 현금이 필요하기 때문에 어  느 정도는 꼭 환전해 가야 한다. 신용카드는 사용하기 간편하지만 해외 결제 시 수수료가 발생하기 때문에 간단한 것들은 현금을 사용하는 것이 합리적일 수 있다. 주 거래 은행에 가면 별 다른 쿠폰을 챙겨가지 않아도 우대 환율을 적용 해주기도 한다. 하지만, 특별히 거래하는 은행이 없는 경우에는 수수료 할인율이 가장 높은 은행을 알아보거나, 사이버 환전 서비스를 통해 이용하자.

▶ 체크카드

통장 잔고 만큼 현지에서 현금을 인출해서 쓸 수 있는 카드다. 단, 해외 인출 수수료가 발생 한다. 장기간 체류하며 큰 금액을 현지에서 달러로 소비할 경우에는 50%는 환전을 하고 나머지는 현지에서 인출해 사용하는 게 좋다.

▶ 신용카드

괌의 거의 모든 상점에서 신용카드 사용이 자유롭다. 본인이 소지한 신용카드가 해외 겸용인지 확인하고 사용하면 된다. 다만, 별도의 수수료가 발생하기 때문에 많은 사용을 권하진 않는다.

▶ 여행자 보험

여행자 보험은 공항보다 인터넷에서 합리적인 예산으로 가입할 수 있다. 출국 예정일과 귀국 예정일, 여권 번호와 신상 등을 정확히 기입하고 결제하면 된다. 보험은 보장 내역과 범위, 기간, 여행지에 따라서 금액이 달라진다. 현지에서 사고가 발생하는 경우를 대비해서 반드시 해당 회사의 현지 연락처를 알아 두고 출국해야 한다. 더 자세한 사항은 각 보험 사이트를 상세히 정독하기를 권한다.

삼성화재 www.samsungfire.com
현대해상 www.hi.co.kr
AIG www.aig.co.kr
KB손해보험 www.kbinsure.co.kr

▶ 여행자 보험 보상받기

보험 혜택을 받기 위해서는 현지에서 반드시 증빙 서류를 준비해 와야 한다. 도난 사고 발생 시 경찰서에서 도난 증명서 등의 서류를, 병원 방문 시 의사 진단서 및 처방 영수증을 꼭 챙기도록 하자. 한국에 돌아와 도난(파손)사실 확인서 또는 치료비 영수증과 보험금 청구 신청서, 신분증 등을 보험사에 제출하면 된다.

〈괌 여행 준비물 체크 리스트〉

분류	항목	준비물 내용	체크
필수	여권	유효 기간이 6개월 이상 남아 있어야 한다.	
	여권 복사본과 여권 사진	여권 분실 시 2장의 여권 사진이 있어야 임시 여권 발급이 가능하다. 현지에서도 촬영할 수 있다.	
	항공권(E-Ticket)	여권 분실 시 또는 괌 입국 심사에서 한국으로 돌아가는 항공권을 확인한다.	
	현금	달러($)	
	신용카드 체크카드	장기 체류자인 경우 수수료를 지불하더라도 현금 보유 위험 부담을 줄일 수 있다.	
	호텔 바우처	호텔 예약 확인 시 필요하다.	
	투어 바우처	각종 레저 스포츠·디너 쇼 등 예약 확인 시 예약 바우처 필요	
	여행자 보험	만약을 대비해 가입 필수	
	비자	45일 이상 체류자만 필요	
의류	속옷, 잠옷	호텔에 가운이 없을 수 있으니 잠옷을 챙긴다.	
	슬리퍼	가볍고 편한 비치용 샌들과 일반 샌들도 준비한다.	
	운동화, 양말	정글 투어나 트레킹을 할 경우에 필요하다.	
	수영복	물놀이와 해양 스포츠 위주의 스케줄이라면 2~3벌의 비치 웨어를 준비하면 편리하다.	
	여름용 의복	여름용 일상복을 기본으로, 드레스 코드가 있는 레스토랑에 방문할 경우를 대비해 정중한 옷차림도 준비한다.	
	카디건	밤에도 춥지는 않지만 해변가를 산책하거나 선셋 크루즈에 탑승할 경우에 입는 것이 좋다.	
	모자, 양산, 우산	뜨거운 햇볕으로부터 피부를 지키고, 수시로 만날 수 있는 비를 대비하자.	
	선글라스	단지, 패션 소품이 아니다. 강한 자외선에 손상되기 쉬운 시력 보호를 위해서 선글라스는 꼭 착용한다.	
	가방	휴대폰과 선 크림을 넣을 가벼운 가방과 귀중품을 소지하고 다닐 수 있는 크로스백 준비	

화장품, 의약품, 세면도구	기초 화장품	낮에 수분을 빼앗겨서 피부가 건조해질 수 있다. 소중한 내 피부를 위해 수분크림도 잊지 말자.
	자외선 차단제	자외선 차단제는 레저용으로 SPF 50 PA++ 이상을 2시간마다 발라 주자.
	색조 화장품	무더위 속 장시간의 물놀이를 하는 과정에서 정성 들인 화장이 지워지기도 한다. 워터 프루프(Waterproof) 제품으로 준비하자.
	세면도구	호텔에 대부분 있지만 본인의 샤워 타올과 치약, 칫솔 등을 챙기는 것이 청결하고 좋다.
	면도기	쉐이빙 폼과 면도기
	휴지/물티슈	끈적임을 방지하기 위해 물티슈는 필수다.
	비타민, 영양제	평소 먹던 비타민과 영양제는 챙겨가는 것이 좋다.
	벌레 퇴치제	물이 고여 있는 곳, 정글 투어, 골프 투어 시에 반드시 필요하다.
	의약품	멀미약, 지사제, 소화제, 감기약, 진통제, 밴드, 벌레 물림약, 소독약, 소화제, 감기약 등
전자제품 외 기타	카메라, 멀티캠 등	스마트폰과 카메라가 많이 발전했지만, 양질의 사진과 영상을 찍기에는 제대로 된 촬영장비가 좋다.
	카메라 충전기, SD카드	SD카드는 16GB 이상을 2개 이상 준비한다.
	삼각대	셀프 촬영을 위한 필수 준비물
	11형 전기 어댑터	괌은 전압(Voltage)과 주파수(Frequency)가 110V 60Hz이다.
	멀티탭	카메라, 스마트폰, 노트북 등을 한번에 충전하자.
	필기구	다양한 곳에서 신고서를 작성할 때 필요하다.
	가이드북	〈인조이 괌〉 한 권이면 당장 떠나도 불안하지 않다.
	비닐팩, 멀티팩, 방수팩	전자 기기가 물에 젖어 손상될 위험으로부터 보호하자.

데이터 로밍 서비스 신청하기

낯선 여행지에서 인터넷 사용이 가능하다면 목적지를 위치 정보 서비스로 쉽게 찾을 수 있는 등 다양한 부분에서 유용하게 활용할 수 있다. 인터넷 강국인 우리나라 만큼은 아니지만 괌에서도 스마트폰을 이용하기가 점점 쉬워지고, 서비스의 질도 향상되고 있다. 괌에서 스마트폰을 이용하는 방법은 4가지가 있으니 장단점을 잘 따져보고 선택하자.

▶ 통신사 데이터 로밍

한국에서 본인이 사용하는 통신사 서비스를 이용하는 방법이다. 1일 무제한 데이터 로밍을 신청하면 괌에서도 3G를 이용할 수 있지만 속도감이 떨어지며 가격도 비싼 편이다.

SKT 로밍 데이터 One Pass
요금 부가세 포함 1일 9,900원
홈페이지 troaming.tworld.co.kr

KT 올레 무제한 데이터 로밍
요금 부가세 포함 1일 11,000원
홈페이지 globalroaming.kt.com

LG U+ 무제한 데이터 로밍
요금 부가세 포함 1일 11,000원
홈페이지 www.uplus.co.kr

▶ 포켓 와이파이

스마트폰이나 태블릿 PC 등 휴대용 기기에서 자유롭게 인터넷을 사용할 수 있는 단말기이다. 포켓 와이파이를 대여하면 충전도 해야 하고, 단말기가 뜨겁게 과열된다는 단점이 있지만, 한 대의 단말기로 여러 기기에 연결이 가능해 2명 이상만 사용해도 통신사 데이터 로밍 서비스보다 훨씬 저렴할 뿐만 아니라, 현지 통신망을 사용하기 때문에 속도도 훨씬 빠르다. 특히 괌은 포켓 와이파이로 4G LTE 속도를 누릴 수 있다. 우리나라에서 대여 후 출국하는 방법과 괌 공항에서 대여하는 방법이 있는데, 반납 절차가 훨씬 간편한 현지에서 대여를 많이 하는 편이다.

요금 1일 7,000원~(부가세 포함), 보증금 명목으로 $200을 미리 결제하는 곳도 있음. 업체가 다양해서 이용 방식을 꼼꼼히 살펴보자. **홈페이지** www.guamecom.com/ko

▶ 도코모(Docomo) 유심칩

선불 유심칩을 구입해 미리 충전하고 사용하는 방식이다. 유심칩을 연결하면 기존 번호가 아닌, 현지의 전화번호로 변경되기 때문에 유사 시를 대비해 지인들에게 바뀐 전화번호를 알려 주는 것이 좋다. 유심칩의 구매액 $9에 데이터 이용료와 괌에서 사용할 수 있는 전화세를 추가하면 5일 동안 $30 내외의 비용만 든다. 도코모는 괌 프리미어 아웃렛과 마이크로네시아몰에 방문해야만 구입할 수 있으며 포켓 와이파이에 비해 인터넷 속도가 느린 3G망을 이용한다는 단점이 있지만, 렌터카 회사나 레스토랑 예약 등의 확인 사항을 전화로 간편하게 체크할 수 있어서 사용자가 많은 편이다.

구입처 괌 프리미어 아웃렛 토미힐피거 매장 앞 Docomo 카운터, 마이크로네시아몰 2층 **운영 시간** 10:00~21:00 **가격** 유심 칩 $9, 통화·SMS·데이터 1일권 $3~, 5일권 $25(유심칩 포함)

무료 와이파이존(Free Wi-Fi zone)에서 이용하기

4박 5일 데이터 로밍 서비스를 받으면 제 아무리 저렴한 유심칩이라고 해도 3~4만 원 정도의 데이터 통신비가 든다. 이것이 여행 예산에 추가돼 부담스럽다면 무료 와이파이존을 이용하면 좋다. 또한 대부분 호텔 숙박비에 객실 와이파이 이용료가 포함돼 있다. 괌의 대형 쇼핑몰이나 레스토랑에 와이파이존이 설치되고 있는 추세다.

한국 출국

탑승권 확인

항공권이나 여행 상품을 구입하면 전자 티켓 (E-Ticket)을 받는다. 전자 티켓은 발행하는 여행사, 항공사에 따라 조금씩 다른 모습을 하고 있지만 승객 이름(Passenger Name)과 티켓 넘버(Ticket No.)가 들어가 있다. 승객 이름의 영문 철자와 여권의 영문 철자가 한 글자라도 다르면 비행기 탑승이 되지 않기 때문에 반드시 확인을 해 두는 것이 좋다. 전자 티켓을 받은 후 그대로 공항에 가도 되지만, 인터넷을 통해 미리 좌석을 지정해 두는 것이 좋다. 특히 심야에 이동한다면 다른 사람의 방해를 받지 않고 숙면을 취할 수 있는 창가쪽 좌석이 좋다.

E-TICKET

공항으로 이동하기

국제선 항공을 이용하기 위해서는 출발 시간 3시간 전에 공항에 도착해 수속을 하는 것이 좋다. 공항과 항공사 별로 40분~1시간 전에 수속을 마감한다. 인천공항 제2여객 터미널이 개장됨에 따라, 대한항공과 공동 운항하는 항공편 이용자는 출국장을 미리 확인해 두자.

인천 국제공항 교통편

인천 국제공항으로 갈 때는 공항 버스나 자가용을 이용할 수 있다. 또는 서울역이나 김포 공항에서 공항 고속 철도를 이용하는 방법이 있다.

▶ 공항 고속 철도

서울역에서 인천 국제공항으로 가는 직통 열차는 매일 06:00~23:00 동안 30~40분 간격으로 운행한다. 소요 시간은 제1청사까지 43분, 제2청사까지 51분이다(자세한 사항은 홈페이지 www.arex.or.kr 참고).

▶ 공항 버스

서울역을 기준으로 할 때 인천 국제공항까지는 약 1시간이 소요되지만 서울 시내의 교통 상황에 따라 시간이 달라질 수 있으므로 교통 체증 시간에 출발할 경우는 서두르자. 공항 버스 노선도 및 시간은 www. airportlimousine.co.kr에서 미리 확인할 수 있으며 버스 노선별로 적용되는 할인 쿠폰도 다운받을 수 있다.

체크인 수속

해당 항공사의 체크 인 데스크에서 수속하면 된다. 여권과 전자 티켓을 제시하면 탑승권(Boarding Pass)을 받고 짐을 수하물로 보낼 수 있다. 화장품 등의 액체류는 가방에 넣어 수하물로 보내는 것이 편리한데 깨지거나 새지 않도록 주의하자.

출국 수속

탑승권을 받고 수하물을 보낸 후 출국장으로 들어가 휴대품 보안 검사와 출국 심사를 하면 면세 구역이 나온다. 시내 또는 온라인 면세점에서 구입한 물건을 받을 수 있는 면세품 인도장과 면세점, 식당과 카페 등이 있다. 사용 중인 고가의 물건을 외국으로 들고 나가는 경우, 출국장에 들어서면 바로 있는 세관 신고대에서 미리 세관 신고를 해야 입국 세금을 부과하지 않는다.

보안심사

여권과 탑승권을 제외하고 모든 소지품을 검사받는다. 이때 칼과 가위 같은 날카로운 물건이나 스프레이, 라이터, 가스처럼 인화성 물질은 반입이 되지 않으므로 미리 체크한다.

면세점 쇼핑

평소 갖고 싶은 아이템을 보다 저렴하게 구입할 수 있는 기회이니 가격을 비교해 보고 할인쿠폰을 잘 활용해 알뜰하게 이용해 보자. 주의할 점은 출국 시 내국인 구매 한도가 1인당 미화 $3,000(국내 상품 구입 제외)지만 입국 시에는 면세점 구입 상품(수입품, 국내 상품)을 포함해 해외에서 구입해 가져오는 상품 총액이 1인 당 미화 $600으로, 초과하면 세관에 신고 후 세금을 납부해야 한다.

▶ 인터넷 면세점

다양한 할인 쿠폰과 높은 할인율로 특히 화장품을 구매할 때 저렴한 가격에 살 수 있다. 출국 전날까지도 쇼핑이 가능하기 때문에 매력적이지만, 입점해 있는 브랜드는 시내 면세점이나 공항 면세점에 비해 적은 편이다. 주문을 하면 휴대폰 MMS로 교환번호가 오는데, 인도장에서 여권과 함께 제시하면 면세품을 찾을 수 있다.

인터넷 면세점 사이트
신라면세점 www.shilladfs.com
롯데면세점 kor.lottedfs.com
동화면세점 www.dwdfs.com

▶ 공항 면세점

출국 심사를 마치고 나가면 길게 이어져 있는 공항 면세점은 비행기가 뜨기 전까지 쇼핑을 즐길 수 있는 쇼핑센터이다. 시내 면세점이나 인터넷 면세점에서 미처 사지 못한 상품을 구매하기 좋긴 하지만, 충동 구매를 할 수 있으니 주의하자.

▶ 시내 면세점

사고자 하는 품목이 많거나 직접 보며 여유롭게 쇼핑하고 싶을 때 이용하면 좋다. 상품을 구입하면 교환권을 주는데 출국당일 공항 내 면세품 인도장에서 여권과 함께 제시 후 수령하면 된다.

비행기 탑승

항공 탑승권에 보면 'Boarding Time' 밑에 시간이 적혀 있다. 출국 30분 전부터 탑승이 가능하므로 시간을 꼭 지키자.

괌 입국

한국 -> 괌 항공사별 시간표

항공사	출발 요일	서울(인천)-괌	소요 시간
대한항공	매일	09:15~14:35, 19:35~00:50(+1)	약 4시간 15분~30분
제주항공	매일	10:05~15:25, 20:10~01:40(+1), 21:50~03:20(+1)	
진에어	매일	09:35~14:50	
티웨이항공	매일	18:00~23:30	
에어서울	매일	20:45~02:10(+1)	

※ 항공사 운영에 따라 변동이 있을 수 있으니 자세한 내용은 각 항공사 홈페이지 참고. 또한 에어 서울은 아시아나 항공과 공동 운항

입국 절차

① 비행기 안에서 승무원이 나누어 주는 비자 면제 신청서, 세관 신고서를 작성한다.
② 도착 : 비행기에서 내려 'Arrival' 표지판을 따라간다.
③ 입국 심사 : '외국인(Foreign)'이라고 표시돼 있는 심사대로 가서 줄을 선다. 기내에서 미리 작성해 둔 비자 면제 신청서와 여권, 귀국 항공권을 함께 제출한다.
④ 심사가 끝나면 수하물 찾는 곳에서 짐을 찾는다.
⑤ 세관 : 현금이 $10,000 이상이거나, 면세금액을 초과했을 경우에는 세관에 신고하고 나간다.

비자면제 신청서, 세관 신고서 주의 사항

미국 비자(ESTA 비자 포함)가 없는 승객은 비자 면제 신청서를 1인당 1부씩, 세관 신고서는 가족별로 1부씩 작성하며 한국어 서류라도 반드시 영어 대문자로 작성해야 한다. 영어 약자는 사용을 금하고 기재된 내용이 사실이 아닐 경우에는 입국이 거부될 수 있기 때문에 누락된 부분이 없는지 재차 확인이 필요하다. 귀국 항공권을 제시해 달라고 요구하는 경우가 많기 때문에 E-Ticket이라도 꼭 지참하도록 하자. 또한 심사관이 '왜 괌에 온 건지, 어디서 묵는지' 등의 간단한 질문을 할 수 있다. 대답을 한 후에는 양손 지문 채취와 얼굴 사진을 촬영하고, 별다른 문제가 없으면 여권에 입국 스탬프를 찍어 준다.

괌 비자 면제 신청서

45일 미만으로 여행하는 우리나라 국민은 비자를 발급받지 않아도 되므로 기내에서 나눠 주는 괌 비자 면제 신청서를 작성해서 입국 심사 시 제출한다.

비자 면제 신청서

괌 세관 신고서

2017년 12월 1일자로 새로운 양식이 적용되어 직업이나 소득 수준 등 직접적인 개인정보를 기재하는 부분은 모두 제외되고, 국내 주 체류지, 여행 유형 등을 묻는 항목은 세분화된 모습으로 변경되었다. 세관 신고서는 가족별로 1부만 작성해서 제출하면 된다. $1,600까지 면세 대상이며 만 19세 이상의 관광객은 200개비의 담배 또는 50개의 시가, 기타 담배 50g과 술 3병까지 반입이 가능하다. 또한 과일, 야채를 포함한 식물 및 가공품, 동물의 일부로 만들었거나 우유, 달걀을 포함한 식품 등은 모두 반입할 수 없다.

세관 신고서

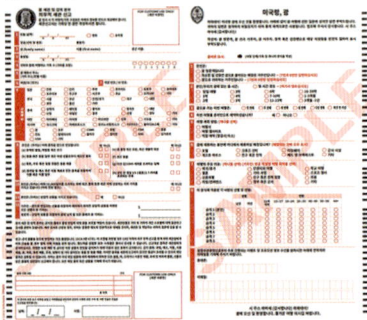

괌 국제 공항 A.B.Won Pat International Airport Guam

주소 355 Chalan Pasaheru B224-A, Tamuning
전화 671-646-0300
홈페이지 www.guamairport.com

항공사

괌 대한항공
주소 A. B. Won Pat Guam Int'l Airport Suite C-274, Tamuning
전화 671-642-3200

괌 제주항공
주소 A. B. Won Pat Guam Int'l Airport Suite B224-A, Tamuning
전화 671-649-3936

괌 제주항공 라운지
전화 671-646-8687/727-8609
홈페이지 www.jejuair-lounge-guam.net

여행사

괌 하나 투어 Guam Hana Tour
주소 Upper Tumon East West Business Center BLD Unit #203, Tamuning
전화 671-647-4272

하나 투어 안내 데스크
시간 09:00~18:00 주말, 공휴일 휴무
전화 671-646-4251
위치 PIC 리조트 내 하나 투어 데스크

괌 국제공항에서 호텔로 이동하기

괌 공항에는 택시를 제외한 대중교통이 없기 때문에 호텔 예약 시 공항 픽업 서비스를 신청하거나 렌터카를 사전 예약해 두면 합리적인 비용으로 편리하게 이동할 수 있다. 호텔 및 여행사의 공항 픽업 & 샌딩 서비스는 보통 투몬 시내 호텔까지(편도) 성인 $10~30, 어린이 $5면 이용 가능하다. 렌터카 서비스의 경우 당일 신청도 가능하지만 미리 예약했을 경우의 가격보다 비싸다는 단점이 있다. 상세한 절차는 '렌터카 이용 방법'을 참고하자.

괌의 공휴일

1월 1일 새해
1월 셋째 월요일 마틴 루터 킹 목사의 날
2월 셋째 월요일 대통령의 날
3월 첫째 월요일 괌 발견의 날
4월 10일 성 금요일
4월 12일 부활절
5월 마지막 월요일 현충일
7월 4일 미국 독립 기념일
7월 21일 괌 광복절(해방 기념일)
9월 첫째 월요일 노동절
10월 둘째 월요일 콜럼버스 기념일
11월 2일 위령의 날
11월 11일 제향 군인의 날
11월 넷째 목요일 추수감사절
12월 8일 카마린 성모 대축일
12월 25일 크리스마스

※ 공휴일이 토요일인 경우는 그 주의 금요일을 해당 공휴일로 지정하고, 공휴일이 일요일인 경우는 다음 월요일을 해당 공휴일로 간주한다.

괌 현지 긴급 / 유용한 연락처

긴급 연락처	괌 경찰서	671-472-8911
	범죄 예상 핫라인	671-477-4357
	괌 소방서	671-477-3555, 2615
유용한 현지 기관 연락처	괌 관광청	671-646-5278~9
	괌 주재 한국 총영사관	671-649-5232, 647-6488~9
	괌 이민국	671-472-7349
	괌 한인회	671-472-0080, 649-4149
	괌 한인 관광 협회	671-649-5605
	괌 호텔 & 레스토랑 협회	671-646-5278
	괌 국제공항 당국 경찰	671-646-0308, 0321
	국제 기상 서비스	811
유용한 국내 기관 연락처	괌 관광청 한국 사무소	**주소** 서울시 종로구 새문안로 91 (고려 빌딩 616호) **전화** 서울 02-765-6161 **홈페이지** www.welcometoguam.co.kr **페이스북** www.facebook.com/visitguam.kr

괌 경찰서

한국으로 돌아오는 길

괌 -> 한국 항공사별 시간표

항공사	출발 요일	괌-서울(인천)	소요 시간
대한항공	매일	02:30~06:15, 16:00~19:50	
제주항공	매일	16:30~20:35, 02:40~06:40, 04:55~08:55	약 4시간 20분~55분
진에어	매일	16:00~19:55	
티웨이 항공	매일	01:00~05:05	
에어서울	매일	03:10~06:55	

※ 항공사 운영에 따라 변동이 있을 수 있으니 자세한 내용은 각 항공사 홈페이지 참고. 또한 에어 서울은 아시아나 항공과 공동 운항.

시내에서 괌 공항으로 이동

괌은 제주도의 1/3로 면적이 크지 않지만 대부분의 숙소가 투몬에 있고 공항과 가까워서 택시나 호텔 리무진, 혹은 렌터카를 타고 20분 내외면 도착할 수 있다. 렌터카를 공항에서 반납하는 여행자라면 2시간 전에는 도착하는 것이 좋으며, 다른 여행자들도 1시간 반 전에는 공항에 도착할 수 있도록 하자.

체크인과 출국 심사

체크인은 3시간 전부터 시작된다. 공항 면세점을 이용하거나 야간 항공편으로 귀국하는 여행자들은 일찍 와서 체크 인을 하고 출국 심사를 받은 후 휴식을 취하는 것이 좋다. 한편 출국 심사 시에는 입국 심사 과정에서 제출하고 남은 입출국 신고서가 있어야 통과할 수 있다. 탑승 게이트에 출발 30분 전까지는 도착해야 한다.

한국 입국

기내에서는 가족별 1부의 세관 신고서를 작성한다. 착륙 후에는 입국 심사대에 여권을 제시해 입국 심사를 통과한 다음 수하물을 찾고 기내에서 작성한 여행자 휴대품 신고서를 제출한다. 면세 한도 $600가 넘으면 자진해 세관 신고를 한다.

세관신고서

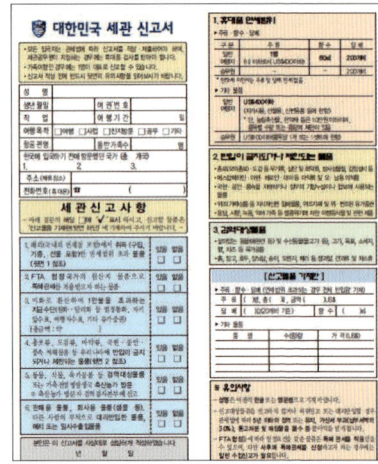

투몬 · 타무닝 · 북부

Sightseeing

건 비치	80
니코 매직 디너쇼 카르메	80
데데도 벼룩시장	82
리티디안 비치	82
매직 록스 시어터	78
사랑의 절벽	81
샌드캐슬 괌	76
알루팟 아일랜드	79
언더워터 월드	75
이파오 비치	78
코코 팜 가든 비치	83
투몬 비치	73
퍼시픽 판타지 디너쇼	79
플레저 아일랜드 괌	74

Massage & Spa

나바사나 스파	88
스파 발리	89
스파 아유알람	90
아일랜드 시레나	88
앙사나 스파	85
올리브 스파	85
핫 스프링 스파	91
USA 마사지	91

Eating

고디바 카페	119
그릴 앳 산타페	95
나나스 카페	105
니코 선셋 바비큐	103
더 포인트	114
돌체 프루티 젤라테리아	115
따우 바이 포	94
레스토랑 & 라운지 메인	112
롱 싱	94
루비 튜스데이	109
마가리타 브리토 & 바비큐	94
메스클라 도스	92
비치 인 쉬림프	105
사무라이	99
서울 정	101
세일즈 바비큐	104
세종	101
쇼군 스테이크 & 랍스터	97
스시 락	98
시그릴 레스토랑	77
시나본	119
썬더 치킨	102
아웃백 스테이크하우스	108
애플비	110
엉클 심스 라면	100
에그 앤 띵스 괌	114
요거트 랜드	115
인퓨전	118
자메이칸 그릴	93
조이너스 케야키	98
차 타임	118
차모로 바비큐 & 시푸드	104
처키 치즈	110
초원	102
추라스코	95
칠리스	108
카프리초사 투몬	106

캘리포니아 피자 키친	106
커피 비너리	117
킹스	109
테이블 35	112
텐텐코마이 칸다	100
토니 로마스 투몬 점	107
파파스	113
팜 카페	111
포트 오브 모카	116
하드 록 카페	77
호놀룰루 커피 컴퍼니	117
후지 이치방 라멘	96

Nightlife

글로브	123
더 비치 바 & 그릴	120
더블유	123
뱀부 바	122
톱 오브 더 리프	121
트리 바	122

Shopping

괌 페이레스 슈퍼마켓	140
괌 프리미어 아웃렛	133
내추럴 팩터	138
더 플라자	126
더 홈 디포 괌 타무닝	136
로코 부티크	138
로터스 서프 숍	137
마이크로네시아몰	128
비타민 월드	139
스타 애플	143
캘리포니아 마트	143
코스트 유 레스	141
투몬 샌즈 플라자	127
퍼시픽 플레이스 괌	127
ABC스토어	142
JP 슈퍼스토어	132
K마트	140
T 갤러리아	124

하갓냐 · 중부

Sightseeing

대추장 키푸하 상	151
라테 스톤 공원	159
산 안토니오 브리지	156
산타 아규에다 요새	159
스키너 광장	156
스페인 광장	157
아가냐 대성당	158
아델럽 곶	160
아산 만 전망대	162
아산 비치 태평양 전쟁 국립 역사 공원	161
아프라 항	163
차모로 빌리지	152
티 스텔 뉴맨 기념관	163
파세오 공원	151
피시 아이 마린 파크	161

Eating

셜리스	168
카르멘스 차차차	169
컵 앤 소서	165
투레 카페	164
프로아 레스토랑	167
피셔맨즈 코 옵	169

Shopping

아가냐 쇼핑센터	171
차모로 빌리지 야시장	170

남부

Sightseeing

가다오 추장 동상	188
게프 파고 빌리지	188
곰 바위 (베어 록)	187
람람 산	179
메리조 마을	185
메리조 종탑	186
세티 만 전망대	182
셀라 만 전망대	182
솔레다드 요새	185
아갓 마리나	179
우마탁 다리	184
우마탁 마을	183
이나라한 자연풀	187
이판 비치	190
코코스 섬	186
탈로포포 비치	190
탈로포포 폭포 & 요코이 동굴	189
탈리팍 다리	179
파고 만 전망대	191
파라 이 라라히타 기념 공원	183

Eating

제프스 파이어리츠 코브	192

괌의 호텔과 리조트

괌 리프 앤 올리브 스파 리조트	209
괌 자자 하우스	216
괌 플라자 리조트 앤 스파	212
더 웨스틴 리조트 괌	200
두짓 타니 괌 리조트	207
레오 팔레스 리조트 괌	216
롯데 호텔 괌	205
베로나 리조트 앤 스파	213
베이뷰 호텔 괌	213
쉐라톤 라구나 괌 리조트	204
스타트 괌 골프 리조트	215
아웃리거 괌 비치 리조트	208
알루팡 비치 타워	210
오션뷰 호텔 앤 레지던스 괌	214
온워드 비치 리조트	202
제이제이 레지던스	217
퍼시픽 스타 리조트 앤 스파 (구 메리어트)	206
퍼시픽 아일랜드 클럽	201
피에스타 리조트 괌	205
하얏트 리젠시 괌	198
호텔 니코 괌	203
홀리데이 리조트 앤 스파 괌	210
힐튼 괌 리조트 앤 스파	199

ENJOY MAP
인조이맵
지도 서비스

enjoy.nexusbook.com

'ENJOY MAP'은 인조이 가이드 도서의 부가 서비스로, 스마트폰이나 PC에서 **맵코드만 입력**하면 간편하게 **길 찾기**가 가능한 무료 지도 서비스입니다.
〈러시아〉, 〈다낭·호이안·후에〉, 〈오키나와〉, 〈규슈〉부터 먼저 만나실 수 있습니다.

인조이맵 이용 방법

1 QR 코드를 찍거나 주소창에 enjoy.nexusbook.com을 입력하여 접속한다.
2 간단한 회원 가입 후 인조이맵을 실행한다.
3 도서 내에 표기된 맵코드를 검색창에 입력하여 길 찾기 서비스를 이용한다.
4 인조이맵만의 다양한 기능(내 장소 등록, 스폿 검색, 게시판 등)을 활용해 보자.

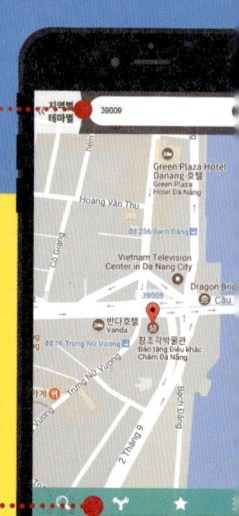

인조이 괌
휴대용 여행 가이드북

넥서스BOOKS

레드 구아한 트롤리 셔틀버스 노선도

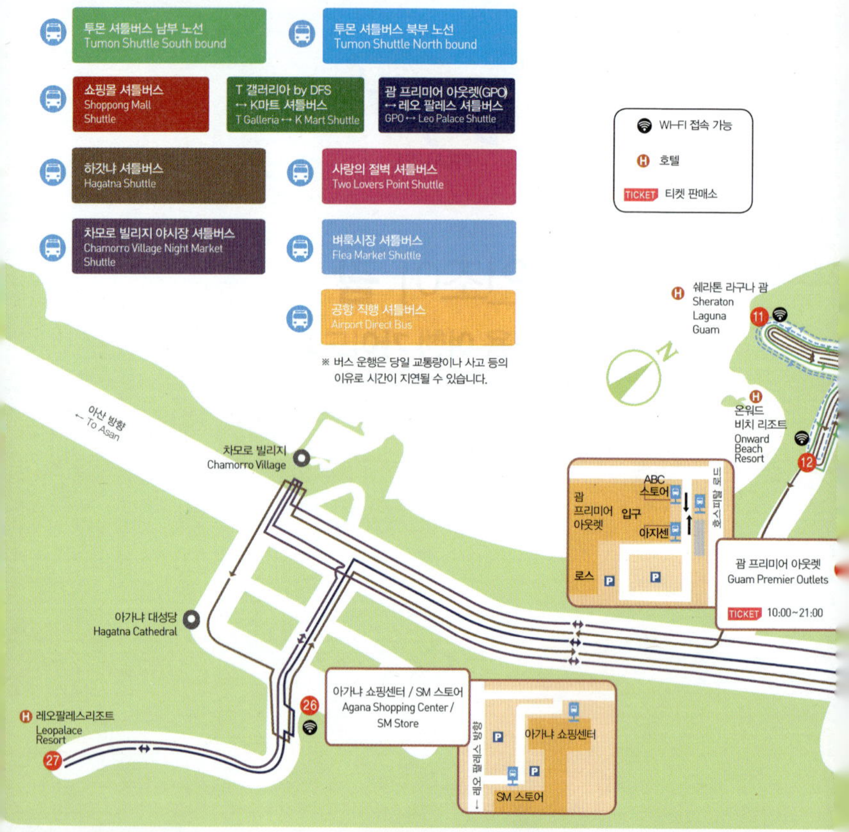
투몬 셔틀버스 남부 노선
Tumon Shuttle South bound
투몬 셔틀버스 북부 노선
Tumon Shuttle North bound
쇼핑몰 셔틀버스
Shoppong Mall Shuttle
T 갤러리아 by DFS ↔ K마트 셔틀버스
T Galleria ↔ K Mart Shuttle
괌 프리미어 아웃렛(GPO) ↔ 레오 팔레스 셔틀버스
GPO ↔ Leo Palace Shuttle
하갓냐 셔틀버스
Hagatna Shuttle
사랑의 절벽 셔틀버스
Two Lovers Point Shuttle
차모로 빌리지 야시장 셔틀버스
Chamorro Village Night Market Shuttle
벼룩시장 셔틀버스
Flea Market Shuttle
공항 직행 셔틀버스
Airport Direct Bus
※ 버스 운행은 당일 교통량이나 사고 등의 이유로 시간이 지연될 수 있습니다.
WI-FI 접속 가능
호텔
TICKET 티켓 판매소
쉐라톤 라구나 괌
Sheraton Laguna Guam
11
N
온워드 비치 리조트
Onward Beach Resort
12
아산 방향
← To Asan
차모로 빌리지
Chamorro Village
ABC 스토어
괌 프리미어 아웃렛
입구
아지센
로스
P
호스피탈 로드
괌 프리미어 아웃렛
Guam Premier Outlets
TICKET 10:00~21:00
아가냐 대성당
Hagatna Cathedral
아가냐 쇼핑센터 / SM 스토어
Agana Shopping Center / SM Store
레오팔레스리조트
Leopalace Resort
26
27
아가냐 쇼핑센터
SM 스토어
레오 팔레스 방향 →

더 플라자

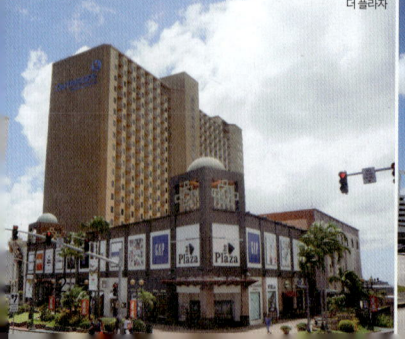

괌 프리미어 아웃렛

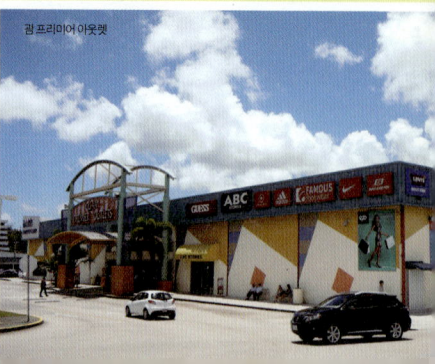

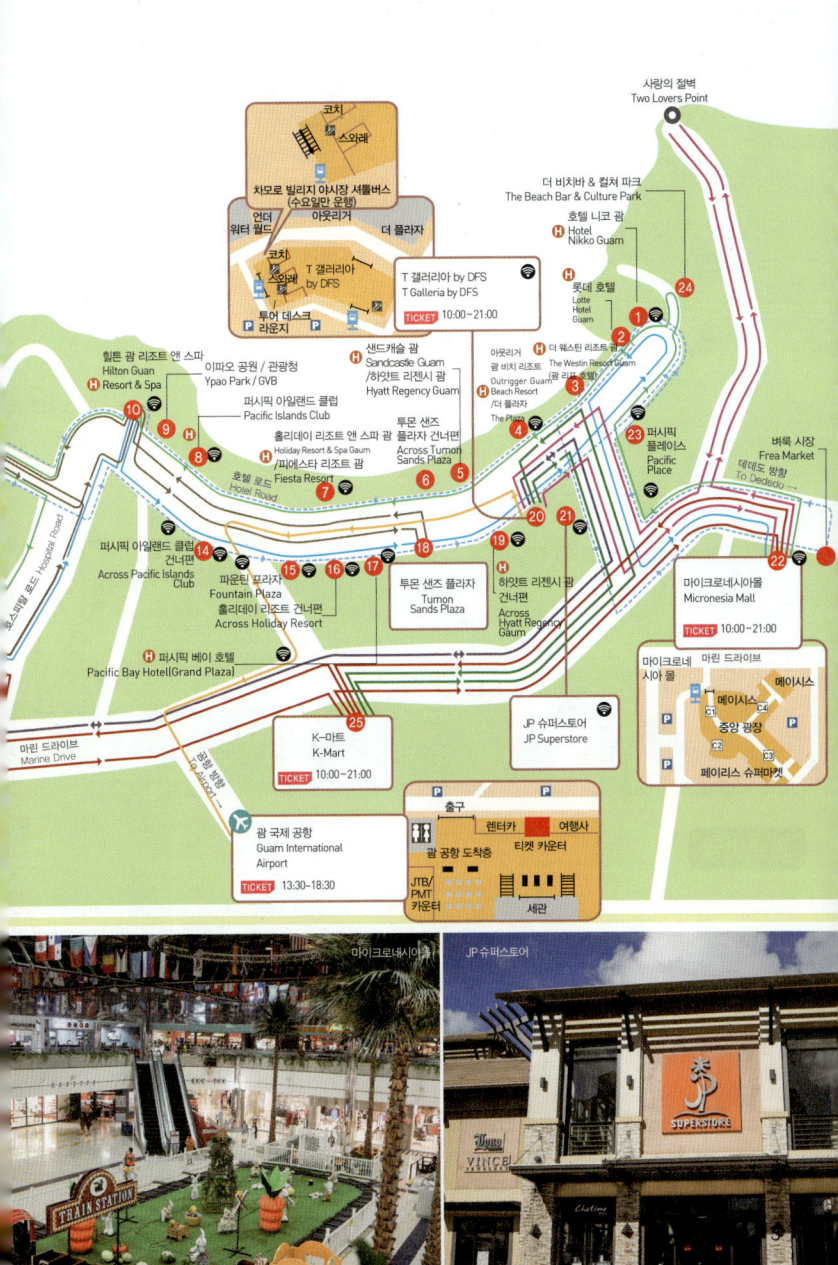

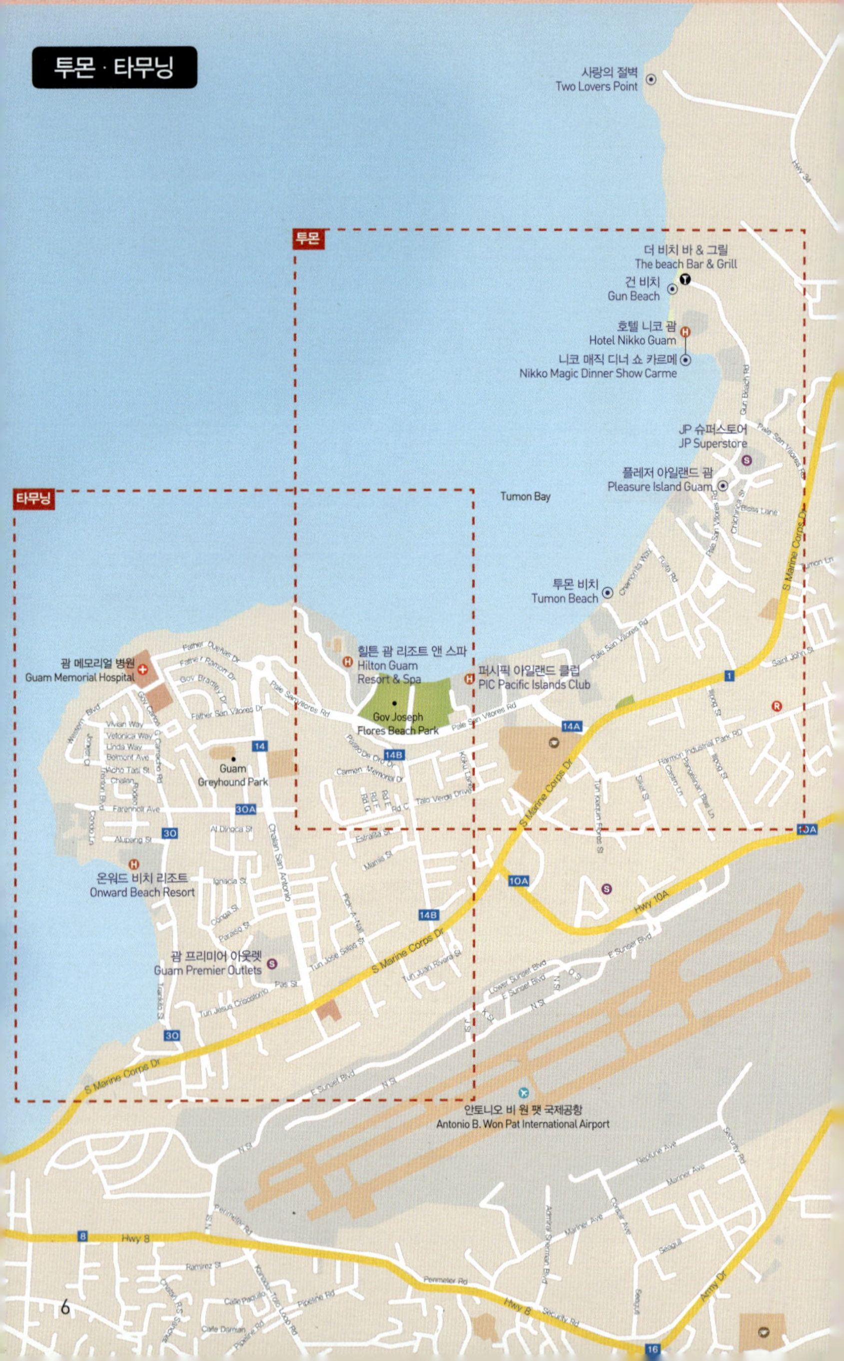

투몬 · 타무닝

투몬

타무닝

- 사랑의 절벽 / Two Lovers Point
- 더 비치 바 & 그릴 / The beach Bar & Grill
- 건 비치 / Gun Beach
- 호텔 니코 괌 / Hotel Nikko Guam
- 니코 매직 디너 쇼 카르메 / Nikko Magic Dinner Show Carme
- JP 슈퍼스토어 / JP Superstore
- 플레저 아일랜드 괌 / Pleasure Island Guam
- Tumon Bay
- 투몬 비치 / Tumon Beach
- 괌 메모리얼 병원 / Guam Memorial Hospital
- 힐튼 괌 리조트 앤 스파 / Hilton Guam Resort & Spa
- 퍼시픽 아일랜드 클럽 / PIC Pacific Islands Club
- Gov Joseph Flores Beach Park
- 괌 그레이하운드 파크 / Guam Greyhound Park
- 온워드 비치 리조트 / Onward Beach Resort
- 괌 프리미어 아울렛 / Guam Premier Outlets
- 안토니오 비 원 팻 국제공항 / Antonio B. Won Pat International Airport

하갓냐

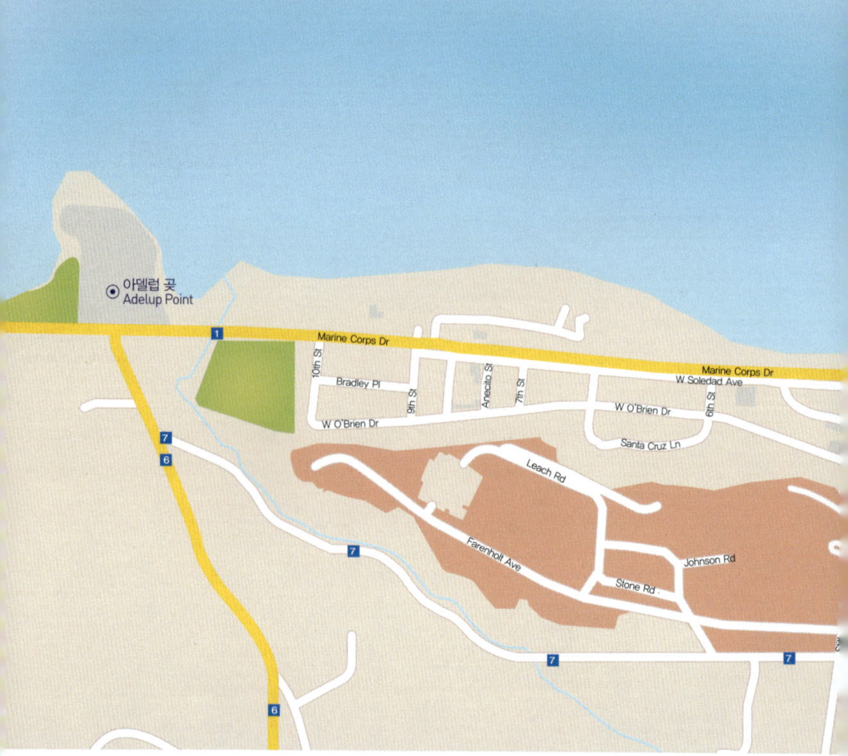

- 아델럽 곶 / Adelup Point

하갓냐 · 중부

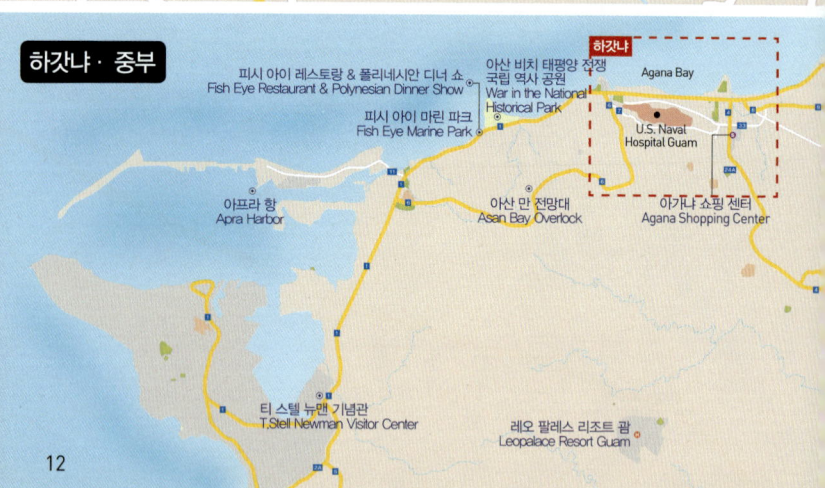

- 피시 아이 레스토랑 & 폴리네시안 디너 쇼 / Fish Eye Restaurant & Polynesian Dinner Show
- 피시 아이 마린 파크 / Fish Eye Marine Park
- 아산 비치 태평양 전쟁 국립 역사 공원 / War in the National Historical Park
- 하갓냐 / Agana Bay
- U.S. Naval Hospital Guam
- 아프라 항 / Apra Harbor
- 아산 만 전망대 / Asan Bay Overlock
- 아가냐 쇼핑 센터 / Agana Shopping Center
- 티 스텔 뉴맨 기념관 / T.Stell Newman Visitor Center
- 레오 팔레스 리조트 괌 / Leopalace Resort Guam

남부

괌의 비보호 좌회전 중앙 차선

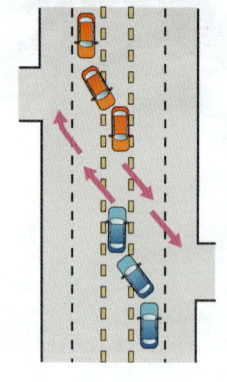

괌의 일부 도로에는 노란색 비보호 좌회전 중앙 차선이 있다. 방향 표시등을 켜고 노란 선으로 진입한 후 안전하다고 판단되면 신속히 좌회전한다.

플레저 아일랜드 괌

❶ T 갤러리아 괌 ❷ 언더워터 월드 ❸ 시 그릴 레스토랑 ❹ 하드 록 카페
❺ 샌드캐슬 괌 ❻ 더 플라자 쇼핑센터 ❼ 나바사나 스파 ❽ 아웃리거 괌 비치 리조트

T 갤러리아 괌

마이크로네시아몰

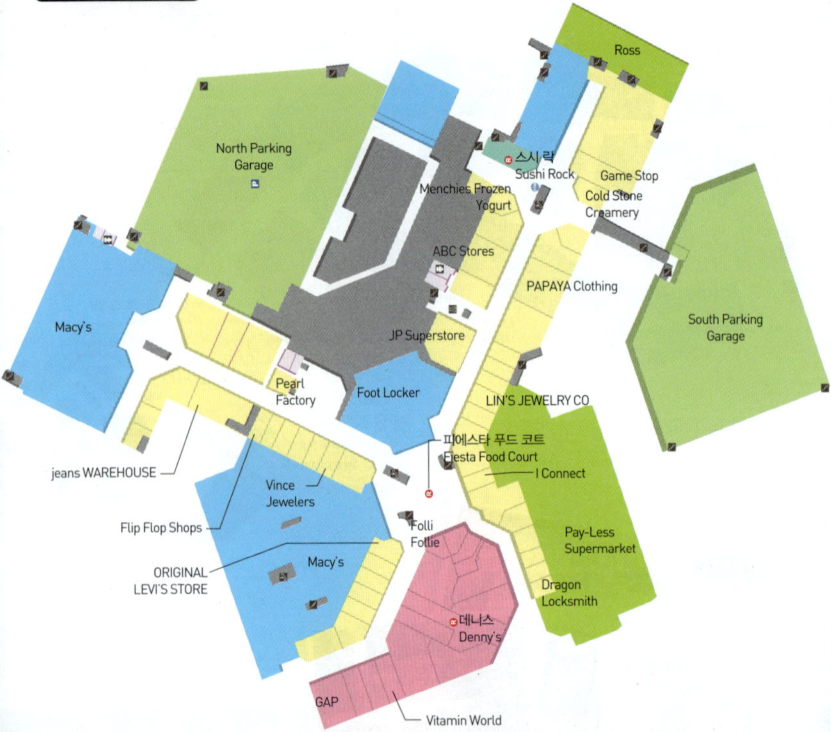
Ross
North Parking Garage
스시 락
Sushi Rock
Game Stop
Menchies Frozen Yogurt
Cold Stone Creamery
ABC Stores
PAPAYA Clothing
South Parking Garage
Macy's
JP Superstore
Pearl Factory
Foot Locker
LIN'S JEWELRY CO
피에스타 푸드 코트
Fiesta Food Court
jeans WAREHOUSE
I Connect
Vince Jewelers
Flip Flop Shops
Folli Follie
Pay-Less Supermarket
ORIGINAL LEVI'S STORE
Macy's
Dragon Locksmith
데니스
Denny's
GAP
Vitamin World

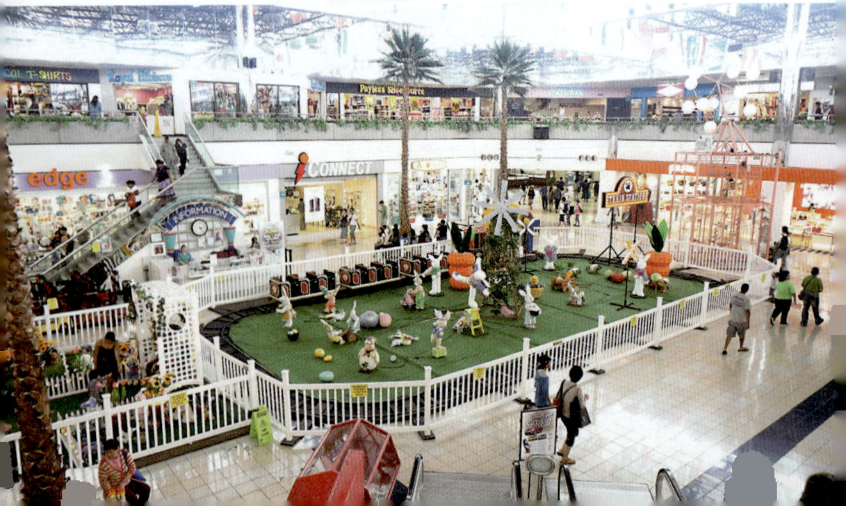
edge
CONNECT
INFORMATION

괌 프리미어 아웃렛

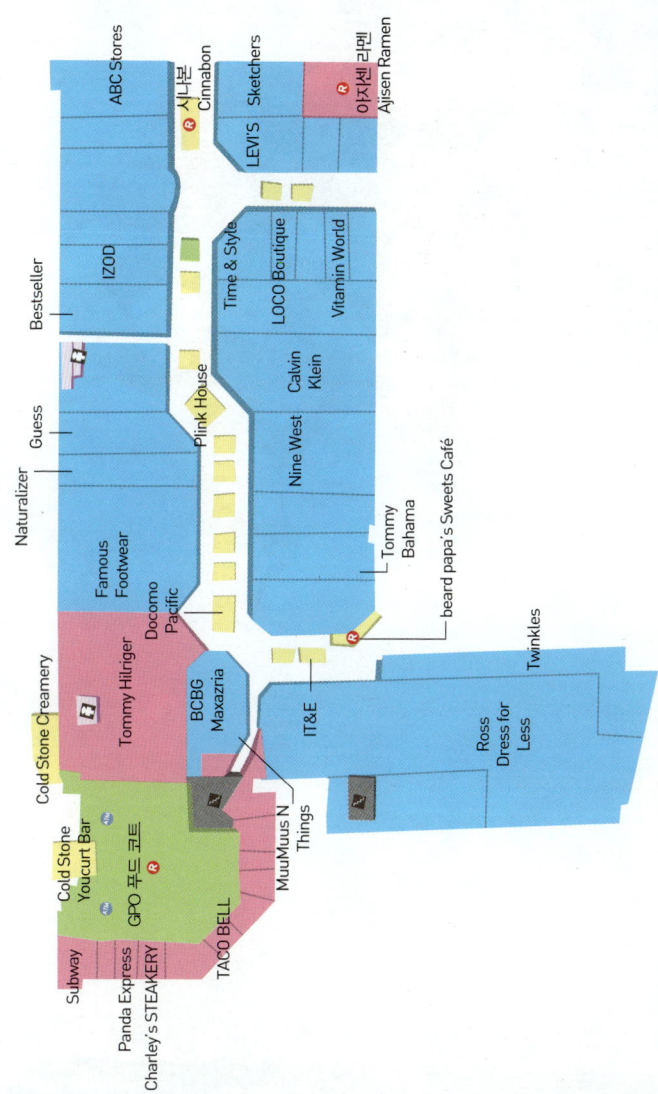

# 영어 회화

인사

처음 뵙겠습니다.	How are you.
(대답 시)	Pretty good. / Fine thanks.
만나서 반갑습니다.	Nice to meet you.
저는 ~라고 합니다.	My name is ~.
이 분이 ~ 씨입니다.	This is ~.

공항

무엇을 도와 드릴까요?	May I help you?
탑승 개시는 언제입니까?	When is boarding time?
이름을 알려 주시겠어요?	Just your name, please.
여권번호를 알려 주시겠어요?	Passport number, please?
창쪽으로 좌석을 드릴까요? 복도쪽으로 드릴까요?	Window or isle?
창쪽으로 주세요.	Window, please.
비행기 표를 보여 주세요.	Your ticket, please?
여기 있습니다.	Here you are. / Here it is.
짐은 두 개입니다.	I have two pieces of baggage.
이 예약을 취소해 주십시오.	Cancel this reservation, please.

환전

환전소는 어디입니까?	Where can I change money?
달러로 바꿔 주세요.	Change dollars, please.
달러를 엔화로 바꾸고 싶습니다.	I'd like to change dollar into Yen.
환율은 어떻게 되나요?	What's the exchange rate?

입국 수속 시

여권을 보여 주십시오.	Passport, please.
방문 목적이 무엇입니까?	What's the purpose of your visit?
관광차 왔습니다.	For sightseeing. / For tour.
사업차 왔습니다.	On business.
미국 어디에서 머물 것입니까?	Where will you stay in US?
○○○호텔에 있을 겁니다.	At the OOO Hotel.
얼마나 계실 겁니까?	How long will you stay here?
한 달간 있을 예정입니다.	I'll stay here for a month.
2주간 있을 겁니다.	Two weeks.
세관 신고할 것이 있습니까?	Do you have anything to declare?
없습니다.	No, I don't. / Nothing.
좋은 여행 되십시오.	Have a good time.
행운을 빕니다.	Have a good luck.

교통 수단

택시를 불러 주세요.	Taxi, please.
택시 정류장은 어디입니까?	Where is the taxi stand?
기차역까지 가 주세요.	To the train station, please.
이 주소로 가 주세요.	To this address, please.
여기서 세워 주세요.	Stop here, please.
국제공항까지 요금이 얼마입니까?	How much is it to the international airport?
○○로 가는 버스가 맞나요?	Is this bus for OO?
버스는 어디에서 타나요?	Where can I get on a bus?
요금은 얼마입니까?	What's the fare?
이 기차는 ~ 역에서 정차하나요?	Does this train stop at ~?
어디서 갈아타나요?	Where do I change?
~까지는 얼마나 걸립니까?	How long dose it take to go to ~?
이 표를 취소할 수 있나요?	Can I cancel this ticket?
침대 열차가 있습니까?	Is there a sleeping train?
다음 역에서 내릴 겁니다.	I'm getting off at the next stop.
택시는 어디에서 타나요?	Where can I get a taxi?
어디로 가십니까?	Where are you going?
~로 갑시다.	To the ~, please.
여기서 세워 주세요.	Let me off here, please.
얼마입니까?	How much is it?
여기 있습니다.	Here it is.

사진 촬영

당신 사진을 찍어도 될까요?	May I take your picture?
저랑 같이 찍을래요?	Please pose with me?
죄송하지만 셔터 좀 눌러 주세요.	Excuse me, press the shutter, please.

호텔

오늘밤 묵을 방이 있나요?	Have you a room for tonight? Do you have a room for tonight?
방 값은 얼마인가요?	What's the rate for the room?
방 좀 미리 볼 수 있나요?	Can I see it, please?
더블 룸으로 하고 싶어요.	I'd like double room. / Double room, please.
욕실이 딸린 방으로 하고 싶어요.	I'd like a room with bath.
좀 더 싼 방은 없습니까?	Have you nothing cheaper?
지금 체크인을 할 수 있나요?	Can I check in now?
아침 식사가 포함되어 있는 요금입니까?	Does it include breakfast?
체크아웃 시간은 몇 시입니까?	When is check out time?
귀중품을 맡아 주시겠어요?	Can I check my valuables with you?
맡긴 짐을 찾고 싶은데요?	May I have my baggage back?
세탁 서비스가 있습니까?	Do you have laundry service?
세탁을 부탁합니다.	I have some laundry. Laundry, please.
언제까지 될까요?	When will it be ready?

모닝콜 서비스를 받을 수 있나요?	Can I get a morning call service?
지금 체크아웃을 하고 싶습니다.	Check out, please.

아플 때

몸이 안 좋아요.	I feel sick. / I feel no good.
병원에 데려다 주세요.	Please take me to the hospital.
의사를 불러 주세요.	Please call a doctor.
열이 있어요.	I have a fever.
머리가 아파요.	I have a headache.
나는 A형입니다.	My blood type is A.

음식점에서

금연석으로 주세요.	Non-smoking, please.
주문하시겠어요?	May I take your order? / Would you like to order now?
이것으로 먹겠어요.	I'll have this one.
추천할 만한 요리가 무엇입니까?	What would you recommend?
이것은 무슨 요리인가요?	What kind of dish is this?
아이스티가 있나요?	Do you have ice-tea?
커피 주세요.	I'll have coffee, please.
사양합니다, 배가 너무 불러요.	No, thank you. I'm full, I had enough.
계산서를 주세요.	Check, please

길 묻기

실례지만, ~ 게스트 하우스가 어딥니까?	Excuse me, Where is the ~ guest house?
여기가 지금 어딥니까?	Where am I now?
역에 가는 길을 가르쳐 주세요.	How can I get to the station?
여기가 무슨 거리입니까?	What street is this?
~까지 얼마나 멉니까?	How far is it to ~?
얼마나 걸립니까?	How long will it take?

국제 전화를 신청할 때

한국에 수신자 부담으로 전화를 하고 싶습니다.	I want to place a long distance collect call to Korea.
국제 전화를 하고 싶은데요.	I want to place an overseas call.
어느 나라에 하실 건가요?	Where are you calling?
한국에 하고 싶은데요.	I'm calling Korea.
서울 123국에 1234번입니다.	I'm calling Seoul and the number is 123-1234.

항공권을 예약할 때

다음주 월요일 인천행 비행기를 예약하려고 하는데요?	I'd like to make a reservation to In-cheon(Seoul) for next monday.
2등석으로 예약하고 싶습니다.	I'd like to travel economy-class.
언제 탑승 수속을 하지요?	When am I supposed to check in?

쇼핑

그냥 둘러보고 있는 중입니다.	I'm just looking around.
시계 좀 볼 수 있나요?	Can I see some watches?
다른 물건 좀 보여 주세요.	Show me another one, please.
너무 큽니다(작습니다).	It's too big(small).
이것으로 하겠습니다.	I'll take this one.
이것을 사겠어요.	I'll buy this.

기타 유용한 일상 회화

어느 나라에서 왔나요?	Where are you from?
지금 몇 시죠?	What's the time? What time is it now?
물어봐도 될까요?	Can I ask you a question?
어디 가는 중입니까?	Where are you going?
무슨 일입니까?	What happened?
매우 친절하시네요.	You are very kind.

당신이 부럽네요.	I envy you.
시간 있나요?	Do you have time?
이곳에는 자주 오나요?	Do you come here often?
한국 음악 좋아하세요?	Do you like Korean music?
이 책을 빌릴 수 있을까요?	Can I borrow this book?
계속 연락하는 거 잊지 마세요.	Remember to keep in touch.
당신 맘대로 하세요.	It's up to you.
너무 배가 고파요.	I'm starving.
목이 마르군요.	I'm thirsty.
맥주가 마시고 싶군요.	I'd like a beer.
맛있네요.	It's delicious. / It's yummy.
각자 계산합시다.	Let's go Dutch.
아주 좋은 날씨네요.	What a beautiful day.
날씨가 나쁘네요.	What a terrible day.
비가 올 거 같네요.	Looks like it will rain.
날씨가 개었으면 좋겠는데.	I hope it's going to clear.
당신 전화번호 좀 알 수 있을까요?	May I have your phone number?
전화해도 될까요?	May I call you?
다시 한 번 말씀해 주실래요?	I beg your pardon?
화장실이 어딥니까?	Where is the restroom(toilet)?
당신 직업이 뭡니까?	What do you do? / What's your occupation?

차모로어 회화

한국어	차모로어
안녕하세요.	Hafa Adai 하파 데이
안녕.(가까운 사이)	Hafa lai 하파 라이
이름이 무엇입니까?	Hayi na'an-mu? 하이 나안 무?
안녕하세요.(아침)	Buenas dihas 부에나스 디하스
안녕하세요.(저녁)	Buenas noches 부에나스 노체스
예.	Hunggan 훈간
아니오.	Ahe' 아헤
어디로 가십니까?	Para manu hao? 파라 마누 하우
얼마입니까?	Kuanto 쿠안토
부탁합니다.	Pot fabot 폿 파봇
고맙습니다.	Si Yu'os Ma'ase' 시 쥬스 마아세
매우 좋습니다.	Gof maolek 고프 마올렉
맛있습니다.	Mannge 만네헤
또 만나요.	Esta agupa' 에스타 아구파
안녕히 계세요.(작별 인사)	Adios 아디오스

MEMO

MEMO

인조이 시리즈가 당신의 여행과 함께합니다

ENJOY your TRAVEL

세계여행

1. ENJOY 도쿄
2. ENJOY 오사카
3. ENJOY 베트남
4. ENJOY 미얀마
5. ENJOY 이탈리아
6. ENJOY 방콕
7. ENJOY 호주
8. ENJOY 싱가포르
9. ENJOY 유럽
10. ENJOY 규슈
11. ENJOY 파리
12. ENJOY 프라하
13. ENJOY 홋카이도
14. ENJOY 뉴욕
15. ENJOY 홍콩
16. ENJOY 두바이
17. ENJOY 타이완
18. ENJOY 발리
19. ENJOY 필리핀
20. ENJOY 런던
21. ENJOY 남미
22. ENJOY 하와이
23. ENJOY 상하이
24. ENJOY 터키
25. ENJOY 말레이시아
26. ENJOY 푸껫
27. ENJOY 스페인·포르투갈
28. ENJOY 오키나와
29. ENJOY 미국 서부
30. ENJOY 동유럽
31. ENJOY 괌
32. ENJOY 중국
33. ENJOY 인도
34. ENJOY 크로아티아
35. ENJOY 뉴질랜드
36. ENJOY 칭다오
37. ENJOY 스리랑카
38. ENJOY 러시아
39. ENJOY 다낭·호이안·후에

국내여행

1. 이번엔! 강원도
2. 이번엔! 제주
3. 이번엔! 남해안
4. 이번엔! 서울
5. 이번엔! 경주
6. 이번엔! 부산
7. 이번엔! 울릉도·독도

넥서스BOOKS